不動産登記の実務
相談事例集 II

後藤 浩平 著

日本加除出版株式会社

はしがき　　i

は し が き

　不動産登記に関する事務は，不動産登記法のみならず，多岐にわたる法令
や登記先例に基づいて処理されます。しかし，こられの関連法令や登記先例
等を検討してもなお疑義が生じる事案も少なくないことから，平成26年に，
よくある不動産登記に関する相談事案を参考にして，そこから派生するであ
ろうと思われる疑問等をも想定した上で，当該事案に関連する登記先例や判
例等をも示しながら，回答・解説した「不動産登記の実務相談事例集」を刊
行しました。
　その後も，登記所の窓口には，複雑・困難な事案に関する数多くの相談が
寄せられており，それを解決するための登記手続はいかにすべきか，資格者
代理人及び登記官共に，頭を悩ます日々が続いていると思います。ことに，
近年は，長期間にわたって相続登記がされていないこと等を要因として生じ
た，いわゆる所有者不明土地の存在が，公共事業の用地取得や災害の復旧・
復興事業の実施など，様々な場面で問題となっています。
　本書は，前掲事例集の続編として，実際に登記所の窓口に寄せられた資格
者代理人や登記官を悩ませるであろうと思われる事案について，前書と同様
に，一問一答形式により分かりやすく回答・解説したものです。
　また，法務省は，相続登記を促進し，所有者不明土地の解消を図るため，
相続登記に提供する添付情報の見直しや登記手続の緩和等に関するいくつか
の重要な登記先例を発出していることから，本書の「第17　その他」の問
【94】において，関連する通達の内容の把握を簡便にするため，その全文を
一括して掲載しました。
　くしくも，本書は，新元号になって早々の発刊となりました。本書が，不
動産登記実務に携わる実務家の方々のために多少でもお役に立ち，複雑・困
難な事例の解決の参考になれば幸いです。
　なお，先にも述べたとおり，本書で取り上げたQ＆Aは，実際に登記所の
窓口に寄せられた相談を元にしたものですが，解説中の意見にわたる部分に

ついては，あくまでも筆者の私見であることをあらかじめ申し添えます。

　終わりに，既に退社されましたが元日本加除出版株式会社企画部（退社時は情報製作部）吉原早織さんには，本書の構想や問題文の編集，登記先例や判例等の資料収集に御尽力いただきました。また，同社編集部宮崎貴之部長には，校正に際して，細かな表現についての御指摘をいただきました。お二人には，紙面をお借りして心から感謝を申し上げます。

　　令和元年5月

後　藤　浩　平

凡　例

1．法令等
• 本書では，法令等について，以下のとおり略記を使用した。

不登法	→	不動産登記法
不登令	→	不動産登記令
不登規	→	不動産登記規則
不登準則	→	不動産登記事務取扱手続準則
区分所有法	→	建物の区分所有に関する法律
登免税法	→	登録免許税法
租特法	→	租税特別措置法
租特規	→	租税特別措置法施行規則
不動産登記記録例集	→	平成 28 年 6 月 8 日付け法務省民二第 386 号民事局長通達

2．雑誌・参考文献
• 本書では，雑誌について，以下のとおり略記を使用した。

民集	→	最高裁判所民事判例集
高等民集	→	高等最高裁判所民事判例集
民月	→	民事月報
登研	→	登記研究
金法	→	金融法務事情
判時	→	判例時報
判タ	→	判例タイムズ
法新	→	法律新聞
登解	→	登記先例解説集

• 本書では，以下の参考文献について，ゴシック体で示した略記を使用した。

高木多喜男，柚木馨編『**新版注釈民法⒁** 債権 (5)』（有斐閣，1993年）

登記研究編集室編『不動産登記**実務の視点** I （2012 年）・**Ⅵ** （2017 年）』（テイハン）

登記研究編集室編『実務からみた**不動産登記の要点** II （1994 年）・**Ⅳ** （2013 年）』（テイハン）

登記研究編集室編『**カウンター相談** I （1998 年）・**Ⅱ** （2006 年）・**Ⅲ** （2012 年）』（テイハン）

『Ｑ＆Ａ**権利**に関する**登記の実務** II （2007 年）・**Ⅵ** （2009 年）・**Ⅶ** （2011 年）・**Ⅻ** （2014 年）』（日本加除出版）

拙著「**認可地縁**団体・記名共有地をめぐる実務**Ｑ＆Ａ**」（日本加除出版，2016 年）

目　次　v

目　　次

第1　申請手続

⑴　申請人

【1】　成年被後見人が所有する不動産について，売買による所有
　　　権の移転登記を申請する場合の申請人と添付情報

【Q】　成年被後見人が所有する不動産について，以下の場合にお
　　　ける売買による所有権の移転登記の申請人は誰ですか。また，
　　　特に提供を要する添付情報は何ですか。
　　　　①当該不動産の買主が第三者の場合
　　　　②当該不動産の買主が成年後見人である場合
　　　　③当該不動産が居住用の不動産である場合……………………… 1

【2】　被保佐人が所有する不動産について，売買による所有権の
　　　移転登記を申請する場合の申請人と添付情報

【Q】　被保佐人が所有する不動産について，以下の場合における
　　　売買による所有権の移転登記の申請人は誰ですか。また，特
　　　に提供を要する添付情報は何ですか。
　　　　①当該不動産の買主が第三者の場合
　　　　②当該不動産の買主が保佐人である場合
　　　　③当該不動産が居住用の不動産である場合……………………… 7

【3】　被補助人が所有する不動産について，売買による所有権の
　　　移転登記を申請する場合の申請人と添付情報

【Q】　被補助人が所有する不動産について，以下の場合における
　　　売買による所有権の移転登記の申請人は誰ですか。また，特
　　　に提供を要する添付情報は何ですか。
　　　　①当該不動産の買主が第三者の場合
　　　　②当該不動産の買主が補助人である場合
　　　　③当該不動産が居住用の不動産である場合………………………12

【4】　成年後見人と成年被後見人が共同相続人である場合に，成
　　　年後見人の代理人である成年後見監督人と成年被後見人によ
　　　る遺産分割協議の結果，相続不動産を成年被後見人が単独で
　　　相続することとなったときの所有権の移転登記の申請人と添

vi　目　次

付情報

【Q】　成年後見人及び成年被後見人が共同相続人となる場合にお
いて，成年後見監督人が成年被後見人を代理して，成年後見
人と遺産分割協議をした結果，被相続人の所有する不動産を
成年被後見人が単独で相続することとなったときの所有権の
移転登記を成年後見人が申請することができますか。また，
当該登記申請には，遺産分割協議書の一部として，成年後見
監督人の印鑑証明書の添付が必要でしょうか。………………17

(2)　**申請情報**

【5】　**代表権限が消滅した代表者（旧代表者）の委任による場合
の申請情報の表示**

【Q】　委任による登記申請の代理人が，委任状を作成した当時の
法人の代表者（以下「旧代表者」といいます。）からの委任
状を提供して登記を申請する場合において，申請情報におけ
る申請人としては，現在の法人の代表者（以下「現代表者」
といいます。）又は旧代表者のいずれを表示するべきでしょ
うか。また，申請情報には，旧代表者の代表権限が消滅した
旨及び旧代表者が代表権限を有していた時期を明らかにする
必要がありますか。………………………………………………20

【6】　**礼拝用登記の申請人，添付情報及び申請情報の内容**

【Q】　宗教法人法66条の規定に基づく礼拝の用に供する建物
（本殿等）及びその敷地である旨の登記の申請人，添付情報
及び申請情報の内容とすべき事項について，教えてください。
………………………………………………………………………24

【7】　**抹消登記の登記義務者の表示方法**

【Q】　登記記録上の債権者が国民生活金融公庫である差押登記の
抹消登記を嘱託する場合，登記義務者の表示は，同公庫とす
べきでしょうか。それとも同公庫を承継した株式会社日本政
策金融公庫とすべきか，あるいは両者を併記すべきでしょう
か。………………………………………………………………30

(3) 添付情報

ア 登記原因証明情報

【8】 第三者のためにする代物弁済契約と登記原因証明情報

【Q】 所有権の登記名義人から，直接，第三者への代物弁済を登記原因とする所有権の移転登記を申請することができますか。また，できるとした場合，提供すべき登記原因証明情報には，誰が署名又は記名押印すべきでしょうか。……………………………32

【9】 共有者の一人が死亡したが，その相続人がない場合において，当該共有者の持分を他の共有者に移転する場合の登記原因証明情報

【Q】 共有者の一人甲が死亡しましたが，その相続人がいないため，相続人不存在を登記原因として，亡甲相続財産とする登記名義人氏名変更の登記がされている場合において，特別縁故者が存在しなかったことから，甲の共有持分を他の共有者乙へ移転する場合には，どのような登記原因証明情報を提供すればよいでしょうか。……………………………………37

【10】 担保付社債信託法に基づく停止条件付物上担保付社債信託契約による抵当権の設定登記の登記原因証明情報

【Q】 担保付社債信託法に基づく物上担保付社債信託契約において，抵当権の設定の効力が，「条件の成就の日に生ずる」旨の停止条件に係っている場合，当該抵当権の設定の登記申請に提供する登記原因証明情報として，物上担保付社債信託証書及び条件の成就を証する情報を併せて提供する必要があるでしょうか。……………………………………………41

【11】 抵当権の債務者の共同相続人の一人が債務を引き受けた場合の登記原因証明情報の内容

【Q】 抵当権の債務者について相続が開始し，遺産分割によって共同相続人の一人が債権者の承諾を得て債務を引き受けた場合，相続を原因として，当該相続人を債務者とする抵当権の変更登記を申請するときに提供しなければならない登記原因証明情報には，債権者が承諾した旨の内容が必要ですか。………44

viii　目　次

イ　本人確認情報

【12】　登記義務者と業務委託契約を締結している会社の社員に対する本人確認の可否

【Q】　抵当権者Ａ社と業務委託契約を締結しているＢ社が，Ｂ社の社員甲に対して業務権限証明書を発行し，当該業務権限証明書，Ａ社との業務委託契約書，Ａ社及びＢ社の代表者事項証明書及び印鑑証明書を提供して，当該抵当権の抹消登記を申請する場合において，登記義務者Ａ社の登記識別情報を提供することができないときは，甲に対して行った本人確認情報を提供することで差し支えありませんか。………………………46

【13】　宅地建物取引士証を不登規72条２項３号に規定する本人確認書類とすることの可否

【Q】　宅地建物取引士証を不登規72条２項３号に規定する本人確認書類として取り扱うことができますか。………………………49

ウ　その他の情報

【14】　遺産分割協議書の押印に係る印鑑証明書に代わる情報

【Q】　遺産分割協議書を提供して，相続による所有権の移転登記を申請する場合において，遺産分割協議者のうち，一部の者が印鑑証明書の提出に応じてくれないときは，当該印鑑証明書に代わるものとして，どのような情報を提供すればよいでしょうか。……………………………………………………51

【15】　利益相反行為となる売買契約に基づく農地の所有権の移転登記の第三者の許可等を証する情報

【Q】　甲が，自己が所有する農地を宅地に転用するため，甲が代表取締役であるＡ社（他の取締役は乙と丙）と締結した「甲は，本件不動産の所有権をＡ社の指定する者に直接移転する。」旨の特約付売買契約に基づき，Ａ社が指定したＢ社（代表取締役丁，取締役甲，乙）に移転する場合の甲からＢ社への所有権の移転の登記申請に提供する第三者の許可等を証する情報は，何ですか。………………………53

【16】　農地について，「真正な登記名義の回復」を登記原因として他の相続人への所有権の移転登記を申請する場合の農地法

目　次　ix

所定の許可書の提供の要否

【Q】　被相続人甲から乙への相続による所有権の移転登記がされ
　　ている農地について，「真正な登記名義の回復」を登記原因
　　として，乙から他の相続人丙への所有権の移転登記を申請す
　　る場合，農地法所定の許可書の提供を要しますか。………………56

【17】　登記記録上の地目と固定資産評価証明書の現況地目とが異
　　なる場合の農地法所定の許可書の提供の要否

【Q】　登記記録上の地目は原野ですが，固定資産税の評価証明書
　　上の現況地目が畑である土地について，売買による所有権の
　　移転登記を申請する場合，農地法所定の許可を証する情報を
　　提供する必要がありますか。……………………………………………59

【18】　条件付事業用定期借地権の設定仮登記の添付情報

【Q】　条件付事業用定期借地権の設定仮登記を申請する場合，添
　　付情報として，公正証書を提供する必要がありますか。…………61

【19】　所有権の移転仮登記に基づく本登記について，第三者の承
　　諾を証する情報の提供の要否

【Q】　下記のような登記がされている不動産について，甲区3番
　　の所有権の移転仮登記に基づく本登記を申請する場合には，
　　乙区1番（い）の根抵当権者である甲株式会社の承諾を証す
　　る情報を提供する必要がありますか。

〔甲区〕

2番　所有権移転　　　　　平成20年2月10日受付　所有者
　　　　　　　　　　　　　株式会社乙

3番　所有権移転仮登記　　平成25年3月31日受付　登記原
　　　　　　　　　　　　　因「平成25年2月20日売買」
　　　　　　　　　　　　　　権利者　A市B町305番地　甲株
　　　　　　　　　　　　　式会社

〔乙区〕

1番　根抵当権設定　　　　平成20年4月1日受付　根抵当
　　　　　　　　　　　　　権者　株式会社丙銀行

2番　根抵当権設定　　　　平成23年4月2日受付　根抵当
　　　　　　　　　　　　　権者　株式会社丁銀行

3番　根抵当権設定　　　　平成25年4月3日受付　根抵当

権者　株式会社戊銀行

　　1番（い）1番根抵当権分割譲渡　平成30年4月5日受付

　　　　　　　根抵当権者　A市B町305番地

　　　　　　　甲株式会社

　　4番　1番（あ）根抵当権抹消　平成30年5月25日受付

　　　　　　　登記原因「平成30年4月16日解除」

　　5番　2番根抵当権抹消　平成30年7月20日受付　登記原

　　　　　　　因「平成30年7月15日解除」

　　6番　3番根抵当権抹消　平成30年9月30日受付　登記原

　　　　　　　因「平成30年9月20日解除」…………64

【20】　成年後見監督人である弁護士が，遺産分割協議書に弁護士
会への届出印を押印し，弁護士会発行の証明書を添付してす
る登記申請の可否

【Q】　共同相続人である成年被後見人甲の成年後見人として，共
同相続人乙が選任されているため，当該共同相続人間の遺産
分割協議は，利益相反行為に該当します。そこで，成年被後
見人甲について，成年後見監督人として弁護士が選任されま
したが，当該弁護士が共同相続人甲の法定代理人として，遺
産分割協議書に当該弁護士が所属する弁護士会への届出印を
押印し，当該弁護士会が証明した当該押印に係る証明書を添
付して，相続を原因とする甲への所有権の移転登記を申請す
ることができるでしょうか。……………………69

【21】　再生手続開始前に売却した不動産の所有権の移転登記を再
生手続開始後に申請する場合の監督委員の同意を証する情報
の提供の要否

【Q】　再生手続が開始された会社が，再生手続開始前に売却した
不動産について，再生手続開始後に所有権の移転登記を申請
する場合には，監督委員の同意を証する情報の提供を要する
でしょうか。……………………72

第2　表示に関する登記

【22】　表題部の所有者として氏名のみ記録されている土地の分筆

目　次　xi

登記

【Q】　表題部の所有者欄に住所の記録がなく，氏名のみ甲と記録
されている土地について，甲の相続人と称する乙から分筆登
記の依頼がありました。

　　　しかし，甲の戸籍や住民票等が存在しないため，出生年月
日や死亡の事実等を確認することができません。また，乙が
持参した戸籍及び除籍謄本等は，父の欄が空欄となっている
こと，乙の母も既に死亡していることから，甲と乙との関係
を証明する情報もありません。このような状況において，乙
から分筆登記を申請することができるでしょうか。……………75

【23】　建物の表題登記に提供する所有権を証する情報

【Q】　建築基準法7条の3に規定する「中間検査合格証」を，建
物の表題登記に提供する所有権を証する情報として取り扱う
ことができますか。……………………………………………………79

【24】　増築により区分建物となった建物の登記名義人を転得者と
するための登記

【Q】　甲は，平成24年5月20日に新築したA建物について所有
権の保存登記をした後，平成29年2月8日にA建物につい
て増築をしましたが，増築に伴う構造，床面積の変更登記は
していません。その後，甲は，平成30年1月10日売買によ
り，未登記の増築分も含めたA建物の所有権を乙に移転し，
移転登記も経由しました。

　　　今般，A建物の既登記部分と未登記の増築部分とを区分建
物にしたいのですが，諸般の事情から甲の協力が得られない
状況にあります。この場合，区分建物の表題登記をA建物の
転得者である乙から申請することができますか。できない場
合，当該区分建物の登記名義人を乙とするためには，どのよ
うな登記を申請すればよいでしょうか。…………………………81

【25】　処分の制限の登記嘱託によってされた建物の表題登記の新
築年月日の更正登記の可否

【Q】　表題登記がない建物について処分の制限の登記嘱託がされ
た後，当該建物の所有権の登記名義人は，当該建物の新築年
月日の更正登記を申請することができるでしょうか。……………84

xii　目　次

第3　所有権の保存登記

【26】　表題部と乙区の登記記録はあるが甲区の登記記録がない不
動産の所有権の登記

【Q】　甲区の登記記録はないが，所有者の記録がある表題部と順
位1番で抵当権の滅失回復の登記がされている乙区の登記記
録がある土地について，表題部所有者に相続が発生した場合，
表題部所有者の相続人から，相続を原因とする所有権の移転
登記を申請することができますか。……………………………87

【27】　表題部所有者について会社分割があった場合に，直接，設
立会社名義で所有権の保存登記をすることの可否

【Q】　表題部所有者について会社分割があった場合，直接，当該
不動産を設立会社名義とする所有権の保存登記をすることが
できますか。………………………………………………………89

第4　遺贈・相続による登記

【28】　遺言書に記載された建物の所在・地番及び家屋番号が不明
の場合の遺贈による所有権の移転登記の可否

【Q】　「居宅・土地を贈与する」旨の遺言書において，土地の所
在及び地番は明らかとなっています。一方，居宅については
構造及び床面積は記載されていますが，その所在・地番及び
家屋番号は記載されていません。しかし，登記記録上，遺言
書に記載された居宅と構造及び床面積が同一の建物があるこ
とが分かりました。この場合，当該建物について，遺贈によ
る所有権の移転登記を申請することができますか。…………91

【29】　相続人に全血の兄弟姉妹と半血の兄弟姉妹がいる場合の相
続分

【Q】　亡Xと亡Yの長男甲は，養親である亡Z（配偶者は，いま
せん。）と養子縁組をし，配偶者及び子なしに死亡しました。
甲には，亡Xと亡Yの長女乙，母である亡Yの前夫との間の
子である丙男，及び甲と同日に亡Zと養子縁組をした丁男の
3人の兄弟姉妹がいます。

　　　　この場合，甲の相続人である乙女，丙男及び丁男の法定相
　　　続分の割合は，どのようになるのでしょうか。……………………93

【30】　除籍謄本等が焼失又は廃棄等により提供できない場合の相
　　　続があったことを証する情報

【Ｑ】　債権者代位による相続登記を申請するに当たって，被相続
　　　人の父については，20歳以前の除籍謄本が焼失又は廃棄等
　　　により提供することができません。債権者代位であるため，
　　　相続人の協力が得られないことから，申請人である債権者の
　　　「一切の責任を持つ」旨の上申書を，相続があったことを証
　　　する情報の一部とすることはできませんか。このような取扱
　　　いが認められない場合，相続があったことを証する情報とし
　　　て，どのような情報を提供すればよいでしょうか。………………95

【31】　アメリカ合衆国国籍の相続人がアメリカ合衆国に居住して
　　　いる場合の相続による登記の添付情報

【Ｑ】　アメリカ合衆国（以下「アメリカ」といいます。）に居住
　　　していた日本人甲の死亡に伴い，法定相続分による相続登記
　　　を申請するに当たって，相続人は乙及び丙の二人で，共にア
　　　メリカに居住し，乙は日本国籍，丙はアメリカ国籍の場合に，
　　　相続があったことを証する情報として，どのような情報を提
　　　供する必要がありますか。…………………………………………98

【32】　自筆証書遺言の内容の確認判決に基づく相続による所有権
　　　の移転の登記申請の可否

【Ｑ】　被相続人Ｘの自筆証書遺言により，同遺言書に記載されて
　　　いた不動産については，Ｘの配偶者Ｙに相続による所有権の
　　　移転登記がされました。
　　　　今般，Ｙを除く他の相続人甲，乙及び丙が，Ｙを被告とし
　　　て，請求の趣旨を以下のとおりとする遺言書確認請求訴訟を
　　　提起し，請求の趣旨どおりの判決が確定しましたが，当該判
　　　決書の正本を登記原因証明情報の一部として提供して，相続
　　　人甲，乙及び丙への相続による所有権の移転登記を申請する
　　　ことができるでしょうか。
　　　「請求の趣旨」
　　　　1　亡甲の平成30年2月8日付け遺言書は，同遺言書記

載の不動産以外の別紙物件目録記載の不動産，別紙相続
時預金等目録記載を含む全ての財産を，原告である甲，
乙及び丙に相続させる意思であることを確認する。
2　別紙物件目録記載の不動産の持分は甲，乙，丙各３分
の１であることを確認する。………………………………… 102

【33】　公正証書遺言の内容に反する遺産分割協議書を提供してさ
れた相続による所有権の移転の登記申請の可否

【Q】　公正証書遺言によって換価処分するとされた遺産から除外
された不動産（以下「除外不動産」といいます。）について
は，共同相続人中の甲が単独で相続する旨の遺産分割協議書
（公正証書遺言によって指定された遺言執行者が，当該遺産
分割協議に合意している旨が記載されているもの）及び当該
遺言書を提供して，除外不動産についての相続による甲への
所有権の移転登記を申請することができますか。
　　除外不動産の処分に関する公正証書遺言書及び遺産分割協
議書の内容（抜粋）の概要は，以下のとおりです。
〔公正証書遺言書〕
　　1　遺言者は，その所有に係る別紙目録不動産の建物及び
その敷地利用権をＸに相続させる。
　　2　遺言者が所有する上記１の対象不動産以外の一切の財
産は，その全部を換価し，その換価処分額から換価処分
のための諸経費‥‥‥を差し引いた残額を，下記の10名
の者に対して均分に相続させる。
　　3　遺言執行者は，換価処分に必要な一切の権限を有する
ものとし，換価処分は遺言執行者が行う。
　　4　遺産の換価処分の方法，時期，代価等は遺言執行者の
判断に従う。
　　5　遺言執行者はその判断に従い，遺産の換価処分に代え
て，遺産の全部又は一部を，直接，相続人に引き渡すこ
とができる。
　　6　遺言執行者は，相続財産につき唯一管理処分権を有す
るものとし，預貯金の解約払戻，貸金庫の開披等を行う
権限その他本遺言執行に必要な全ての完全な権限を有す

目　次　xv

るものとする。

〔遺産分割協議書〕

1　被相続人の共同相続人全員と，被相続人の遺言に基づき就職した遺言執行者（以下，総称して「本件関係者」という。）は，本件遺言が有効に成立していることを確認した上，被相続人の遺産につき，以下のとおり遺産分割すること等を合意した。

2　本件関係者は，本合意により本件遺言と一部が異なる遺産分割が完全に有効に成立していること，並びに本合意に定めない事項については，本件遺言に定める事項が有効に存続していることを確認の上，本合意の成立により被相続人の遺産の分割に関する事項について最終的に解決したことを相互に確認する。

3　本件関係者全員は，公正証書遺言書の上記2の内容につき，一部変更し，下記のとおり，遺産を分割すること等を合意する。

(1)　公正証書遺言書の上記2により換価処分する遺産から，別紙不動産目録記載の不動産（以下「除外不動産」という。）を除くものとし，除外不動産については共同相続人の協議により帰属を定めるものとする。

(2)　共同相続人全員は，除外不動産につき，相続人甲が単独で取得することを合意する。……………………………… 105

【34】　遺産分割調停手続において，第1次相続の相続人が，第2次相続の相続人に相続分を譲渡したことにより，当該手続から排除された旨の記載のある調停調書を登記原因証明情報とする相続による所有権の移転の登記申請の可否

【Q】　A不動産の所有権の登記名義人Xが死亡し，その相続人甲，乙及び丙による遺産分割協議が未了のまま，さらに丙が死亡し，その相続人が丁及び戊である場合において，丁が甲，乙及び戊に対して，遺産分割調停を申し立てた結果，甲及び乙は，丁及び戊に対して，それぞれの相続分を譲渡し，その後，丁及び戊間において，丁が単独で，A不動産を相続する旨の合意が成立しました。

xvi 目 次

この場合において，調停調書又は審判書の当事者として，
「排除前相手方甲（相続分譲渡人） 排除前相手方乙（相続分
譲渡人） 申立人丁（相続分譲受人） 相手方戊（相続分譲受
人）」と表示され，かつ，調停条項として，

1 当事者全員は，被相続人X（年月日死亡）の遺産が，別
紙目録記載のとおりであること，及びXの相続人は甲，乙
及び丙であり，また，被相続人丙（年月日死亡）の相続人
は丁及び戊であることを確認する。

2 相手方であった甲及び乙については，自己の相続分を譲
渡したことから，当事者としての資格を喪失したと認めら
れ，本件手続から排除された。

3 申立人丁と相手方戊間において，別紙目録記載のA不動
産は，申立人丁が，単独で取得することに合意したことを
確認する。

旨が記載された当該調停調書又は審判書を提供して，丁は，
A不動産について，直接，「年月日（Xの死亡の日）丙相続，
年月日（丙の死亡の日）相続」を登記原因とするXからの所
有権の移転の登記を申請することができますか。……………… 109

【35】 遺言執行者が相続による所有権の移転登記を抹消する場合
の申請手続

【Q】 「A不動産は，甲に相続させる」旨の公正証書遺言があっ
たにもかかわらず，他の相続人乙及び丙が，相続による所有
権の移転登記をした場合，遺言執行者が当該所有権の移転登
記を抹消するには，どのような手続にすればよいでしょうか。
……………………………………………………………………………… 117

【36】 遺言執行者に登記識別情報を通知することの可否

【Q】 遺言執行者を代理人として，清算型遺言に基づく相続人へ
の相続による所有権の移転登記を申請した場合の登記識別情
報は，遺言執行者に通知されますか。…………………………… 119

目　次　xvii

第5　所有権の移転登記

⑴　総　説

【37】　相続財産法人が所有権の登記名義人となることの可否
【Q】　相続財産法人が，第三者が所有する不動産について，登記
　　　原因の日付をその成立後とする贈与による所有権の移転登記
　　　を申請することができますか。……………………………… 123

【38】　投資事業有限責任組合を登記権利者とする所有権の移転の
　　　　登記申請の可否
【Q】　投資事業有限責任組合を登記権利者とする所有権の移転登
　　　記は，申請することができますか。…………………………… 125

【39】　敷地権である賃借権の存続期間が満了している場合の所有
　　　　権の移転の登記申請の可否
【Q】　登記記録上，区分建物の敷地権である賃借権の存続期間が
　　　満了している場合であっても，その存続期間の変更登記をす
　　　ることなく，当該区分建物について，所有権の移転登記を申
　　　請することができますか。…………………………………… 128

【40】　共有物不分割の登記
【Q】　甲から乙及び丙への所有権の移転登記に際して，乙及び丙
　　　間での共有物分割禁止の定め（共有物不分割の特約）を登記
　　　事項とすることができますか。……………………………… 131

【41】　身寄りがなく，手足が不自由で身動きが取れない者の所有
　　　　不動産についての所有権の移転の登記手続
【Q】　甲市は，乙が所有するA土地を道路用地として買収しまし
　　　た。しかし，A土地の所有権の登記における乙の住所は転居
　　　前のままであり，乙には身寄りがなく，しかも手足が不自由
　　　で身動きが取れない状況であるため，自ら印鑑証明書等の必
　　　要書類を取りにいくことができません。このような場合，所
　　　有権の移転の登記手続は，どのようにすればよいでしょうか。
　　　…………………………………………………………………… 133

xviii 目 次

(2) 売 買

【42】 限定承認の相続財産管理人が相続人を代理してする相続財産の売買を原因とする所有権の移転の登記申請の可否

【Q】 共同相続の登記がされている不動産について，限定承認の申述を受理した旨，及び民法 936 条 1 項の規定に基づき相続人のうちの 1 名を相続財産管理人に選任した旨の審判書の謄本を提供して，相続開始後の日付の売買を登記原因とする所有権の移転登記を申請することができますか。⋯⋯⋯⋯⋯⋯⋯⋯ 136

【43】 破産財団に属する不動産について，裁判所の任意売却許可書を提供してする買主の地位の譲渡を受けた者への所有権の移転の登記申請の可否

【Q】 破産財団に属する不動産について，裁判所の任意売却許可書を提供し，破産管財人を登記義務者，買主の地位の譲渡を受けた者を登記権利者とする所有権の移転登記を申請することができるでしょうか。⋯⋯⋯⋯⋯⋯⋯⋯⋯⋯⋯⋯⋯⋯ 139

【44】 破産財団に属する不動産の任意売却による所有権の移転の登記手続

【Q】 Ａ土地（宅地）及びＢ土地（公衆用道路）の所有者である甲の死亡により，当該相続財産について，相続債権者から破産手続開始の申立て（破産法 224 条 1 項）がされ，破産手続開始決定と同時に破産管財人が選任されました。

甲については，相続人のあることが明らかではありませんが，相続財産管理人は，選任されていません。この場合，①甲の相続財産であるＡ及びＢ土地について，相続財産法人名義への名称変更の登記を申請する必要がありますか。

破産管財人は，裁判所の許可を得て，相続財産であるＢ土地を 5 名に任意売却する予定ですが，当該許可書の「買主の表示」には，各買主の住所ではなく，各買主が所有している土地の地番が記載されています。この場合，②当該許可書をＢ土地の所有権の移転登記に提供する第三者が許可したことを証する情報とすることができますか。

また，Ｂ土地の登記記録上の甲の住所と破産手続開始決定

書の破産者甲の住所の記載が異なっていますが，この場合，
③B土地の所有権の移転登記の前提として，甲の住所移転に
よる変更登記をする必要がありますか。……………………… 143

【45】　絶家及び表題部所有者の登記記録上の氏名が除籍謄本の戸
　　　主名と異なっている場合の登記手続
【Q】　国が，所有権の登記がされていない土地を買収するに当
　　　たって，当該土地の登記記録，及び表題部所有者についての
　　　相続関係を調査したところ，明治20年12月26日に絶家し
　　　ていること，また，表題部所有者の氏名が，登記記録上は
　　　「法務国輔」であるのに，除籍謄本の戸主名は「法務国助」
　　　となっていることが分かりました。
　　　　このような場合，所有権の移転の登記手続は，どのように
　　　すればよいでしょうか。……………………………………… 145

(3)　贈　与

【46】　死因贈与契約後の生前贈与による所有権の移転の登記申請
　　　の可否
【Q】　甲と丙は，甲所有不動産の全部について，甲が死亡した時
　　　に丙に贈与する旨の死因贈与契約を締結しましたが，その後，
　　　甲と乙が，甲所有不動産の一部を乙に贈与（生前贈与）する
　　　旨の贈与契約を締結した場合，乙は，当該不動産について，
　　　贈与による所有権の移転登記を申請することができますか。… 149

(4)　真正な登記名義の回復

【47】　建物の増築部分に係る所有権の一部移転の登記原因を「真
　　　正な登記名義の回復」とすることの可否
【Q】　「登記の原因となる事実又は法律行為」として，次のよう
　　　な記載のある登記原因証明情報を提供して，乙から甲への
　　　「真正な登記名義の回復」を登記原因とする乙持分の一部移
　　　転登記を申請することができますか。
　　　　(1)　甲と乙が各2分の1の持分で共有する建物について，
　　　　　　甲が全額を負担して増築したことにより，甲の出損によ
　　　　　　る増築部分の増加額の割合が4（甲）対1（乙）となっ

たことから，甲は，本件建物の乙持分2分の1の5分の
4，すなわち10分の4を取得することとなった。
(2) よって，本件建物について，「真正な登記名義の回復」
を登記原因とする乙から甲への持分一部移転登記をする。
……………………………………………………………… 151

【48】 和解に基づく「売買」を登記原因とする所有権の移転登記
がされている不動産について，「真正な登記名義の回復」を
登記原因とする所有権の移転の登記申請の可否

【Q】 和解に基づき，和解調書に明示された具体的な法律事実で
ある「売買」を登記原因として所有権の移転登記がされてい
る不動産について，「真正な登記名義の回復」を登記原因と
する所有権の移転登記を申請することができるでしょうか。… 157

(5) **その他**

【49】 第三者のためにする交換契約に基づく所有権の移転登記の
可否

【Q】 所有権の登記名義人から，直接，第三者への交換を登記原
因とする所有権の移転登記を申請することができますか。…… 159

【50】 代表者について相続による所有権の移転登記がされている
権利能力なき社団の所有不動産の所有権を，「委任の終了」
を登記原因として移転登記することの可否

【Q】 A財産区は，権利能力なき社団であったため，X土地を取
得した際，A財産区の代表者甲，乙及び丙3名の共有名義
（持分各3分の1）で所有権移転の登記を経由しました。そ
の後，甲，乙及び丙の死亡に伴い，当該各持分は甲1，乙1
及び丙1への相続による持分移転の登記がされています。
今般，A財産区が，地縁団体としての認可を受けました。
この場合，X土地について，「年月日（A財産区が地縁団体
としての認可を受けた日）委任の終了」を登記原因及びその
日付として，A財産区を登記権利者，甲1，乙1及び丙1の
3名を登記義務者とする共有者全員持分全部移転の登記を申
請することができますか。……………………………………… 163

【51】 所有権の移転登記の登記原因を「剰余金の配当」とするこ

目　次　xxi

との可否

【Q】　株式会社が株主に対する配当として不動産を交付した場合
の所有権の移転登記の登記原因を,「剰余金の配当」とする
ことができるでしょうか。……………………………………… 166

【52】　一般社団法人又は一般財団法人の設立に際して,基金の引
受人又は設立者が不動産を拠出した場合の登記原因

【Q】　一般社団法人又は一般財団法人の設立に際して,基金の引
受人又は設立者が不動産を拠出した場合にする所有権の移転
登記の登記原因は,どのようにすべきでしょうか。…………… 167

(6)　抹　消

【53】　仮処分債権者が得た勝訴判決中に抹消についての仮登記名
義人が承諾した旨の記載がない場合の所有権の移転登記の抹
消登記の可否

【Q】　仮処分の債権者である甲は,詐害行為取消権に基づき,乙
から丙への所有権の移転登記の抹消を求める訴えを提起し,
その勝訴判決を得ましたが,当該判決中には,当該所有権の
移転登記後にされた賃借権の設定仮登記の権利者である乙の
承諾があった旨の記載がありません。
この場合に,甲は,代位原因を証する情報として当該判決
書の正本を提供し,代位による当該所有権の移転登記の抹消
登記を申請することができるでしょうか。………………………… 169

第6　地上権・賃借権の登記

【54】　抵当権等の設定登記がされている土地に区分地上権を順位
1番で設定する場合の登記手続

【Q】　既に抵当権等の設定登記がされている土地に,順位1番で
区分地上権を設定したいのですが,どのような登記手続にす
ればよいでしょうか。……………………………………………… 173

【55】　相手方を特定した賃借権の譲渡特約の登記の可否

【Q】　賃借権の設定登記において,相手方を特定した譲渡の特約
を登記することができますか。…………………………………… 175

xxii 目 次

【56】 存続期間を「建物表題登記の日から何年」とする賃借権の
設定登記の可否

【Q】 事業用定期借地権の設定契約を公正証書で作成した後，当
該借地権の目的土地上に建築中の建物が完成したことから，
表題登記の申請を予定しています。

この場合に，当該土地について，事業用定期借地権の存続
期間を「建物表題登記の日から何年」とする賃借権の設定登
記を申請することができますか。……………………………… 177

【57】 借地借家法施行前に設定された賃借権の登記事項に「目的
建物所有」を追加する変更登記の可否

【Q】 借地借家法施行前に設定された賃借権の登記がされている
土地上に店舗を再築するに当たって，建物の再築による法定
更新（旧借地法7条）を原因とする賃借権の変更登記を申請す
る場合に，併せて登記事項に「目的　建物所有」を追加する
変更登記をすることはできますか。……………………………… 179

【58】 賃借権を目的とする質権を移転する場合の賃貸人の承諾の
要否

【Q】 賃借権を目的とする質権を移転する場合，賃貸人の承諾を
要しますか。……………………………………………………… 181

第7 抵当権の登記

⑴ 設 定

【59】 電子記録債権法に基づく電子記録債権を被担保債権とする
抵当権の設定登記における登記原因

【Q】 電子記録債権法15条の規定に基づく電子記録債権を被担
保債権とする抵当権の設定登記における登記原因は，どのよ
うにすべきでしょうか。

また，同法35条の規定に基づく特別求償権に係る登記原
因については，どうでしょうか。………………………………… 183

【60】 売買代金返還債権を登記原因とする抵当権の設定登記の可
否

目　次　xxiii

【Q】　提供された報告的な登記原因証明情報の「登記の原因となる事実又は法律行為」について，次のように記載されている場合，登記原因及びその日付を「年月日売買契約の売買代金返還債権年月日設定」とする抵当権の設定登記を申請することができますか。

(1)　被担保債権

　　年月日，抵当権者甲と抵当権設定者乙は，本件不動産について売買契約を締結し，年月日，甲は，乙に対して売買代金全額を支払い，乙は，これを受領した。

　　　　債権額（売買代金）　金何万円
　　　　利　　息　　　　　　無利息
　　　　債務者　　　　　　　何市何一丁目何番何号　乙

(2)　抵当権の設定

　　年月日，甲と乙は，上記売買契約の合意解除時に備え，(1)記載の売買代金を被担保債権とする抵当権を本件不動産に設定する旨を合意した。……………………………… 187

【61】　受託者である信託銀行が信託財産である不動産を担保として自行から金銭の借入れを行う場合の抵当権の設定登記の可否と債務者の表示

【Q】　信託の受託者であるＡ信託銀行が，当該信託財産である不動産を担保として自行から金銭の借入れを行う場合，当該不動産について抵当権の設定登記をすることができますか。できるとした場合，債務者については，どのように表示すべきでしょうか。……………………………… 190

【62】　「無損害金」を抵当権の設定登記の登記事項とすることの可否

【Q】　「無損害金」を抵当権の設定登記の登記事項とすることができるでしょうか。……………………………… 192

(2)　変　更

【63】　賃貸借における敷金の返還請求権を保全するための抵当権が設定されている賃貸中の建物の所有権が移転した場合における当該抵当権の債務者の変更登記の登記原因

xxiv 目 次

【Q】 賃貸借における敷金の返還請求権を保全するための抵当権
（債務者乙）が設定されている賃貸中の建物の所有権が，売
買により乙（旧賃貸人）から甲（新賃貸人）に移転した場合
において，当該抵当権の債務者を乙から甲に変更する登記の
登記原因は，どのようにすべきでしょうか。……………………… 193

【64】 先取特権と抵当権の順位変更の登記の可否

【Q】 先取特権の登記がされている不動産について，抵当権の設
定登記をした後，先取特権と抵当権の間で順位変更の登記を
することができるでしょうか。また，当該抵当権の設定登記
が仮登記の場合はどうでしょうか。……………………………… 195

(3) 抹 消

【65】 除権決定の主文に「権利は失権する」とのみ記載されてい
る場合の抵当権の抹消登記の登記原因

【Q】 登記義務者の所在が知れないため，除権決定を得て単独で
抵当権の抹消登記を申請するに当たって，除権決定の主文に
「別紙目録記載の権利は失権する」とのみ記載されている場
合の登記原因は，どのようにすべきでしょうか。……………… 196

【66】 抵当権消滅の定めに基づく抵当権の抹消登記の登記原因

【Q】 「何年何月何日より15年をもって抵当権は消滅する」旨の
抵当権消滅の定めに基づいて，当該抵当権を抹消する場合の
登記原因は，どのようにすべきでしょうか。…………………… 198

【67】 抵当権の移転仮登記の登記名義人が，当該抵当権の抹消登
記を申請することの可否

【Q】 丙所有のA不動産に設定されている甲銀行を抵当権者とす
る抵当権について，債権譲渡を登記原因として乙信託銀行を
権利者とする当該抵当権の移転仮登記がされている場合にお
いて，乙信託銀行は，甲銀行の抵当権の抹消登記を申請する
ことができるでしょうか。…………………………………………… 200

目　次　xxv

第8　根抵当権の登記

(1)　総　説

【68】　準共有根抵当権の設定登記又は一部譲渡による根抵当権の
一部移転の登記と準共有者間の優先の定めの登記を一の申請
情報によって申請することの可否

【Q】　準共有根抵当権の設定登記又は一部譲渡による根抵当権の
一部移転の登記と準共有者間の優先の定めの登記を，一の申
請情報によって申請することができるでしょうか。……………　203

【69】　根抵当権の抹消登記を一の申請情報によって申請すること
の可否

【Q】　甲が所有する同一の登記所の管轄区域内にあるＡ，Ｂ，Ｃ
及びＤの不動産に，順位1番でＸの共同根抵当権の設定登記
が，また，Ａ及びＢ不動産に順位2番で同じくＸの共同根抵
当権の設定登記がされています。順位1番及び順位2番の全
ての根抵当権の抹消登記を，同一の原因日付をもって，一の
申請情報によって申請することができますか。…………………　205

(2)　設　定

【70】　「年月日ローン契約の金銭消費貸借契約書に基づく債権」
のみを根抵当権の被担保債権の範囲とすることの可否

【Q】　「年月日ローン契約の金銭消費貸借契約書に基づく債権」
のみを被担保債権の範囲として，根抵当権の設定登記を申請
することができるでしょうか。……………………………………　207

【71】　「銀行取引（ただし，何年何月何日金銭消費貸借に基づく
債権を除く）」を根抵当権の被担保債権の範囲とすることの
可否

【Q】　「銀行取引（ただし，何年何月何日金銭消費貸借に基づく
債権を除く）」を被担保債権の範囲として，根抵当権の設定
登記を申請することができるでしょうか。………………………　209

xxvi　目　次

第9　信託の登記

【72】　信託の登記について「年月日代物弁済」を原因とする受益
　　　者の変更登記の可否

【Q】　信託の登記について，「年月日代物弁済」を原因とする受
　　　益者の変更登記は，申請することができますか。‥‥‥‥‥‥ 211

第10　登記名義人の氏名等の変更又は更正の登記

【73】　敷地権である土地の登記名義人の商号が甲社から乙社に変
　　　更されている場合において，乙社名義で敷地権付き区分建物
　　　の所有権の保存登記をした後，乙社を設定者として，当該区
　　　分建物に抵当権の設定登記を申請する前提としての当該敷地
　　　権である土地の登記名義人の名称の変更登記の要否

【Q】　甲社は，自己の所有地に建築した敷地権付き区分建物につ
　　　いて表題登記をした後，その商号を乙社に変更したため，乙
　　　社は，その変更を証する情報を提供して，自己のための所有
　　　権の保存登記をしました。今般，当該敷地権付き区分建物に
　　　ついて，乙社を設定者として抵当権の設定登記を申請する場
　　　合，その前提として，敷地権である土地の登記名義人の商号
　　　を甲社から乙社とする名称の変更登記は申請する必要がない
　　　と考えますが，いかがでしょうか。‥‥‥‥‥‥‥‥‥‥‥‥‥ 213

【74】　所有権の登記名義人の氏名等の変更登記の省略の可否

【Q】　所有権の移転登記の抹消登記を申請する場合に，調停調書
　　　に記載された登記義務者の氏名及び住所が登記記録の登記名
　　　義人の表示と符合しないときは，氏名及び住所の変更を証す
　　　る情報を提供しても，当該登記名義人の氏名及び住所の変更
　　　登記を省略できないとされています。

　　　　一方，前登記名義人が住所を移転したため，所有権の更正
　　　の登記申請に添付した前登記名義人の印鑑証明書に記載され
　　　ている住所の表示が登記記録と符合しない場合，前登記名義
　　　人の住所の変更を証する情報を提供すれば足り，住所の変更
　　　登記をする必要はないとされています。

目　次　xxvii

両者の取扱いが異なる理由は，何でしょうか。…………… 217

【75】　所有者である一定の在留資格等を有する外国人の住所の変更登記の添付情報

【Q】　一定の在留資格等を有する外国人が所有者である場合に，当該外国人について住所の変更等の登記を申請する際に提供する住民票には，平成24年7月9日以降の住所のみしか記載されていません。そのため，登記記録上の住所から同日現在の住所までの間に転居している場合，当該住民票の写しのみでは転居の履歴を確認することができません。このような場合には，当該住民票の写し以外に，どのような情報を提供すればよいでしょうか。………………………………………… 221

第11　更正の登記（第10の更正の登記を除く）

【76】　遺言書と異なる内容の遺産分割協議に基づく所有権の更正登記の可否

【Q】　被相続人甲の遺産であるA建物について，甲の自筆証書遺言により相続人乙に相続による所有権の移転登記をした後，甲の法定相続人乙・丙間における遺産分割協議に基づき，乙持分5分の3，丙持分5分の2とする所有権の更正登記を申請することができますか。………………………………… 223

【77】　所有権の登記後に設定された地役権の地役権者は，当該所有権の更正登記について利害関係を有する第三者に該当するか。

【Q】　承役地の所有権の登記名義人甲を甲・乙とする更正登記をする場合，甲の所有権の登記後に当該承役地に設定された地役権の地役権者は，当該更正登記について利害関係を有する第三者に該当するでしょうか。……………………………… 225

第12　仮登記

【78】　登記原因証明情報に代えて「錯誤により持分の更正の仮登記をすることを承諾する」旨の記載がある登記義務者の承諾

xxviii 目 次

を証する情報を提供して所有権の更正の仮登記を申請することの可否

【Q】 甲及び乙の持分を各2分の1とする所有権の保存登記をした建物について，登記原因を錯誤として，甲持分を3分の2，乙持分を3分の1とする所有権の更正の仮登記を申請する場合に，「錯誤により持分の更正の仮登記をすることを承諾する」旨の記載がある登記義務者乙の承諾を証する情報を提供すれば，登記原因証明情報を提供する必要はないと考えますが，いかがでしょうか。……………………………………… 229

【79】 根抵当権移転の仮登記名義人が当該根抵当権の変更登記を申請することの可否

【Q】 甲を根抵当権者とするA根抵当権の移転の仮登記名義人である乙は，A根抵当権の変更（債権の範囲の変更）登記を申請することができるでしょうか。……………………………… 232

【80】 数筆を合わせて敷金を定めた賃借権設定の仮登記申請の可否

【Q】 100番と101番の2筆の土地について賃借権設定の仮登記を申請する場合に，敷金を100番の土地については「101番の土地とともに金700万円」，101番の土地については「100番の土地とともに金700万円」として申請することができるでしょうか。……………………………………… 233

【81】 条件付抵当権の設定仮登記の抹消登記の登記原因を「弁済」とすることの可否

【Q】 登記原因を「年月日金銭消費貸借年月日設定（条件　登記原因である契約条項中第1条に該当する事由が生じたとき）」とする条件付抵当権の設定仮登記について，当該条件が成就していない場合であっても，「年月日弁済」を登記原因及びその日付とする当該仮登記の抹消登記を申請することができるでしょうか。……………………………………………… 236

【82】 所有権の移転仮登記と当該仮登記の移転仮登記の抹消登記に提供する登記識別情報

【Q】 以下の登記がされている不動産について，順位2番及び3番の仮登記の抹消登記は，一の申請情報で申請することがで

きますか。できるとした場合に提供すべき登記識別情報は，順位2番又は3番のいずれかで足りるでしょうか。若しくは両方の登記識別情報を提供する必要がありますか。

　　甲区1番　所有権保存　所有者甲
　　　　2番　所有権移転仮登記　原因　年月日売買　権利者乙
　　　　3番　2番仮登記所有権移転の仮登記　原因　年月日
　　　　　相続　権利者丙……………………………………… 237

第13　代位登記

【83】　代位者を権利能力なき社団名とする登記申請の可否

【Q】　差押債権者である権利能力なき社団が，差押登記の前提登記として，差押債務者である相続人に代位して，相続による所有権の移転登記を申請する場合，代位者を権利能力なき社団名とすることができるでしょうか。……………………… 239

【84】　区分所有法7条に規定する先取特権に基づく代位登記の代位原因

【Q】　管理組合としての法人登記があるマンション管理組合が，区分所有法7条に規定する先取特権に基づく担保権実行の差押えの登記をした区分建物の専有部分について，当該専有部分の所有権の登記名義人に代位して，当該差押えに先行する所有権移転等の仮登記の抹消を求める訴えを提起し，勝訴判決を得た当該マンション管理組合が，当該抹消登記を債権者代位により申請する場合の代位原因は，どのようにすべきでしょうか。……………………………………………… 241

第14　判決による登記

【85】　「乙及び丙が有する持分について，甲に対し，共有物分割を原因とする所有権移転登記手続きをせよ。」との判決に基づき，乙及び丙から，甲の訴訟承継人となった丁に対して，直接，持分全部移転の登記を申請することの可否

【Q】　甲，乙及び丙の三人が共有するA不動産について，原告甲

は，被告乙及び丙に対し，金銭対価の共有物分割による乙及び丙持分全部移転登記を行うことを請求する訴えを提起しました。

口頭弁論終結後の本年2月8日，甲が死亡し，丁が公正証書遺言により包括遺贈を受け，甲の権利義務全てを承継したため，A不動産の甲持分は，遺贈により丁名義となりました。

2月22日，裁判所は，「被告乙及び丙は，原告甲から金1,000万円の支払いを受けるのと引換えに，A不動産の乙及び丙が有する持分について，甲に対し，共有物分割を原因とする所有権移転登記手続きをせよ。」とする甲の主張を認める判決をしました。

3月1日，丁が甲の訴訟承継人となり，当該判決は3月14日に確定し，翌日の15日に執行文が付与されました。

この場合，当該判決に基づき，乙及び丙から，直接丁への持分全部移転の登記を申請することができるでしょうか。…… 243

【86】 合筆及び分筆がされた土地の所有権の更正登記をする場合の判決主文

【Q】 甲への相続による所有権の移転登記がされている土地A及びBについて，他の相続人である乙及び丙が，甲に対して，相続分を各3分の1とする遺産分割を申し立てました。裁判官は，この申立てを認容し，甲への相続による所有権の移転登記を相続人らの共有にするために，主文を「何年何月何日受付第何号をもってされた所有権の移転登記を，被相続人から相続人全員に対する甲持分3分の1，乙持分3分の1，丙持分3分の1の相続を原因とする所有権の移転登記に更正登記手続をせよ。」とする判決を出したいようなのですが，B土地はA土地に合筆され，その後，A1及びA2に分筆されています。そのため，A1土地については，甲への相続による順位2番の所有権の移転登記に続いて，順位3番で合併による所有権登記がされており，一方，A2土地については，A1土地の順位3番の「合併による所有権登記」のみが順位1番で転写されています。この場合，上記の判決をもって，A1土地の順位3番及びA2土地の順位1番の「合併による

目　次　xxxi

所有権登記」について，更正登記をすることができるでしょ
うか。……………………………………………………………… 246

第15　処分の制限の登記

【87】　信託前に発生した債権の執行を保全する差押登記の嘱託情
報の内容

【Q】　以下のような登記がされている不動産について，仮差押債
権者乙を登記権利者，委託者甲を登記義務者とする強制競売
開始決定に係る差押登記を嘱託することができるでしょうか。
できるとした場合，嘱託情報における登記の目的並びに登記
原因及びその日付は，どのようになるでしょうか。

甲区2番　所有権移転　　　　　所有者甲
　　3番　仮差押　　　　　　　債権者乙
　　4番　所有権移転　　　　　受託者丙
　　　　　信託　　　　　　　　信託目録第何号……………… 249

第16　登録免許税

【88】　単有名義の所有権の保存登記とこれを共有とする所有権の
更正登記を連件で申請する場合の当該所有権の保存登記にお
ける租特法72条の2の適用の有無

【Q】　甲が表題部所有者となっている非区分建物について，1件
目で所有権の保存登記を申請し，2件目で所有者甲を共有者
甲及び乙とする所有権の更正登記を連件で申請する場合にお
いて，租特法72条の2の軽減を受けるために提供する住宅
用家屋証明書の申請人の記載が甲及び乙となっているときは，
1件目の所有権の保存登記の登録免許税は，更正後の甲の持
分のみについて租特法72条の2の適用があるものとして算
出すればよいでしょうか。…………………………………… 251

【89】　租特法72条の2の適用の可否

【Q】　新築後1年以内の居宅を主である建物，新築後1年以上を
経過した車庫を附属建物とする表題登記がされている建物に

xxxii 目 次

ついて，「建築後使用されたことのないもの」の住宅用家屋
証明書を提供して所有権の保存登記を申請する場合，租特法
72条の2の適用があるでしょうか。 ……………………………… 253

【90】 転抵当の移転登記の登録免許税の額
【Q】 抵当権の設定登記に付記登記でされている転抵当の移転登
記の登録免許税の額は，いくらでしょうか。…………………… 255

【91】 委託者の死亡による委託者の相続人への信託財産引継を原
因とする所有権の移転登記及び信託登記の抹消登記の登録免
許税
【Q】 委託者の相続開始により信託が終了する旨，及び信託の終
了後に受託者が指定した委託者の相続人に信託財産を帰属さ
せる旨の信託条項がある場合に，受託者を登記義務者，受託
者が指定した委託者の相続人を登記権利者として，信託財産
引継を登記原因とする所有権の移転登記及び信託登記の抹消
登記を申請する場合の登録免許税は，いくらでしょうか。…… 257

第17 その他

【92】 司法書士法人の特定社員以外の代表権のある社員がオンラ
インによる登記申請をする場合の電子証明書
【Q】 社員と特定社員がいる司法書士法人について，特定社員以
外の代表権のある社員がオンラインによる登記申請をするこ
とができますか。できるとした場合，どのような電子証明書
を提供すればよいでしょうか。また，申請情報の代理人欄の
記載は，どのように表示すべきでしょうか。…………………… 259

【93】 船舶の共有者の一人が，その持分の全部を移転した場合の
船舶管理人に関する登記
【Q】 船舶の共有者の一人が，その持分の全部を移転した場合，
船舶管理人については，どのような登記をすることになりま
すか。…………………………………………………………………… 261

【94】 相続登記の促進方策に関する登記実務の取扱い
【Q】 近年問題となっている所有者不明土地については長期間に
わたって相続登記がされていないこと等がその要因とされて

いますが，相続登記を促進するために，どのような方策が講
じられているのでしょうか。 ……………………………………… 263

事項索引 ………………………………………………………… 285
先例索引 ………………………………………………………… 289
判例索引 ………………………………………………………… 292

第1　申請手続

(1)　申請人

【1】　成年被後見人が所有する不動産について，売買による所有権の移転登記を申請する場合の申請人と添付情報

Q　成年被後見人が所有する不動産について，以下の場合における売買による所有権の移転登記の申請人は誰ですか。また，特に提供を要する添付情報は何ですか。
　①当該不動産の買主が第三者の場合
　②当該不動産の買主が成年後見人である場合
　③当該不動産が居住用の不動産である場合

A　申請人は，次のとおりです。
　①の場合は成年後見人
　②の場合は成年後見人若しくは成年後見監督人又は特別代理人
　③の場合は成年後見人又は成年後見監督人
　特に提供を要する添付情報は，次のとおりです。
　①の場合は成年後見人が記録されている登記事項証明書，又は成年後見人の選任に係る審判書の正本又は謄本及びその審判の確定証明書（ただし，成年後見人の選任の日から3か月以内に登記の申請がされる場合に限ります。）
　②の場合は成年後見人又は成年後見監督人が記録されている登記事項証明書若しくは特別代理人の選任審判書
　③の場合は成年後見人又は成年後見監督人が記録されている登記事項証明書及び家庭裁判所の許可書であり，成年後見監督人が選任されてい

る場合であっても，その同意したことを証する情報の提供は要しないと考えられます。

　なお，上記の申請人は，成年被後見人の法定代理人として登記を申請することになりますから，申請情報又は委任状には，当該法定代理人である申請人が記名押印することになります。したがって，①から③のいずれの場合も，登記義務者の印鑑証明書としては，当該法定代理人の印鑑証明書を添付すれば足り，当該不動産の所有権の登記名義人である成年被後見人の印鑑証明書の添付は要しないものと考えられます。

【解　説】

1　後見制度

　従来の心神喪失の状況にある者を対象としていた禁治産制度（改正前の民法7条）に代わり，平成12年4月1日から施行された民法の一部を改正する法律（平成11年法律第149号）により，「精神上の障害により事理を弁識する能力を欠く常況にある者」について後見開始の審判をする「後見制度」（改正後の民法7条。以後の民法の条文は，改正後のものです。）が新設され，後見開始の審判を受けた者は，成年被後見人とし，成年後見人が付されます（同法8条）。

2　成年被後見人の登記申請能力

　登記の申請は，形式的には，私法上の法律行為ではなく，また，当事者が実質的な取引をする行為でもなく，実体上既に発生した物権変動を第三者に対抗するためにされるにすぎませんから，登記の申請については，意思能力を有していれば，必ずしも行為能力は必要としないと解されています。そのため，成年被後見人とともに制限行為能力者である未成年については，意思能力があれば，登記の申請をすることができるとされていることから（明治32年8月1日民刑第1361号民刑局長回答第三項），成年被後見人についても，意思能力があれば，登記申請能力が認められるとする意見もあります（注1）。しかし，成年被後見人は，精神上の障害（痴呆・知的障害・精神障害等）により事理を弁識する能力（判断能力）を欠く常況にある者であることから，意

思能力を有していないと解され，成年被後見人自ら登記の申請をすることはできないとするのが登記実務の取扱いです（注2）。

　したがって，登記の申請は，法定代理人がすることになります。

　以上のことを前提に，本問の各場合について検討します。

3　第三者に売買した場合

　成年後見人は，成年被後見人の財産を管理し，かつ，その財産に関する法律行為について成年被後見人を代表します（民法859条1項）。

　したがって，成年被後見人が所有する不動産を第三者に売却する場合は，成年後見人が，法定代理人として売買契約を締結し，所有権の移転登記を申請することになります。

　この場合には，代理人の権限を証する情報（不登令7条1項2号）として，成年後見人の氏名又は名称及び住所（後見登記等に関する法律（平成11年法律第152号）4条1項3号）が記録された登記事項証明書（同法10条1項2号）を提供することになります。

　また，成年後見人の選任の日から3か月以内に登記の申請がされる場合に限り，成年後見人の選任に係る審判書の正本又は謄本及びその審判の確定証明書についても，代理人の権限を証する情報として取り扱うことができるとされています（注3）。3か月以内に登記の申請がされる場合に限られているのは，代理人の権限を証する情報を記載した書面が市町村長，登記官その他の公務員が職務上作成したものは，作成後3か月以内のものでなければならないとする規定（不登令17条1項）との均衡を考慮したものと解されます。

　なお，上記のとおり，成年後見人は，成年被後見人の法定代理人として登記を申請することになりますから，申請情報又は委任状には，当該法定代理人である成年後見人が記名押印することになります（不登令16条1項・不登規47条3号イ，不登令18条1項・不登規49条1項2号）。したがって，登記義務者の印鑑証明書（不登令16条2項，18条2項。以下同じ。）としては，当該成年後見人の印鑑証明書を添付すれば足り，当該不動産の所有権の登記名義人である成年被後見人の印鑑証明書の添付は要しないものと考えられます（注4）。

4 成年後見人に売買した場合

　成年被後見人が所有する不動産を成年後見人に売却する場合は，利益が相反しますから，売買契約の締結に当たっては，特別代理人を選任する必要があります（民法 860 条本文，826 条）。ただし，成年後見監督人は，利益相反行為について成年被後見人を代表しますから（同法 851 条 4 号），成年後見監督人が選任されている場合は，特別代理人を選任する必要はありません（同法860 条ただし書）。

　したがって，成年後見監督人が法定代理人として売買契約を締結した場合には成年後見人又は成年後見監督人が，また，特別代理人が法定代理人として売買契約を締結した場合には成年後見人又は特別代理人が，所有権の移転登記を申請することになります。

　代理人の権限を証する情報として，成年後見監督人が登記を申請する場合には，成年後見監督人の氏名又は名称及び住所（後見登記等に関する法律 4 条 1項 4 号）が記録された登記事項証明書（同法 10 条 1 項 2 号）を，また，特別代理人が登記を申請する場合には，家庭裁判所の選任審判書を提供することになります。

　なお，この場合も，上記 3 の場合と同様に，登記義務者の印鑑証明書としては，当該成年後見人，成年後見監督人又は特別代理人の印鑑証明書を添付すれば足り，成年被後見人の印鑑証明書の添付は要しないものと解されます（前掲注 4）。

5 当該不動産が居住用不動産である場合

　成年被後見人が所有する不動産が，居住用の建物又はその敷地の場合であっても，上記 3 の場合と同様に，成年後見人が，法定代理人として，売買契約を締結し，所有権の移転登記を申請することになります。また，成年後見人又は成年後見監督人は，家庭裁判所の許可を得て，成年被後見人に代わって，その居住用不動産を売却することができます（民法 859 条の 3，852条）。したがって，成年後見監督人も法定代理人として，売買契約を締結し，所有権の移転登記を申請することができます。

　この場合には，代理人の権限を証する情報として，成年後見人又は成年後

見監督人の氏名又は名称及び住所が記録された登記事項証明書を提供することになります。また、この場合も、上記3及び4の場合と同様に、登記義務者の印鑑証明書としては、当該成年後見人又は成年後見監督人の印鑑証明書を添付すれば足り、成年被後見人の印鑑証明書の添付は要しないものと解されます（前掲注4）。

なお、居住用不動産を売却する場合の家庭裁判所の許可は、処分行為の効力要件であると解されますから、許可を得ないで売却しても、その契約は無効となります。したがって、この場合には、第三者が許可したことを証する情報（不登令7条1項5号ハ）として、家庭裁判所の許可書の提供が必要となります。一方で、非居住用不動産の売却に当たっては、民法上、家庭裁判所の許可は要件とされていませんから、登記官の形式的審査権限からして、家庭裁判所の許可書の提供がない所有権の移転登記は、非居住用不動産に関するものとして、受理することができると考えられます（注5）。

6　居住用不動産を売却する場合の成年後見監督人が同意したことを証する情報の提供の要否

成年後見監督人が選任されている場合において、成年後見人が、成年被後見人に代わって、不動産に関する権利の得喪を目的とする行為（民法13条1項3号）をするときは、成年後見監督人の同意を得なければならず（同法864条本文）、同意を得ないでした行為は、成年被後見人又は成年後見人が、取り消すことができます（同法865条1項）。したがって、成年被後見人が所有する居住用不動産を売却するときは、上記5の家庭裁判所の許可書のほかに、成年後見監督人が同意したことを証する情報をも提供する必要があるのではないかと考えられます。

しかしながら、家庭裁判所は、成年後見人の事務を監督する権限を有し（同法863条参照）、また、必要があると認めるときは、請求により又は職権で、成年後見監督人を選任することができるとされています（同法849条）。すなわち、成年後見監督人は、家庭裁判所による成年後見人の監督の補助をする役割を担っているにすぎないと解されます。

したがって、成年被後見人が所有する居住用不動産の所有権の移転の登記

申請に，上記5の家庭裁判所の許可書が提供されていれば，更に成年後見監督人が同意したことを証する情報を提供する必要はないと考えられます。

（注1）　権利登記実務Ⅱ　第1編・総論（下）92頁

（注2）　登研86号40頁

（注3）　登研740号159頁

（注4）　登研390号91頁

（注5）　登研646号107頁

【2】 被保佐人が所有する不動産について，売買による所有権の移転登記を申請する場合の申請人と添付情報

Q 被保佐人が所有する不動産について，以下の場合における売買による所有権の移転登記の申請人は誰ですか。また，特に提供を要する添付情報は何ですか。

①当該不動産の買主が第三者の場合
②当該不動産の買主が保佐人である場合
③当該不動産が居住用の不動産である場合

A 申請人は①，②及び③のいずれの場合も被保佐人です。また，保佐人も，法定代理人として申請することができます。

特に提供を要する添付情報は，次のとおりです。

①の場合は，被保佐人が売買契約を締結することについての保佐人の同意を証する情報，及び保佐人が記録されている登記事項証明書

また，売買契約の締結について保佐人に代理権が付与されている場合には，保佐人の記名押印のある登記原因証明情報，及び保佐人が記録されている登記事項証明書（売買契約の締結についての代理権付与の記録のあるもの）。なお，いずれの場合も保佐人の印鑑証明書の添付が必要です。

②の場合，保佐監督人が選任され，被保佐人が売買契約を締結することについて同意しているときは，保佐監督人の同意を証する情報

また，売買契約の締結について保佐監督人が代理したときは，保佐監督人の記名押印のある登記原因証明情報。なお，いずれの場合も保佐監督人が記録されている登記事項証明書，及び保佐監督人の印鑑証明書の添付が必要です。

臨時保佐人が選任され，被保佐人が売買契約を締結することについて同意しているときは，臨時保佐人の同意を証する情報。また，売買契約について臨時保佐人が代理したときは，臨時保佐人の記名押印のある登記原因証明情報。なお，いずれの場合も家庭裁判所の選任審判所及び臨

8　第1　申請手続 ／ ⑴ 申請人 ／ 【2】

時保佐人の印鑑証明書の添付が必要です。

　③の場合，保佐人又は保佐監督人が，売買契約についての代理権付与の審判に基づき，被保佐人を代理するときは，家庭裁判所の許可を証する情報

【解　説】

1　保佐制度及び被保佐人の登記申請能力

　従来の心神耗弱者及び浪費者を対象としていた準禁治産制度（改正前の民法11条）に代わり，平成12年4月1日から施行された民法の一部を改正する法律（平成11年法律第149号）により，「精神上の障害により事理を弁識する能力が著しく不十分である者」について保佐開始の審判をする「保佐制度」（改正後の民法11条。以後の民法の条文は，改正後のものです。）が新設され，保佐開始の審判を受けた者は，被保佐人とし，保佐人が付されます（同法12条）。

　登記の申請能力については前問【1】の解説2において説明したとおりですが，被保佐人（従前の準禁治産者）は，成年被後見人（従前の禁治産者）と異なり，登記申請に必要な意思能力を有していると解されており，自ら登記の申請をすることができるとするのが，登記実務の取扱いです（注）。ただし，借入れ，保証，不動産の売買等の一定の重要な法律行為をするには，保佐人の同意を得なければなりません（同法13条1項）。

　以上のことを前提に，本問の各場合について検討します。

2　第三者に売買した場合

　上記1のとおり，被保佐人は，保佐人の同意を得た上で，第三者との自己所有不動産の売買契約を締結し，当該不動産について，自ら所有権の移転登記を申請することになります（民法13条1項3号）。したがって，この場合には，被保佐人が売買契約を締結することについての保佐人の同意を証する情報（不登令7条1項5号ハ）及び保佐人が記録されている登記事項証明書を提供し，保佐人の同意を証する情報の一部として，保佐人の印鑑証明書（不登令19条2項）をも添付する必要があります。また，当該登記申請の登記義務

者は被保佐人ですから，当該被保佐人の印鑑証明書（不登令16条2項，18条2項。以下同じ。）の添付も必要となります。

なお，家庭裁判所の審判により，被保佐人の特定の法律行為としての売買契約の締結について，保佐人に代理権が付与された場合（民法876条の4第1項），所有権の移転の登記申請に提供する登記原因証明情報は，売買契約を締結した保佐人が作成することになると考えられます。したがって，この場合には，保佐人の記名押印のある登記原因証明情報，及び保佐人が記録されている登記事項証明書（売買契約の締結についての代理権付与の記録のあるもの。後見登記等に関する法律4条1項6号参照）を提供する必要があります。ところで，この場合の保佐人は，売買契約の当事者である被保佐人の代理人であるとともに，登記の申請人である被保佐人から見て第三者の立場にあると考えられます。したがって，保佐人の印鑑証明書（不登令19条2項）をも添付する必要があると考えられます。また，この場合の当該登記申請の登記義務者は被保佐人ですから，当該被保佐人の印鑑証明書の添付も必要となります。

さらに，家庭裁判所の審判により，保佐人に対して，売買契約の締結についての代理権とともに当該所有権の移転の登記申請行為についても代理権が付与された場合には，保佐人が被保佐人を代理して，当該登記を申請することになります。したがって，この場合には，保佐人の記名押印のある登記原因証明情報，保佐人の資格を証する情報（不登令7条1項2号）として保佐人が記録された登記事項証明書（登記申請行為についての代理権付与の記載のあるもの）を提供するほかに，登記義務者の印鑑証明書として，保佐人の印鑑証明書の添付も必要になるものと考えられます。一方で，被保佐人の印鑑証明書の添付は要しないものと考えられます。

3　当該不動産の買主が保佐人である場合

被保佐人が所有する不動産の買主が保佐人である場合，当該売買契約については，被保佐人と保佐人の利益が相反することになります。この場合には，家庭裁判所で選任された保佐監督人（保佐監督人が選任されていない場合には，売買契約の締結について家庭裁判所で選任された臨時保佐人。民法876

条の2第3項参照）が，被保佐人を代表し，又は被保佐人が保佐人と売買契約を締結することについて同意することになります（同法876条の3第2項で読み替える851条4号）。

そこで，選任された保佐監督人が当該売買契約の締結について同意したときは，保佐監督人の同意を証する情報（不登令7条1項5号ハ）の提供が必要になります。また，売買契約の締結について保佐監督人が代表したときは，上記2の説明と同様の趣旨から，保佐監督人の記名押印のある登記原因証明情報の提供が必要になります。そして，いずれの場合も保佐監督人が記録されている登記事項証明書の提供，及び保佐監督人の印鑑証明書（不登令19条2項）の添付が必要となります。

一方，選任された臨時保佐人が当該売買契約の締結について同意したときは，臨時保佐人の同意を証する情報（不登令7条1項5号ハ）を，また，売買契約の締結について臨時保佐人が代表したときは，臨時保佐人の記名押印のある登記原因証明情報を提供することになります。そして，いずれの場合も臨時保佐人についての家庭裁判所の選任審判所（臨時保佐人に関する事項は，後見登記等ファイルには記録されません。後見登記等に関する法律4条1項参照），及び臨時保佐人の印鑑証明書（不登令19条2項）の添付が必要となります。

また，この場合の当該所有権の移転の登記申請の登記義務者は被保佐人ですから，当該被保佐人の印鑑証明書の添付も必要となります。

なお，家庭裁判所の審判により，保佐人に対して，当該登記の申請行為についても代理権が付与された場合には，保佐人が被保佐人を代理して，当該登記を申請することになります。したがって，この場合には，保佐人の資格を証する情報（不登令7条1項2号）として保佐人が記録された登記事項証明書（登記申請行為についての代理権付与の記載のあるもの）の提供，及び登記義務者の印鑑証明書として，保佐人の印鑑証明書の添付が必要になるものと考えられます。一方で，被保佐人の印鑑証明書の添付は要しないものと考えられます。

保佐監督人及び臨時保佐人は，利益相反行為である売買契約の締結について被保佐人を代表し，又は同意するものであり，登記申請行為を代理するも

のではありませんから，登記の申請人にはなり得ないと考えられます。

4　当該不動産が居住用不動産である場合

　保佐人又は保佐監督人が，売買契約についての家庭裁判所の代理権付与の審判に基づき，被保佐人に代わって，その居住用不動産を売却する場合は，家庭裁判所の許可が必要となります（民法876条の3第2項及び876条の5第2項で準用する859条の3）。したがって，この場合には，上記2及び3で説明した各情報のほか，第三者の許可を証する情報（不登令7条1項5号ハ）として，家庭裁判所の許可を証する情報を提供する必要があります。

　また，この場合も所有権の移転の登記申請の登記義務者は被保佐人ですから，当該被保佐人の印鑑証明書の添付が必要となります。

　なお，民法876条の3第2項及び876条の5第2項で準用する859条の3の規定は，保佐人又は保佐監督人が，被保佐人に代わって，被保佐人の居住用不動産を売却する場合には，家庭裁判所の許可を得なければならないとしています。したがって，被保佐人が保佐人の同意を得て（同法13条1項），その居住用不動産を売却する場合には，被保佐人が自らの意思によって当該不動産の処分行為をするものであることから，家庭裁判所の許可は要しないものと考えられます。

　（注）　登研86号40頁

12　第1　申請手続　/　(1)　申請人　/　【3】

【3】 被補助人が所有する不動産について，売買による所有権の移転登記を申請する場合の申請人と添付情報

Q　被補助人が所有する不動産について，以下の場合における売買による所有権の移転登記の申請人は誰ですか。また，特に提供を要する添付情報は何ですか。
　①当該不動産の買主が第三者の場合
　②当該不動産の買主が補助人である場合
　③当該不動産が居住用の不動産である場合

申請人は①，②及び③のいずれの場合も被補助人です。また，補助人も，法定代理人として申請することができます。
　特に提供を要する添付情報は，次のとおりです。
　①の場合に，被補助人が第三者との自己所有不動産の売買契約の締結について補助人の同意を得なければならない旨の家庭裁判所の審判を受けた場合には，被補助人が売買契約を締結することについての補助人の同意を証する情報，及び補助人が記録されている登記事項証明書
　また，売買契約の締結について補助人に代理権が付与されている場合には，補助人の記名押印のある登記原因証明情報，及び補助人が記録されている登記事項証明書（売買契約の締結についての代理権付与の記録のあるもの）。なお，いずれの場合も補助人の印鑑証明書の添付が必要です。
　②の場合，補助監督人が選任され，被補助人が売買契約を締結することについて同意しているときは，補助監督人の同意を証する情報
　また，売買契約の締結について補助監督人が代理したときは，補助監督人の記名押印のある登記原因証明情報。なお，いずれの場合も補助監督人が記録されている登記事項証明書，及び補助監督人の印鑑証明書の添付が必要です。
　臨時補助人が選任され，被補助人が売買契約を締結することについて同意しているときは，臨時補助人の同意を証する情報。また，売買契約

について臨時補助人が代理したときは，臨時補助人の記名押印のある登記原因証明情報。なお，いずれの場合も家庭裁判所の選任審判所及び臨時補助人の印鑑証明書の添付が必要です。

　③の場合，補助人又は補助監督人が，売買契約についての代理権付与の審判に基づき，被補助人を代理するときは，家庭裁判所の許可を証する情報

【解　説】

1　補助制度及び被補助人の登記申請能力

　平成 12 年 4 月 1 日から施行された民法の一部を改正する法律（平成 11 年法律第 149 号）により，「精神上の障害により事理を弁識する能力が不十分である者」，すなわち，改正前の民法の下では保護の対象とならなかった痴呆，知的障害，精神障害等の軽度の精神上の障害を有する者について補助開始の審判をする「補助制度」（改正後の民法 15 条。以後の民法の条文は，改正後のものです。）が新設され，補助開始の審判を受けた者は，被補助人とし，補助人が付されます（同法 16 条）。

　被補助人の精神上の障害は，前問【2】の被保佐人よりも軽度なものであることから，被補助人は，原則として，単独で法律行為をすることができると解されます。したがって，被補助人は，登記申請に必要な意思能力を有しており，自ら登記の申請をすることができると解されます。ただし，家庭裁判所において，預金の管理，不動産等の重要な財産の処分，介護契約等の特定の法律行為（同法 13 条 1 項に規定する行為の一部に限ります。）について，補助人の同意を得なければならない旨の審判を受けた場合には，当該法律行為について補助人の同意を得なければなりません（同法 17 条 1 項）。

　以上のことを前提に，本問の各場合について検討します。

2　第三者に売買した場合

　上記 1 のとおり，被補助人が第三者との自己所有不動産の売買契約の締結について補助人の同意を得なければならない旨の審判を受けた場合には，補助人の同意を得た上で当該売買契約を締結し，当該不動産について，自ら所

14　第1　申請手続 ／ (1) 申請人 ／ 【3】

有権の移転登記を申請することになります。したがって，この場合には，被補助人が売買契約を締結することについての補助人の同意を証する情報（不登令7条1項5号ハ）及び補助人が記録されている登記事項証明書を提供し，補助人の同意を証する情報の一部として，補助人の印鑑証明書（不登令19条2項）をも添付する必要があります。また，当該登記申請の登記義務者は被補助人ですから，当該被補助人の印鑑証明書（不登令16条2項，18条2項。以下同じ。）の添付も必要となります。

　なお，家庭裁判所により，被補助人が所有する不動産の売買契約の締結について，補助人に代理権を付与する旨の審判がされた場合（民法876条の9第1項），所有権の移転の登記申請に提供する登記原因証明情報は，売買契約を締結した補助人が作成することになると考えられます。したがって，この場合には，補助人の記名押印のある登記原因証明情報，及び補助人が記録されている登記事項証明書（売買契約の締結についての代理権付与の記録のあるもの。後見登記等に関する法律4条1項6号参照）を提供する必要があります。ところで，この場合の補助人は，売買契約の当事者である被補助人の代理人であるとともに，登記の申請人である被補助人から見て第三者の立場にあると考えられます。したがって，補助人の印鑑証明書（不登令19条2項）をも添付する必要があると考えられます。また，この場合の当該登記申請の登記義務者は被補助人ですから，当該被補助人の印鑑証明書の添付も必要となります。

　さらに，家庭裁判所の審判により，補助人に対して，売買契約の締結についての代理権とともに当該所有権の移転の登記申請行為についても代理権が付与された場合には，補助人が被補助人を代理して，当該登記を申請することになります。したがって，この場合には，補助人の記名押印のある登記原因証明情報，補助人の資格を証する情報（不登令7条1項2号）として補助人が記録された登記事項証明書（登記申請行為についての代理権付与の記載のあるもの）を提供するほかに，登記義務者の印鑑証明書として，補助人の印鑑証明書の添付も必要になるものと考えられます。一方で，被補助人の印鑑証明書の添付は要しないものと考えられます。

3　当該不動産の買主が補助人である場合

　被補助人が所有する不動産の買主が補助人である場合，当該売買契約については，被補助人と補助人の利益が相反することになります。この場合には，家庭裁判所で選任された補助監督人（補助監督人が選任されていない場合には，売買契約の締結について家庭裁判所で選任された臨時補助人。民法876条の7第3項参照）が，被補助人を代表し，又は被補助人が補助人と売買契約を締結することについて同意することになります（同法876条の8第2項で読み替える851条4号）。

　そこで，選任された補助監督人が当該売買契約の締結について同意したときは，補助監督人の同意を証する情報（不登令7条1項5号ハ）の提供が必要になります。また，売買契約の締結について補助監督人が代表したときは，上記2の説明と同様の趣旨から，補助監督人の記名押印のある登記原因証明情報の提供が必要になります。そして，いずれの場合も補助監督人が記録されている登記事項証明書の提供，及び補助監督人の印鑑証明書（不登令19条2項）の添付が必要となります。

　一方，選任された臨時補助人が当該売買契約の締結について同意したときは，臨時補助人の同意を証する情報（不登令7条1項5号ハ）を，また，売買契約の締結について臨時補助人が代表したときは，臨時補助人の記名押印のある登記原因証明情報を提供することになります。そして，いずれの場合も臨時補助人についての家庭裁判所の選任審判所（臨時補助人に関する事項は，後見登記等ファイルには記録されません。後見登記等に関する法律4条1項参照），及び臨時補助人の印鑑証明書（不登令19条2項）の添付が必要となります。

　また，この場合の当該所有権の移転の登記申請の登記義務者は被補助人ですから，当該被補助人の印鑑証明書の添付も必要となります。

　なお，家庭裁判所の審判により，補助人に対して，当該登記の申請行為についても代理権が付与された場合には，補助人が被補助人を代理して，当該登記を申請することになります。したがって，この場合には，補助人の資格を証する情報（不登令7条1項2号）として補助人が記録された登記事項証明書（登記申請行為についての代理権付与の記載のあるもの）の提供，及び登

記義務者の印鑑証明書として，補助人の印鑑証明書の添付が必要になるものと考えられます。一方で，被補助人の印鑑証明書の添付は要しないものと考えられます。

補助監督人及び臨時補助人は，利益相反行為である売買契約の締結について被補助人を代表し，又は同意するものであり，登記申請行為を代理するものではありませんから，登記の申請人にはなり得ないと考えられます。

4　当該不動産が居住用不動産である場合

補助人又は補助監督人が，売買契約についての家庭裁判所の代理権付与の審判に基づき，被補助人に代わって，その居住用不動産を売却する場合は，家庭裁判所の許可が必要となります（民法876条の8第2項及び876条の10第1項で準用する859条の3）。したがって，この場合には，上記2及び3で説明した各情報のほか，第三者の許可を証する情報（不登令7条1項5号ハ）として，家庭裁判所の許可を証する情報を提供する必要があります。

また，この場合も所有権の移転の登記申請の登記義務者は被補助人ですから，当該被補助人の印鑑証明書の添付が必要となります。

なお，民法876条の8第2項及び876条の10第1項で準用する859条の3の規定は，補助人又は補助監督人が，被補助人に代わって，被補助人の居住用不動産を売却する場合には，家庭裁判所の許可を得なければならないとしています。したがって，被補助人が補助人の同意を得て（同法17条1項），その居住用不動産を売却する場合には，被補助人が自らの意思によって当該不動産の処分行為をするものであることから，家庭裁判所の許可は要しないものと考えられます。

第 1 　申請手続 ／ ⑴ 　申請人 ／ 【4】　　17

【4】 　成年後見人と成年被後見人が共同相続人である場合に，成年後見人の
　　　代理人である成年後見監督人と成年被後見人による遺産分割協議の結果，
　　　相続不動産を成年被後見人が単独で相続することとなったときの所有権
　　　の移転登記の申請人と添付情報

Q　　　成年後見人及び成年被後見人が共同相続人となる場合において，
　　　　　成年後見監督人が成年被後見人を代理して，成年後見人と遺産分
割協議をした結果，被相続人の所有する不動産を成年被後見人が単独で
相続することとなったときの所有権の移転登記を成年後見人が申請する
ことができますか。また，当該登記申請には，遺産分割協議書の一部と
して，成年後見監督人の印鑑証明書の添付が必要でしょうか。

A　　　成年後見人は，法定代理人として，当該所有権の移転登記を申
　　　　　請することができると考えられます。また，当該登記申請には，
遺産分割協議書の一部として，成年後見監督人の印鑑証明書の添付が必
要であると考えられます。

【解　説】
1　利益相反行為
　成年後見人と成年被後見人が共同相続人である場合の遺産分割は，両者の
利益が相反する行為（利益相反行為）になりますから，当該遺産分割の協議
に当たっては，特別代理人を選任する必要があります（民法860条本文，826
条）。ただし，成年後見監督人は，利益相反行為について成年被後見人を代
表しますから（同法851条4号），成年後見監督人が選任されている場合は，
特別代理人を選任する必要はありません（同法860条ただし書）。
　したがって，成年後見人と成年被後見人が共同相続人である場合に，両者
が遺産分割の協議をするに当たって，家庭裁判所において，成年後見監督人
が選任されているときは，当該成年後見監督人が，成年被後見人に代わって，
成年後見人と遺産分割の協議をすることになります。

18　第1　申請手続　/　(1)　申請人　/　【4】

2　所有権の移転の登記の申請人

　登記の申請は，形式的には，私法上の法律行為ではなく，また，実体上既に発生した物権変動を第三者に対抗するためにされるにすぎません。したがって，成年後見人と成年被後見人が遺産分割をすることは，利益相反行為に該当するとしても，その結果に基づく登記申請が，利益相反行為になるわけではありません。

　また，成年被後見人は，精神上の障害により事理を弁識する能力を欠く常況にある者であることから，意思能力を有していないと解され，成年被後見人自ら登記を申請することができないことについては，既に問【1】の解説2において説明したとおりです。

　したがって，本問の場合には，成年後見人が，成年被後見人の法定代理人として，成年被後見人を相続人とする所有権の移転登記を申請することができると考えられます。

　なお，成年後見監督人は，遺産分割協議をするに当たって，成年被後見人を代表する者として選任されたにすぎませんから，当該登記を申請することはできません。

3　成年後見監督人の印鑑証明書の添付の要否

　遺産分割協議書を提供して相続による所有権の移転登記を申請する場合は，戸籍よる相続関係と異なる相続登記をすることとなることから，当該遺産分割協議書は，市区町村長の作成に係る戸（除）籍謄本等の記載の内容を変更する情報であるといえます。そこで，この場合，当該遺産分割協議書の真正を担保するために，その一部として，当該遺産分割協議書に押印した者全員の印鑑証明書を添付すべきであるとされています（注1）。もっとも，遺産分割協議により当該不動産を相続することとなる所有権の移転登記の申請人と他の相続人との関係は，当該申請人が共同申請の場合における登記権利者，他の相続人が登記義務者の地位に当たると解することができますから，遺産分割協議書に添付すべき印鑑証明書は，所有権の移転登記の申請人を除く他の相続人（協議者）の印鑑証明書のみで足りるとするのが，登記実務の取扱いです（注2）。

しかし，本問の場合，当該遺産分割協議書に記名押印したのは，所有権の移転登記の申請人である成年被後見人ではなく，成年被後見人を代表する成年後見監督人ですから，上記の登記実務における取扱いは，適用されません。

したがって，本問の所有権の移転の登記申請には，原則どおり，当該遺産分割協議書に押印した成年後見監督人の印鑑証明書の添付が必要であると考えられます。

（注1）昭和30年4月23日付け民事甲第742号民事局長通達

（注2）登研141号46頁

20　第1　申請手続　/　(2)　申請情報　/　【5】

(2)　申請情報

【5】　代表権限が消滅した代表者（旧代表者）の委任による場合の申請情報の表示

> **Q**　委任による登記申請の代理人が，委任状を作成した当時の法人の代表者（以下「旧代表者」といいます。）からの委任状を提供して登記を申請する場合において，申請情報における申請人としては，現在の法人の代表者（以下「現代表者」といいます。）又は旧代表者のいずれを表示するべきでしょうか。また，申請情報には，旧代表者の代表権限が消滅した旨及び旧代表者が代表権限を有していた時期を明らかにする必要がありますか。

> **A**　前段については，現代表者を表示すべきであると考えます。
> 　後段については，旧代表者の代表権限が消滅した旨及び旧代表者が代表権限を有していた時期を明らかにする必要があると考えられます。

【解　説】
1　代理権の不消滅

　委任による登記申請の代理権限は，本人の死亡，本人である法人の合併による消滅，本人である受託者の信託に関する任務の終了及び法定代理人の死亡又はその代理権の消滅若しくは変更の事由が生じた場合であっても消滅しないとされており（不登法17条），この場合の法定代理人には，法人の代表者も含まれるとされています（注1）。したがって，登記申請の委任をした法人の旧代表者の代表権限が，委任後に消滅した場合であっても，当該委任を受けた代理人は，当該代理権限を証する情報（委任状）を添付情報として登記の申請をすることができるものと解されます。

第1　申請手続　／　(2)　申請情報　／　【5】　　21

2　申請情報の内容としての申請人

　申請情報の内容とする事項については，申請人の氏名又は名称及び住所を掲げるものとされ（不登令3条1号），当該申請人が法人であるときは，その代表者の氏名をも掲げるものとされています（同条2号）。

　法人代表者の代理権の不消滅とは，当該法人代表者の代表権が消滅しても，単に登記申請の代理権が消滅しないというものであって，旧代表者に現在の法人を代表する権限を付与するものではありませんから，本問の場合であっても，申請人が法人である場合の申請情報の内容とする申請人としては，現代表者を表示すべきであると考えられます。

3　申請人が法人である場合の添付情報

(1)　従来の取扱い

　従来，法人等がその登記を受けた登記所と同一の登記所（指定登記所を除きます。）で登記を申請する場合において，提供された登記申請の代理権限を証する情報（委任状）の作成名義人である法人の代表者が，現代表者でないと認められるときであっても，登記申請の代理人が，当該旧代表者の代表権限が消滅した旨及び当該旧代表者が代表権限を有していた時期を明らかにし，当該法人の登記事項証明書でそのことを確認することができる場合には，これを適法な登記申請の代理権限を証する情報の提供があるものとして取り扱うこととされ（注2），また，旧代表者の代表権限を証する情報には，閉鎖登記簿謄本（作成後3か月を超えるものであっても差し支えありません。）が含まれ，当該情報を提供して申請をするときは，旧代表者の代表権限が消滅している旨を明らかにする必要があるとされていました（注3）。

(2)　会社法人番号制度の創設

　ところで，行政手続における特定の個人を識別するための番号の利用等に関する法律の施行に伴う関係法律の整備等に関する法律（平成25年法律第28号）による改正後の商業登記法7条の規定により，商業登記簿には，会社法人等番号（特定の会社，外国会社その他の商人を識別するための番号）を記録することとされました。

　そこで，不動産登記等の申請における申請人の負担の軽減等を図るため，

平成27年の不動産登記令等の一部を改正する政令（平成27年政令第262号）及び不動産登記規則等の一部を改正する省令（平成27年法務省令第43号）（以下の条文は、いずれも改正後の不動産登記令及び不動産登記規則の条文です。）により、登記の申請人が法人である場合に、従来提供を要するとされていた当該法人の代表者の資格を証する情報に代えて、当該法人が会社法人等番号を有する法人の場合は、当該法人の会社法人等番号（不登令7条1項1号イ）を、それ以外の法人の場合は、当該法人の代表者の資格を証する情報（不登令7条1項1号ロ）を提供するものとされています。ただし、申請人が会社法人等番号を有する法人であっても、当該法人の代表者の資格を証する登記事項証明書（代表者事項証明書。商業登記規則30条1項4号）を提供したとき（不登規36条1項1号）、若しくは支配人等（支配人その他の法令の規定により法人を代理することができる者であって、その旨の登記がされている者）によって登記の申請をする場合に、当該支配人等の権限を証する登記事項証明書（現在事項一部証明書。商業登記規則30条2項）を提供したとき（不登規36条1項2号）は、当該法人の会社法人等番号の提供は要しないとされています（不登規36条1項柱書）。

　なお、当該登記事項証明書は、いずれも作成後1か月以内のものでなければならず（不登規36条2項）、また、会社法人等番号を有しない法人が提供する当該法人の代表者の資格を証する情報が書面であって、登記官等の公務員が職務上作成したものであるときは、作成後3か月以内のものでなければならないとされています（不登令17条1項）。

　申請人の会社法人等番号を提供するときは、「申請人の名称」（不登令3条1号）に続けて表示することで差し支えないとされています（注4）。

4　旧代表者について申請情報に表示する事項

　現行法における申請人が法人である場合に提供すべき添付情報については、上記3(2)のとおりですが、代理人に対し登記の申請を委任した法人の代表者（旧代表者）が死亡等した場合であっても、当該法人が会社法人等番号を有する法人であるときは、当該法人の会社法人等番号を提供しなければならず、この場合には、申請情報に当該旧代表者の代表権が消滅した旨を明らかにし

なければならないものとし，当該会社法人等番号によって当該旧代表者の資格を確認することができないときは，その資格を確認することができる登記事項証明書を提供しなければならないとされています（注5）。

したがって，本問の場合には，申請情報に当該旧代表者の代表権が消滅した旨を明らかにしなければなりません。また，代理権限を証する情報（委任状）の適格性を申請代理人に明示させる趣旨から，旧代表者が代表権限を有していた時期についても，申請情報において明らかにすべきであると考えられます（注6）。

なお，会社法人等番号の提供に関する規定が設けられたことにより，従来の法人等がその登記を受けた登記所と同一の登記所で登記申請をする場合における当該法人の代表者の資格を証する情報等の提供の省略に関する規定（上記の改正前の不登規36条1項1号・2号）は，廃止されました。

　（注1）　平成5年7月30日付け民三第5320号民事局長通達第2の1本文
　（注2）　（注1）通達第2の1ア
　（注3）　平成6年1月14日付け民三第366号民事第三課長通知二(1)なお書
　（注4）　平成27年10月23日付け民二第512号民事局長通達2(1)ア(ア)
　（注5）　（注4）通達2(5)ア
　（注6）　（注2）に同じ。

24　第1　申請手続 ／ (2)　申請情報 ／ 【6】

【6】　礼拝用登記の申請人，添付情報及び申請情報の内容

Q　宗教法人法 66 条の規定に基づく礼拝の用に供する建物（本殿等）及びその敷地である旨の登記の申請人，添付情報及び申請情報の内容とすべき事項について，教えてください。

A　当該建物を所有する宗教法人が申請人となり，都道府県知事が証明する礼拝の用に供する建物又はその敷地であることを証する情報を提供して，登記の目的を「礼拝用建物（又は建物敷地）の登記」とする申請をすることになります。

【解　説】

1　礼拝の用に供する建物及びその敷地である旨の登記

　宗教法人が所有する礼拝の用に供する建物及びその敷地（以下「礼拝用建物等」といいます。）は，当該宗教法人が宗教活動をする上で当然に必要なものとして，特に法律によって保護する必要があります。

　そこで，宗教法人の所有に係る礼拝用建物等は，当該不動産が，当該宗教法人において，礼拝の用に供する建物及びその敷地である旨の登記（以下「礼拝用登記」といいます。）をすることができるものとされています（宗教法人法（昭和 26 年法律第 126 号）66 条 1 項）。

　礼拝用登記がされた礼拝用建物等については，「不動産の先取特権，抵当権又は質権の実行のためにする場合及び破産手続開始の決定があった場合を除くほか，その登記後に原因を生じた私法上の金銭債権のために差し押さえることができない。」（同法 83 条）として，その保護が図られています。

2　礼拝用登記の申請人

　礼拝用登記は，礼拝用建物等を所有する宗教法人が申請人として申請します（宗教法人法 67 条 1 項）。

　当該宗教法人から礼拝用登記の申請があったときは，登記官は，その建物又は土地の登記記録中権利部に，建物については当該宗教法人において礼拝

の用に供するものである旨を，土地については当該宗教法人において礼拝の用に供する建物の敷地である旨を記録することになります（同法68条）。すなわち，礼拝用登記は，権利に関する登記であり，権利部の甲区に記録されることになりますから，当該登記をする前提として，必ず所有権の登記がされている必要があります。

　また，土地についての礼拝の用に供する建物の敷地である旨の登記は，当該土地上に存在する建物について礼拝用登記がある場合に限ってすることができる（同法66条2項）とされていますから，当該土地のみに礼拝用登記をすることはできません。

3　礼拝用登記の添付情報

　次に，礼拝用登記を申請するには，その申請情報と併せて礼拝用建物等である旨を証する情報を提供するものとされています（宗教法人法67条2項）。

　ところで，宗教法人の所轄庁は，その主たる事務所の所在地を管轄する都道府県知事であり（同法5条1項），宗教法人を設立するときは，基本財産，宝物その他の財産の設定，管理及び処分に関する事項について規則を作成し，都道府県知事の認証を受けなければならないとされています（同法12条1項柱書及び同項8号参照）。そして，宗教法人は，当該規則を変更しようとするときも，都道府県知事の認証を受けなければならないとされています（同法26条1項）。

　以上のことから，礼拝用建物等である旨を証する情報としては，所轄庁である都道府県知事の証明書を提供することになるものと考えられます。

4　礼拝用登記の申請情報の内容

　礼拝用登記の申請情報の内容とすべき事項は，次のとおりと考えられます。
　(1)　登記の目的　　礼拝用建物（又は建物敷地）の登記
　(2)　申請人の表示　当該不動産の所有者である宗教法人の名称及び住所
　(3)　添付情報
　　ア　礼拝用建物等である旨を証する情報
　　イ　代表者の資格を証する情報（当該宗教法人の登記事項証明書）

26　第1　申請手続　/　(2)　申請情報　/　【6】

　　ウ　委任状（代理人による申請の場合）
(4)　登記申請年月日及び登記所の表示
(5)　代理人の表示（代理人による申請の場合）
(6)　不動産の表示
　　(注1)　登記原因は存在しないので，登記原因及びその日付を内容とす
　　　　　る必要はないと考えられます。
　　(注2)　登録免許税については，根拠規定がないことから，無税と解さ
　　　　　れます。
　　(注3)　土地のみについて申請する場合には，当該土地上に存在する建
　　　　　物について礼拝用登記がされていることが要件（宗教法人法66条
　　　　　2項参照）となるため，当該礼拝用登記をした建物を表示する必
　　　　　要があります。

5　礼拝用登記がされた礼拝用建物等について所有権の移転登記をしたときの礼拝用登記の処理

　礼拝用登記がされた礼拝用建物等について所有権の移転登記（当該宗教法
人の合併による所有権の移転登記の場合を除きます。宗教法人法70条3項）
をしたときは，登記官は，当該所有権の移転登記と併せて，職権で，礼拝用
登記を抹消するものとされています（同法70条1項）。
　ところで，宗教法人法の施行と同時に廃止された宗教法人令（昭和20年勅
令第719号）の規定による宗教法人（以下「旧宗教法人」といいます。）が，
宗教法人法附則5項又は6項の規定により宗教法人（以下「新宗教法人」と
いいます。）となったときに，同附則20項の規定によって同法68条の規定
による登記（礼拝用登記）をしたものとみなすとされています。また，旧宗
教法人が同附則5項又は6項の規定により新宗教法人となったときは，その
設立の登記をした日において，当該旧宗教法人は解散し，その権利義務は，
新宗教法人が承継するものとされています（同附則18項）。そこで，新宗教法
人が旧宗教法人から承継した礼拝用建物等について，権利承継による所有権
の移転登記をしたときは，同法70条の規定によって，登記官が，職権で，
旧宗教法人がした礼拝用登記を抹消すべきであるとされています（昭和31年

8月13日付け民事甲第1776号民事局長通達)。

〔参考条文〕

宗教法人法（抄）

第七章　登記　　第二節　礼拝用建物及び敷地の登記

（登記）

第66条　宗教法人の所有に係るその礼拝の用に供する建物及びその敷地については，当該不動産が当該宗教法人において礼拝の用に供する建物及びその敷地である旨の登記をすることができる。

　　2　敷地に関する前項の規定による登記は，その上に存する建物について同項の規定による登記がある場合に限りすることができる。

（登記の申請）

第67条　前条第1項の規定による登記は，当該宗教法人の申請によってする。

　　2　登記を申請するには，その申請情報と併せて礼拝の用に供する建物又はその敷地である旨を証する情報を提供しなければならない。

（登記事項）

第68条　登記官は，前条第1項の規定による申請があったときは，その建物又は土地の登記記録中権利部に，建物については当該宗教法人において礼拝の用に供するものである旨を，土地については当該宗教法人において礼拝の用に供する建物の敷地である旨を記録しなければならない。

（所有権の移転に因る登記の抹消）

第70条　登記官は，第68条の規定による登記をした建物又は土地について所有権移転の登記をしたときは，これとともに当該建物又は土地に係る同条の規定による登記を抹消しなければならない。

　　2　前条第2項の規定は，前項の規定により建物について登記の抹消をした場合に準用する。

　　3　前2項の規定は，宗教法人の合併の場合には適用しない。

第九章　補則

28　第1　申請手続　/　(2) 申請情報　/　【6】

（礼拝用建物等の差押禁止）

第83条　宗教法人の所有に係るその礼拝の用に供する建物及びその敷
　　　地で，第7章第2節の定めるところにより礼拝の用に供する建物及び
　　　その敷地である旨の登記したものは，不動産の先取特権，抵当権又は
　　　質権の実行のためにする場合及び破産手続開始の決定があった場合を
　　　除くほか，その登記後に原因を生じた私法上の金銭債権のために差し
　　　押さえることができない。

宗教法人法附則（抄）

1　この法律は，公布の日から施行する。

2　宗教法人令（昭和20年勅令第719号）及び宗教法人令施行規則（昭和
　　20年司法，文部省令第1号）は，廃止する。

5　旧宗教法人は，この法律中の宗教法人の設立に関する規定（設立に
　　関する罰則の規定を含む。）に従い，規則を作成し，その規則につい
　　て所轄庁の認証を受け，設立の登記をすることに因って，この法律の
　　規定による宗教法人（以下「新宗教法人」という。）となることがで
　　きる。

6　二以上の旧宗教法人は，共同して，この法律中の宗教法人の設立に
　　関する規定（設立に関する罰則の規定を含む。）に従い，規則を作成
　　し，その規則について所轄庁の認証を受け，設立の登記をすることに
　　因って，一の新宗教法人となることができる。

18　旧宗教法人が第5項又は第6項の規定により新宗教法人となったと
　　きは，その設立の登記をした日において，当該旧宗教法人は解散し，
　　その権利義務（当該旧宗教法人が行う公益事業その他の事業に関し行
　　政庁の許可，認可その他の処分に基いて有する権利義務を含む。）は，
　　新宗教法人が承継する。この場合においては，法人の解散及び清算に
　　関する民法及び非訟事件手続法の規定は適用しない。

20　旧宗教法人が第5項又は第6項の規定により新宗教法人となった場
　　合においては，当該宗教法人が所有する旧宗教法人令第15条に規定
　　する建物又はその敷地について同条の規定による登記をした事項（当

該建物又はその敷地について旧宗教法人令の規定による登記をしたものとみなされた事項を含む。）は，当該宗教法人が新宗教法人となった日において，第68条の規定による登記をしたものとみなす。

21　前項の建物及びその敷地については，第83条中「その登記後」とあるのは，「旧宗教法人令又は旧宗教団体法（昭和14年法律第77号）の規定による登記後」と読み替えるものとする。

旧宗教法人令（抄）

第15条　宗教法人に於て公衆礼拝の用に供する建物又は其の敷地にして命令の定むる所に依り登記を為したるものは不動産の先取特権，抵当権若は質権の実行の為にする場合又は破産の場合を除くの外其の登記後に原因を生じたる私法上の金銭債権の為に之を差押ふることを得ず，神社，寺院，教会財産登記簿に登記を為したる宝物に付亦同じ。

旧宗教法人令施行規則（抄）

第22条　宗教法人令第十五条ノ登記ハ宗教法人ノ所有スル建物又ハ其ノ敷地ニシテ当該宗教法人ニ於テ公衆礼拝ノ用ニ供スル建物又ハ其ノ敷地タルモノニ付之ヲ為スモノトス但シ敷地ニ付テハ其ノ上ニ存スル建物ニ付第二十三条ノ登記アル場合ニ限ル

　　　2　前項ノ登記ハ当該宗教法人ノ申請ニ因リテ之ヲ為ス

　　　3　第一項ノ登記ノ申請書ニハ当該宗教法人ニ於テ公衆礼拝ノ用ニ供スル建物又ハ其ノ敷地ナル旨ヲ証スル書面ヲ添附スルコトヲ要ス

30　第1　申請手続 ／ (2) 申請情報 ／ 【7】

【7】　抹消登記の登記義務者の表示方法

Q　登記記録上の債権者が国民生活金融公庫である差押登記の抹消登記を嘱託する場合，登記義務者の表示は，同公庫とすべきでしょうか。それとも同公庫を承継した株式会社日本政策金融公庫とすべきか，あるいは両者を併記すべきでしょうか。

A　当該抹消登記の登記義務者は，登記記録上の債権者と一致するように被承継者である国民生活金融公庫の名称及び住所を表示することで足りると考えられます。

【解　説】

　差押え等の登記名義人である債権者の住所等に変更を生じた場合，あるいは債権者である法人に合併による承継が生じた場合等の登記の嘱託手続を定めた規定は，存在しません。

　登記実務においては，差押債権者等の処分の制限の登記の登記名義人から，住所等の変更登記が申請された場合には，便宜，受理して差し支えないとされています（注1）。

　これは，差押債権者の住所等に変更が生じているときは，その後に行われる強制競売手続や，当該差押債権者が登記上の利害関係人として承諾を証する情報を作成する場合等において，その同一性を証明しなければならないところ，裁判所書記官の嘱託によることなく，当該登記名義人の申請によって変更登記ができるとすれば，その同一人であることを証明する必要がなくなることから便利であり，そのような取扱いをしても特段の弊害もなく，むしろ，公示制度の趣旨に合致することから，便宜，認められたものと考えられます。

　上記の取扱いが債権者である法人に合併による承継があった場合についても認められるかについては，競売開始決定後に，債権者に特定承継等の事由が生じた場合において，承継人が承継執行文の付与を受けた債務名義を提出したとき等には，債務者及び所有者にその旨の通知がされるため，当事者は

承継の事実を確認することができます。したがって，差押債権者に合併等の事由による承継が生じても，その登記をする必要性も認められないこと，また，その旨を登記する嘱託の手続を定めた規定もないことから，差押等の移転又は当該登記名義人の変更登記等は，いずれも申請することができないとされています（注2）。

　そのため，債権者である法人に合併による承継が生じた後に，差押登記の抹消登記を嘱託する場合，登記記録上の債権者の記録は，合併前の法人のままになっていることから，登記官は，登記記録上の差押債権者と抹消登記の登記義務者が同一法人であると判断することができません。また，当該抹消登記の嘱託には，合併による承継があったことを証する情報の提供が求められていないことから，当該抹消登記の登記義務者を合併による承継法人とした場合には，嘱託情報と登記記録とが合致しないことになります。

　以上のことから，本問の抹消登記の登記義務者は，登記記録上の債権者と一致するように被承継者である国民生活金融公庫の名称及び住所を表示することで足りると考えられます。

（注1）　昭和42年6月19日付け民事甲第1787号民事局長回答
（注2）　カウンター相談Ⅱ 349頁

32　第1　申請手続　/　(3)　添付情報　/　【8】

(3)　添付情報

ア　登記原因証明情報
【8】　第三者のためにする代物弁済契約と登記原因証明情報

Q　　所有権の登記名義人から，直接，第三者への代物弁済を登記原因とする所有権の移転登記を申請することができますか。また，できるとした場合，提供すべき登記原因証明情報には，誰が署名又は記名押印すべきでしょうか。

A　　第三者のためにする代物弁済契約に基づき，所有権の登記名義人から，直接，第三者への代物弁済を登記原因とする所有権の移転登記を申請することができると考えられます。
　　また，提供すべき登記原因証明情報には，代物弁済契約の当事者が署名又は記名押印するほか，所有権を取得することになる第三者も，署名又は記名押印することが望ましいと考えられます。

【解　説】

1　第三者のためにする契約

　契約の当事者が，自己の名において締結した契約によって，直接第三者に権利を取得させる契約を「第三者のためにする契約」といいます（民法537条1項）。同条は，民法の「第三編債権」に規定されていることからみて，当該契約により第三者が取得する権利は債権であるのが一般的ですが，判例，通説においては，第三者に直ちに物権を取得させる契約も有効であるとされています。

　そこで，A不動産について，売主甲と買主乙との間で，「乙は，売買代金全額の支払いまでに所有権の移転先となる者を指定し，甲は，乙の指定する者に対し，乙の指定及び売買代金全額の支払いを条件に所有権を直接移転する。」旨の特約を付した売買契約が締結され，そして，登記原因証明情報に当該特約に従い，乙が，所有権の移転先として丙を指定し，指定された丙が，

甲に対して同法537条2項に基づく受益の意思表示をするとともに，乙が甲に対して売買代金を支払った事実が記載されていることにより，A不動産についての実体上の権利変動の過程・態様が確認できるときは，当該登記原因証明情報を提供した甲から丙への所有権の移転の登記申請は，他に却下事由がない限り受理して差し支えないとされています（注1）。

2　第三者のためにする代物弁済契約に基づく所有権の移転登記の可否

　代物弁済とは，債務者が，債権者の承諾を得て，その負担した給付に代えて他の給付をすることであり，その給付は，弁済と同一の効力を有します（民法482条）。

　そして，債務者が，不動産をもって代物弁済をした場合には，当該不動産の所有権が，当該債務者から債権者へ移転することになります。

　上記のとおり，第三者のためにする契約については，第三者に直ちに物権を取得させる契約も有効であると解されていますから，当該契約は売買契約に限られるものではありません。すなわち，当該契約は本問の代物弁済契約であっても差し支えなく，したがって，第三者のためにする代物弁済契約に基づいて，直接，代物弁済を登記原因とする第三者への所有権の移転登記をすることができるものと考えられます。この場合の報告的な登記原因証明情報の例としては，次のような内容のものになると考えられます。

第三者のためにする代物弁済契約による所有権の移転の報告的な登記原因証明情報の例

1　登記の目的　所有権移転
2　登記の原因　平成31年2月8日代物弁済
3　当 事 者　権　　　利　　　者　A市B町1丁目1番2号
　　　　　　　　　　　　　　　　　丙　川　三　郎
　　　　　　　義　　　務　　　者　A市B町2丁目3番4号
　　　　　　　　　　　　　　　　　甲　野　一　郎
　　　　　　　5(1)の代物弁済契約の受益者　A市B町3丁目5番6号
　　　　　　　　　　　　　　　　　乙　山　二　郎

34　第1　申請手続　／　(3)　添付情報　／　【8】

4　不動産の表示　所　在　X市Y町1丁目

　　　　　　　　　　地　番　2928番1

　　　　　　　　　　地　目　宅地

　　　　　　　　　　地　積　295,20平方メートル

5　登記の原因となる事実又は法律行為

(1)　平成31年2月5日，甲野一郎（以下「甲」という。）と乙山二郎（以下「乙」という。）との間で，平成25年1月10日金銭消費貸借契約による甲の乙に対する債務の弁済に代えて，甲の所有する上記不動産（以下「本件不動産」という。）を乙に給付する旨の代物弁済契約を締結した。

(2)　(1)の代物弁済契約には，「甲は，不動産の所有権を，乙の指定する者に対し，乙の指定を条件として直接移転することとする。」旨の所有権の移転先に関する特約が付されている。(注)

(3)　平成31年2月8日，乙は，本件不動産の所有権の移転先として丙川三郎（以下「丙」という。）を指定した。

(4)　同日，丙は，甲に対し，本件不動産の所有権の移転を受ける旨の意思表示をした。

(5)　よって，本件不動産の所有権は，同日，甲から丙に移転した。

平成31年2月22日　何法務局何出張所　御中

上記登記原因のとおり相違ありません。

　　　　　　　権　　　利　　　者　A市B町1丁目1番2号

　　　　　　　　　　　　　　　　丙　川　三　郎　　印

　　　　　　　義　　　務　　　者　A市B町2丁目3番4号

　　　　　　　　　　　　　　　　甲　野　一　郎　　印

　　　5(1)の代物弁済契約の受益者　A市B町3丁目5番6号

　　　　　　　　　　　　　　　　乙　山　二　郎　　印

(注)　当該契約において5(2)の特約が付されていれば，乙が丙を指定するまで所有権は

甲に留保されていることになり，乙が丙を指定することによって，甲から丙へ直接所有権が移転することになると解されます。

3　登記原因証明情報に署名又は記名押印する者

　登記原因証明情報は，共同申請の場合であっても，必ずしも登記権利者及び登記義務者が共同して作成名義人となっている必要はなく，少なくとも登記義務者がその内容を確認したことが分かるものであれば，その適格性は認められるものと解されます。すなわち，登記原因証明情報は，登記の原因となる事実又は法律行為（不登法５条２項参照）の存在を証する情報であって，かつ，登記義務者等その不動産についての処分権限がある者が，その内容を確認して署名又は記名押印したものであれば，その他の形式的な要件は問われないと解されます。したがって，上記１の事例において，第三者のためにする契約による所有権の移転の登記申請に提供する登記原因証明情報については，登記権利者（第三者）丙の押印は必ずしも必要ないのではないかと思われます。しかし，第三者のためにする契約による所有権の移転の場合，登記原因となる法律行為については，甲乙丙の三者が関与しており，甲乙間の契約と乙丙間の契約が，それぞれ別個に締結された場合には，丙が，甲乙丙間の権利関係を十分認識していない可能性も考えられることから，後日の紛争の発生を防止するためにも，登記権利者丙の署名又は記名押印を求める方が望ましいと考えられます。ただし，丙の署名又は記名押印は，あったほうが望ましいというに過ぎず，これがない場合であっても，当該登記原因証明情報の適格性が否定されるものではないことから，これがないことのみをもって，当該登記申請が却下されることはないと考えられます。

　また，第三者のためにする契約の当事者である乙については，甲に対して売買代金の支払義務を負う一方で，当該売買代金の対価である当該不動産の所有権を第三者丙へ直接移転させるものであることから，乙から丙への所有権の移転登記をすることにより不利益を受ける可能性があり，登記原因の真正を担保するためには，登記義務者に準じて扱うのが相当であると考えられます。したがって，乙にも記名押印を求める必要があるものと解されます（注２）。

36　第1　申請手続 / (3) 添付情報 / 【8】

　なお，当該押印に係る印鑑は，自然人の場合，市区町村長に届け出た印鑑でなければならないとの規定はありませんから，上記の乙が法人である場合の当該押印は，登記所に提出した印鑑（商業登記法20条1項）である必要はなく，また，当該法人の会社法人等番号等の提供（不登令7条1項1号）も要しないものと解されます（注3）。

（注1）　平成19年1月12日付け民二第52号民事第二課長通知
（注2）　実務の視点Ⅵ 129頁
（注3）　実務の視点Ⅰ 335頁

【9】 共有者の一人が死亡したが，その相続人がない場合において，当該共有者の持分を他の共有者に移転する場合の登記原因証明情報

Q 共有者の一人甲が死亡しましたが，その相続人がいないため，相続人不存在を登記原因として，亡甲相続財産とする登記名義人氏名変更の登記がされている場合において，特別縁故者が存在しなかったことから，甲の共有持分を他の共有者乙へ移転する場合には，どのような登記原因証明情報を提供すればよいでしょうか。

A 次のいずれかの登記原因証明情報を提供すべきであると考えられます。
1　家庭裁判所の民法958条の3の規定に基づく財産分与の申立てをする特別縁故者がなかった旨の証明書，又は当該申立てを却下する審判がされ，当該却下の審判が確定したことの証明書
2　1の要件事実及び効力発生日等を内容とする相続財産管理人が作成した報告的な登記原因証明情報

【解　説】
1　共有者の一人が相続人なくして死亡した場合の民法255条と同法958条の3との関係

共有の不動産について，共有者の一人甲が死亡しましたが，その相続人がないときは，当該不動産の甲持分は，他の共有者乙に帰属するものとされています（民法255条）。一方で，家庭裁判所は，被相続人と生計を同じくしていた者，被相続人の療養看護に努めた者その他被相続人と特別の縁故があった者の請求によって，これらの者に，清算後残存すべき相続財産の全部又は一部を与えることができるとされています（特別縁故者への財産分与。同法958条の3）。

そこで，共有者の一人が相続人なくして死亡した場合，同法255条を優先して適用すべきか，若しくは同法958条の3を優先すべきかが問題となります。

38　第1　申請手続　/　(3)　添付情報　/　【9】

　このことについて，判例は，「特別縁故者への財産分与は，家庭裁判所が諸事情を勘案して決定するものであるから，家庭裁判所における共有関係を処理する機会を否定することは相当でない。したがって，家庭裁判所が，同法958条の3により，被相続人の有していた持分の全部又は一部を特別縁故者に分与することは相当でないと判断したときに初めて，その持分は，他の共有者に帰属すると解すべきである。」としています（注1）。

　すなわち，共有者である被相続人甲が相続人なくして死亡したときは，まず，同法958条の3の適用が問題となり，財産を分与すべき特別縁故者がない場合に初めて，同法255条が適用になり，その持分は，他の共有者乙に帰属することになります。

2　共有者甲持分の他の共有者乙への帰属が確定するまでの手続

　被相続人である共有者甲に特別縁故者がいない場合に，その持分が，他の共有者である乙に帰属するまでの手続は，次のとおりです。

(1)　まず，相続人のあることが明らかでないときは，相続財産は，法人とされ（民法951条），相続財産を法律的に容易に把握することができるようにするため，いったん法人が成立したとする擬制が行われます。

(2)　次に，相続財産が法人となった場合，家庭裁判所は，相続財産管理人を選任し，その旨を公告しなければなりません（同法952条）。この公告によって，相続人の捜索が開始されますが，問題は，その捜索にどのくらいの期間を要するかです。

(3)　相続財産管理人は，同法952条2項の公告があった後2か月以内に相続人のあることが明らかにならなかったときは，すべての相続債権者及び受遺者に対し，一定の期間内にその請求の申出をすべき旨を公告しなければならず，その期間は，2か月を下ることができません（同法957条1項）。

(4)　次に，同法957条1項の期間の満了後，なお相続人のあることが明らかでないときは，家庭裁判所は，相続人があるならば一定の期間内にその権利を主張すべき旨を公告しなければならず，その期間は，6か月を下ることができません（同法958条）。

この期間内に相続人としての権利を主張する者がないときは，相続人並びに相続財産の管理人に知れなかった相続債権者及び受遺者は，その権利を行使することができません（同法958条の2）。

(5) 最後に，相続人としての権利を主張する者がない場合において，相当と認めるときは，家庭裁判所は，特別縁故者の請求によって，その者に，清算後残存すべき相続財産の全部又は一部を与えることができます。その特別縁故者の請求は，同法958条の期間の満了後3か月以内にしなければならないとされています（同法958条の3第2項）。

(6) そして，同法958条の3第2項の3か月を経過しても財産分与を請求する者がなく，また，財産分与を請求する者がいたとしても，家庭裁判所において，財産分与の申立てを却下する旨の審判がされ，当該却下の審判が確定したときは，相続財産は，一般の場合には国庫に帰属し（同法959条），相続財産の共有持分権の場合は，他の共有者に帰属することになります（同法255条）。

3 共有者甲持分の他の共有者乙への移転登記に提供する登記原因証明情報

以上のことから，被相続人である共有者甲持分を他の共有者乙に移転する登記申請には，家庭裁判所の民法958条の3の規定に基づく財産分与の申立てをする特別縁故者がなかった旨の証明書，又は当該申立てを却下する審判がされ，当該却下の審判が確定したことの証明書，若しくは，これらの要件事実及び効力発生日等を内容とする相続財産管理人が作成した報告的な登記原因証明情報を提供しなければならないと考えられます。

共有者甲から他の共有者乙への移転登記については，登記の目的を「甲持分全部移転」とし，登記原因は「特別縁故者不存在確定」であり，その日付は，財産分与の請求をする特別縁故者がないときは同法958条の3第2項の期間満了の日であり，また，財産分与を請求する特別縁故者がいたとしても，家庭裁判所がその申立てを却下する旨の審判をしたときは，当該却下の審判が確定した日の翌日であり，いずれの場合であっても，被相続人の死亡の日から13か月の期間（同法957条1項の計4か月，958条の6か月及び958条の3第2項の3か月を合算した期間）の経過後の日であることを要します

（注2）。

　なお，当該持分移転登記をする前提として，被相続人甲持分について，「年月日相続人不存在」を登記原因（その日付は，甲死亡の日）として，登記名義人を「亡甲相続財産」とする「登記名義人氏名変更」の登記をする必要があります（注3）。

（注1）　最二小判平成元年11月24日民集43巻10号1220頁

（注2）　平成3年4月12日付け民三第2398号民事局長通達

（注3）　不動産登記記録例集222

第1 申請手続 ／ (3) 添付情報 ／ 【10】 41

【10】 担保付社債信託法に基づく停止条件付物上担保付社債信託契約による抵当権の設定登記の登記原因証明情報

Q 担保付社債信託法に基づく物上担保付社債信託契約において，抵当権の設定の効力が，「条件の成就の日に生ずる」旨の停止条件に係っている場合，当該抵当権の設定の登記申請に提供する登記原因証明情報として，物上担保付社債信託証書及び条件の成就を証する情報を併せて提供する必要があるでしょうか。

A 登記原因証明情報として，物上担保付社債信託証書及び条件が成就したことを証する情報を併せて提供する必要があると考えられます。

【解　説】

1　抵当権の設定登記の登記原因証明情報の内容

「登記原因」とは，「登記の原因となる事実又は法律行為」をいう（不登法5条2項）ものとされていますから，登記原因証明情報は，物権変動の原因行為とこれに基づく物権の変動という二つの要素を証明する情報でなければならず，登記の原因となる事実又は法律行為に該当する事実並びにこれに基づく権利の変動が生じたこと及びその時期が具体的に記録されていることを要するものと考えられます。

そこで，金銭消費貸借契約に基づく抵当権の設定登記の登記原因証明情報（抵当権設定契約書又は登記義務者である抵当権設定者が作成した報告形式の登記原因証明情報）の内容としては，①金銭消費貸借契約の締結年月日，②金銭消費貸借契約の内容（債権額，債務者，弁済期のほか，利息・損害金，債権の条件，民法370条ただし書の定めがあればその旨等），③目的不動産，④抵当権設定者，⑤抵当権者，⑥抵当権設定契約の成立とその年月日，⑦契約が代理人による場合は代理人等，不登法59条各号，83条1項各号及び88条1項各号に掲げる登記事項のすべてが記載されている必要があると考えられます。もっとも，利息に関する定め（不登法88条1項1号）等の任意的登記

42 第1 申請手続 / (3) 添付情報 / 【10】

事項については，その定め等がある場合に記載されている必要があります。

2 担保付社債信託法に基づく停止条件付物上担保付社債信託契約による抵当権の設定登記の登記原因証明情報

担保付社債信託法（明治38年法律第52号。以下「担信法」といいます。）により，物上担保としての不動産抵当権の付された社債を発行する場合には，社債発行会社である委託会社と受託会社である信託会社との信託契約において，社債発行に関する契約とともに当該社債に付される抵当権の設定契約がされることになります（担信法2条）。この場合の信託契約は，信託証書でしなければ，その効力を生じない（同法18条1項）とされていますから，当該抵当権の設定の登記申請には，登記原因証明情報として，担保付社債の総額，担保付社債の利率等が記載された信託証書（同法19条1項参照）を提供する必要があると解されます。

また，本問では，当該信託証書による抵当権の設定の効力が「条件の成就の日に生ずる」旨定められていますから，当該信託証書のみでは，条件が成就したことが明らかではありません。したがって，この場合には，条件が成就したことを証する情報も登記原因証明情報の一部として，併せて提供する必要があると考えられます。

3 信託契約による抵当権の設定の登記手続

信託契約による抵当権の設定の登記手続については，不動産登記法第四章「登記手続」の第三節「権利に関する登記」，第五款「信託に関する登記」の規定は，適用されないとされています（担信法64条）。

一方で，当該設定登記については，担信法において，いくつかの特則が設けられています。まず，当該設定登記については，受託会社を登記権利者とし（同法61条），普通抵当権の設定の登記事項である債権額としては，上記2の「担保付社債の総額」を記録（「社債の総額」として記録されます。）すれば足りるとされています（同法62条1項）。また，担保付社債の総額を数回に分けて発行するとき（分割発行。同法21条1項参照）は，担保付社債の総額，分割発行する旨及び担保付社債の利率（普通抵当権の利息に相当し，

「社債の利率」として記録されます。）の最高限度のみを登記事項とします（同法62条2項）。さらに，分割発行する場合においては，その回の担保付社債の金額の合計（「第何回社債発行金額　金何億円」の振合いで記録されます。）及び「社債の利率」を登記事項としなければなりません（同法63条1項）。この分割発行についての登記は，当該抵当権の設定登記の付記登記としてされます（注1）。

　なお，担保付社債の総額が1回で全部発行される場合，又は分割発行される場合のいずれも，当該抵当権の設定登記の登記原因は，「年月日物上担保付社債信託」とするものとされています（注2）。

　（注1）　不動産登記記録例集 472
　（注2）　不動産登記記録例集 470 及び 471

【11】 抵当権の債務者の共同相続人の一人が債務を引き受けた場合の登記原因証明情報の内容

Q 抵当権の債務者について相続が開始し，遺産分割によって共同相続人の一人が債権者の承諾を得て債務を引き受けた場合，相続を原因として，当該相続人を債務者とする抵当権の変更登記を申請するときに提供しなければならない登記原因証明情報には，債権者が承諾した旨の内容が必要ですか。

A 当該登記原因証明情報には，債権者が承諾した旨を内容とする必要があるものと考えられます。

【解 説】

本問のような債務者の変更は，免責的な債務引受と考えられますが，免責的な債務引受について，これを債務者に自由に許した場合には，返済資力がない者が新たな債務者となる可能性があり，その結果，債権者を害するおそれがあることから，一般的には，当該債権者の承諾を要するとするのが，通説的な考え方であるとされています。

この点について，平成29年法律第44号の民法の一部を改正する法律による改正後の民法第三編債権編においては，第五節第二款として「免責的債務引受」に関する規定が新設され，免責的債務引受は，債務者と引受人となる者が契約をし，債権者が引受人となる者に対して承諾をすることによってもすることができるとして（改正後の同法472条3項），従来の通説的見解を採用し，債権者の承諾を免責的債務引受の効力要件であるとしています（当該改正法の施行は，2020年4月1日です。）。

ところで，本問の抵当権の変更登記については，承諾権者である債権者（抵当権者）が，登記権利者として申請することになることから，共同相続人の一人が債務を引き受けたことについて，当該抵当権者が承諾しているのは当然のことであるとして，当該抵当権者が承諾した旨を登記原因証明情報に重ねて記載する必要はないとの考え方もあるものと思われます。

第1　申請手続　／　(3)　添付情報　／　【11】　　45

　しかしながら，登記原因証明情報は，登記の原因となる事実又は法律行為
である登記原因（不登法5条2項）を明らかにするものであり，登記官の審査
においてこれを確認し，登記の内容の真正を担保するために提供されるもの
ですから，たとえ申請人が行った法律行為であったとしても，権利変動に影
響のある行為については，そのすべてを提供する必要があると考えられます。
　したがって，本問の場合には，申請人である抵当権者自身が行った承諾で
あったとしても，当該承諾は，物権変動の要件となる行為に該当すると考え
られますから，その法律行為があった事実を登記原因証明情報の内容とすべ
きであると考えられます。そのため，抵当権者が共同相続人の一人の免責的
債務引受について承諾をした旨を内容としていない登記原因証明情報は，そ
の適格性がなく，当該抵当権の変更の登記申請は，不登法25条9号の規定
により却下されることになるものと考えられます。

イ 本人確認情報
【12】 登記義務者と業務委託契約を締結している会社の社員に対する本人確認の可否

Q　抵当権者Ａ社と業務委託契約を締結しているＢ社が，Ｂ社の社員甲に対して業務権限証明書を発行し，当該業務権限証明書，Ａ社との業務委託契約書，Ａ社及びＢ社の代表者事項証明書及び印鑑証明書を提供して，当該抵当権の抹消登記を申請する場合において，登記義務者Ａ社の登記識別情報を提供することができないときは，甲に対して行った本人確認情報を提供することで差し支えありませんか。

A　甲に対する本人確認情報を提供して申請された抵当権の抹消登記は，受理されないものと考えられます。

【解　説】
1　資格者代理人による本人確認
　登記申請が登記義務者の真意に基づくものであることを担保し，虚偽の登記申請を防止するために，登記権利者及び登記義務者が共同して権利に関する登記を申請する場合その他登記名義人が不登令8条で定める登記申請をする場合，申請人は，登記義務者の登記識別情報を提供しなければならないとされています（不登法22条本文）。
　そこで，登記識別情報が提供されていない登記申請があった場合，登記官は，登記義務者に対する事前通知によって本人確認をし，登記義務者の登記申請の意思確認を行うことになります（不登法23条1項）。
　本人確認の方法は，登記官の事前通知に限らず，登記申請の代理を業とする資格者（司法書士，土地家屋調査士及び弁護士）による本人確認情報の提供があり，かつ，登記官が，その内容が相当であると認めたときは，事前通知を省略することができるとされており（不登法23条4項1号），これが，平成16年法律第123号による不動産登記法において導入された資格者代理人による本人確認制度です。すなわち，資格者代理人によって，申請人が不登

法23条1項に規定する登記義務者であることの本人確認がされ，確認した内容を具体的にした本人確認情報の提供があった場合において，その内容が相当であると認められるときは，登記官は，重ねて事前通知による本人確認をする必要はないものとして，登記の正確性を確保するとともに，登記の迅速な処理を図ることとしたものです。

2　本人確認の対象者

　本人確認の対象者は，当該登記申請における登記義務者，すなわち登記の目的となる権利の登記名義人であることはいうまでもありません。

　したがって，登記名義人が法人である場合，資格者代理人は，当該法人の代表権を有する代表者に面談して，代表権限の有無と代表者本人であるかどうかを確認しなければならないことになります。

　しかし，例えば，当該法人が多数の従業員を抱える大企業である場合，その代表者に会うことは非常に困難であり，また，面談できたとしても，その業務体系の実体として，代表者自身が個々の取引の全てを承知していることは，皆無であると考えられます。

　そのため，このような場合でも，必ず代表者に面談をしなければならないとすると，不可能を強いることになります。

　そこで，このような場合には，代表者に面談することなく，代表者に代わるべき者に面談して，その結果を本人確認情報として提供することができるとされています（不登規72条1項1号括弧書）。

　例えば，銀行においては，登記された支配人に対して支店における個々の銀行取引の業務に関する権限を与えていることが多く，したがって，登記された支配人は，登記手続上の行為をすることが法律上認められた代理人であることから，代表者に代わって，登記された支配人に面談し，本人確認をすることで問題はないと考えられます。また，支配人の登記の有無にかかわらず，会社内の業務の分掌を定める社内規定等により，実質上の業務を他の役職員に任せていることがあります。

　このように，あらかじめ定められた業務権限に係る社内規定等に基づき不動産取引を行うことができる取締役業務部長，支店長，総務部長，融資課長

等の役職者が登記申請に係る取引を行っている場合は，その者の決済だけで実質的な事務処理が行われているのが実情です。そこで，このような場合には，この者を代表者に代わるべき者として本人確認をすることとしても，登記の正確性の観点からは，特に問題はないと認められます。

　この場合の代表者に代わるべき者とは，業務分掌等を定めた業務権限証明書や社内規定等により，不動産の取引をする権限のある役職にある者ですから，資格者代理人が本人確認をするときは，代表者に代わるべき者が，その権限を有する役職にあることを業務権限証明書等により確認した上で，本人確認をすべきことになります。また，この場合，提供する本人確認情報には，代表者に代わるべき者に面談したこと並びに代表者に代わるべき者の住所，職名及び氏名等を記載し，面談をした役職者に業務権限があることが分かる業務権限証明書等又はその写しを併せて提供することになります。

3　本問の検討

　ところで，本問の甲は，抵当権者であるＡ社と業務委託契約を締結しているＢ社の社員であり，Ｂ社の代表者が，甲に対して業務権限証明書を発行していることから，Ｂ社の代表者に代わって同社の実質的職務権限を有しているものと解することができます。しかし，上記のとおり，代表者に代わるべき者とは，登記義務者である法人内部の者であり，当該法人の社内規定等によって業務権限を与えられているものに限ると解すべきです。したがって，登記義務者であるＡ社の社員ではなく，法人格が異なる別会社の社員である甲に対して，業務委託の受託会社の代表者が業務権限証明書を発行していたとしても，甲を登記義務者であるＡ社の代表者に代わるべき者として取り扱うことはできないと考えられます。

　以上のことから，甲に対する本人確認情報を提供して申請された登記義務者をＡ社とする抵当権の抹消登記は，受理されないものと考えられます。

　したがって，本問の場合には，不登法24条及び不登規59条1項の規定に基づく登記官による本人確認をするか，若しくは不登法23条及び不登規70条に基づく事前通知をすることになると考えられます。

【13】 宅地建物取引士証を不登規72条2項3号に規定する本人確認書類とすることの可否

 宅地建物取引士証を不登規72条2項3号に規定する本人確認書類として取り扱うことができますか。

 当該宅地建物取引士証は，本人確認書類として取り扱うことができると考えられます。

【解　説】
1　資格者代理人が本人確認の際に提示を求める書類
　資格者代理人が，申請人が申請権限を有する登記名義人であることを確認する場合に，申請人の氏名を知らず，又は面識がない場合の本人確認情報については，運転免許証，個人番号カードや旅券等の顔写真付きの公的書類で確認する場合は，そのうちいずれか一以上の書類（不登規72条2項1号。以下「1号書類」といいます。），国民健康保険の被保険者証や国民年金手帳等の顔写真のない公的書類（当該申請人の氏名，住所及び生年月日の記載があるもの）で確認する場合は，そのうちいずれか二以上の書類（同項2号。以下「2号書類」といいます。），2号書類のうちいずれか一以上及び官公庁から発行され，又は発給された書類その他これに準ずるもの（当該申請人の住所，氏名及び生年月日の記載があるもの）のうちいずれか一以上の書類（同項3号。以下「3号書類」といいます。）の提示を求めることにより，本人を確認し，その書類の内容及び申請人が申請権限を有する登記名義人であると認めた理由を，その内容としなければならないとされています（同条1項3号）。

　本来，資格者代理人による本人確認は，1号書類又は2号書類のように公的機関から発行された書類であって，これを所持している者が登記名義人本人である蓋然性が高い書類の提示を求めて行うべきですが，実際には，1号書類を所持していない申請人や2号書類を複数所持していない申請人がいることも想定されるため，そのような場合には，2号書類のいずれか一以上と

３号書類のいずれか一以上の提示を求めることとされたものです。

2　宅地建物取引士証

　本問の宅地建物取引士証（平成27年4月1日以前は，「宅地建物取引主任者証」という名称でした。）は，都道府県知事（官公庁）が交付するものであり（宅地建物取引業法（昭和27年法律第176号）22条の2第1項参照），住所，氏名及び生年月日が記載されている（同法施行規則14条の11第1項1号）こと，また，顔写真も添付されていることから，不登規72条2項1号に規定する要件を充たしています。

　ただし，1号書類及び2号書類は，限定列挙であることから，これらに規定されていない宅地建物取引士証は，3号書類の本人確認書類として取り扱うことができると考えられます。

ウ　その他の情報

【14】　遺産分割協議書の押印に係る印鑑証明書に代わる情報

Q　遺産分割協議書を提供して，相続による所有権の移転登記を申請する場合において，遺産分割協議者のうち，一部の者が印鑑証明書の提出に応じてくれないときは，当該印鑑証明書に代わるものとして，どのような情報を提供すればよいでしょうか。

A　その者に対して，遺産分割協議書真否確認の訴えを提起し，勝訴判決を得た上で，当該判決書の正本を提供すればよいと考えられます。

【解　説】

　遺産分割協議書を提供して，相続による所有権の移転登記を申請する場合には，当該遺産分割協議書の真正を担保するために，当該所有権の移転登記の申請人を除く他の遺産分割協議者の協議書に押印した印鑑に係る印鑑証明書の提出を要するものとされています（注1）。

　本問は，遺産分割協議者のうち，一部の者が印鑑証明書の提出に応じない場合に，当該印鑑証明書に代えて，どのような情報を提供すればよいかを問うものです。

　ところで，訴訟手続における確認の訴え（特定の権利関係の存在又は不存在を主張して，その存否を確認する判決を求める訴え。注2）の訴訟物は，原則として，特定の具体的な現在の権利関係に限られますが，例外として，法律関係を証する書面の成立の真否を確認するためにも提起することができるとされています（証書真否確認の訴え。民事訴訟法134条）。そして，当該訴えによる確認判決には，当事者間において，当該証書が，その作成者と主張された者によって作成されたという点について既判力が与えられることになります。したがって，本問の場合には，印鑑証明書の提出に応じない者を被告とする遺産分割協議書真否確認の訴えを提起し，勝訴の確定判決を得れば，その者の印鑑証明書に代えることができると考えられます（注3）。こ

52　第1　申請手続　/　⑶　添付情報　/　【14】

の場合，当該確定判決によって，当該遺産分割協議書が真正に作成されたことが担保されることになりますから，印鑑証明書の提出に応じない者について，重ねて印鑑証明書を提出することは要しないことになります。

　以上のことから，本問の相続による所有権の移転登記は，当該判決書の正本及び他の遺産分割協議者の印鑑証明書を提供して申請することができると考えられます。

（注1）　昭和30年4月23日付け民事甲第742号民事局長通達

（注2）　法律学小辞典第4版補訂版（有斐閣・2008）

（注3）　昭和55年11月20日付け民三第6726号民事第三課長回答

第1 申請手続 / ⑶ 添付情報 / 【15】 53

【15】 利益相反行為となる売買契約に基づく農地の所有権の移転登記の第三者の許可等を証する情報

Q 甲が，自己が所有する農地を宅地に転用するため，甲が代表取締役であるＡ社（他の取締役は乙と丙）と締結した「甲は，本件不動産の所有権をＡ社の指定する者に直接移転する。」旨の特約付売買契約に基づき，Ａ社が指定したＢ社（代表取締役丁，取締役甲，乙）に移転する場合の甲からＢ社への所有権の移転の登記申請に提供する第三者の許可等を証する情報は，何ですか。

A 当該農地について甲からＢ社への農地法５条の許可を証する情報，及び当該売買契約についてのＡ社及びＢ社の株主総会又は取締役会の議事録の提供を要するものと考えられます。

【解 説】

1 農地法所定の許可を証する情報

　農地を農地以外のものにするため，当該農地の所有権を移転する場合には，農地法５条の規定に基づく都道府県知事の許可を受けなければなりません。

　そこで，例えば，農地の所有権をＸからＹへ，ＹからＺへ順次移転する場合，確定判決に基づく場合を除き中間省略登記は認められていないことから，原則どおり，ＸからＹへ，ＹからＺへのそれぞれの所有権の移転登記をする必要があり，その際には，個別にＸからＹへの及びＹからＺへの農地法所定の許可を証する情報を提供するか，Ｘ又はＹが，それぞれの所有権の移転登記を申請する前に，当該農地の地目の変更をしておく必要があります。

　ところで，本問の売買契約は，契約当事者である甲及びＡ社が，買主であるＡ社の指定するＢ社に直接所有権を取得させるための，いわゆる第三者のためにする契約（民法537条）であって，当該農地の所有権は，一時的にもＡ社に移転することなく，直接Ｂ社に移転することになります。

　したがって，本問の場合には，当該農地を宅地にするために甲からＢ社に直接所有権を移転することから，添付情報として，甲及びＢ社を当事者とす

54　第1　申請手続　/　(3)　添付情報　/　【15】

る農地法5条の許可を証する情報を提供する必要があります。

　なお，甲とA社が，売買契約に際して，既に当該農地の移転先をA社とする農地法5条の許可を受けていた場合，一旦，農地法所定の許可を受けた農地については，原則として，当事者を変更することができないため，甲からB社への所有権の移転登記を申請する前に，当該農地の地目の変更をしておく必要があると考えられます。もっとも，仮に，改めて甲からB社への同法5条の許可が受けられた場合には，当該許可を証する情報を提供することになることは，いうまでもありません。

2　株主総会又は取締役会の議事録

　次に，当該農地の所有権を甲から直接B社に移転するためには，甲とA社間の売買契約及びA社とB社間の第三者のためにする契約の双方が有効に成立している必要があります。

　まず，甲とA社間の売買契約については，A社の代表取締役甲が，自己のためにA社と取引（売買）をしようとするものであることから，当該売買契約は，利益相反行為に該当します（会社法356条1項2号）。したがって，この場合には，A社の株主総会（取締役会設置会社においては取締役会（同法365条1項）。以下同じです。）の承認を受けなければなりません（同条1項柱書）。そこで，本問の甲からB社への所有権の移転の登記申請には，第三者の許可等を証する情報として，甲とA社間の売買契約を承認した旨のA社の株主総会の議事録を提供する必要があります。

　次に，A社とB社間の第三者のためにする契約について，A社の取締役がB社の代表取締役ではないので，A社については利益相反になりません。一方，B社の取締役甲が，A社の代表取締役であることから，B社については，取締役甲が第三者のために第三者であるA社と取引しようとするものであることから，当該契約を締結することは，利益相反行為に該当します（同法356条1項2号）。したがって，この場合には，B社の株主総会の承認を受けなければなりません（同条1項柱書）。そこで，本問の甲からB社への所有権の移転の登記申請には，第三者の許可等を証する情報として，A社とB社間の第三者のためにする契約を承認した旨のB社の株主総会の議事録を提供する必

要があります。

　また，甲とB社間においては直接の契約（取引）はありませんが，本件の売買による所有権の移転登記は，B社を登記権利者，甲を登記義務者として申請するものであり，登記情報及び添付情報によって甲がB社の取締役であることが明らかである以上，登記官の形式的審査権からして，甲とB社間において取引が行われたとみなされることになると考えられます。したがって，B社が取締役甲が所有する農地を取得することについて承認した旨のB社の株主総会の議事録を提供する必要があります。なお，この議事録は，上記のA社とB社間の第三者のためにする契約を承認した旨の議事録と同一のものであっても差し支えありません。

56　第1　申請手続　／　(3)　添付情報　／　【16】

【16】　農地について，「真正な登記名義の回復」を登記原因として他の相続人への所有権の移転登記を申請する場合の農地法所定の許可書の提供の要否

Q　被相続人甲から乙への相続による所有権の移転登記がされている農地について，「真正な登記名義の回復」を登記原因として，乙から他の相続人丙への所有権の移転登記を申請する場合，農地法所定の許可書の提供を要しますか。

A　登記原因証明情報の内容として，甲から乙への相続登記が誤りであったこと，丙が相続により当該農地を取得した真実の所有者であること等の事実関係，又は遺産分割等の法律行為があった旨が記載されていれば，当該許可書の提供は要しないと考えられます。

【解　説】

1　農地について，「真正な登記名義の回復」を登記原因として所有権の移転登記を申請する場合の登記実務の取扱い

　甲から乙に所有権の移転登記がされている農地について，「真正な登記名義の回復」を登記原因として，登記記録上の従前の所有権の登記名義人でない丙を登記権利者とする所有権の移転登記を申請する場合には，甲・丙間の所有権移転についての農地法3条の規定による許可書の提供を要する（注1）が，乙から従前の所有権の登記名義人である甲に，「真正な登記名義の回復」を登記原因として所有権の移転登記を申請する場合には，許可書の提供を要しない（注2）とするのが登記実務の取扱いです。

　前者の場合は，農地法所定の許可書は，当該農地の所有権の移転の当事者間においてのみ効力を有するものであることから，丙が，甲から当該農地の所有権を取得した真正な権利者であるならば，甲から丙に所有権を移転したことについての農地法所定の許可書があるはずであるから，当該甲から丙への許可書を提供すべきであるとされたものであり，後者の場合は，従前の所有権の登記名義人である甲は，始めから所有者として登記されていたのであ

第1　申請手続　/　⑶　添付情報　/　【16】　　57

るから，所有権の移転について農地法所定の許可ということは問題とならないとして，その提供は要しないとされたものと考えられます。

　　また，農地について，甲・乙・丙への共同相続の登記後に，遺産分割を登記原因とする乙・丙持分の甲への全部移転登記がされ，甲単有名義となっている場合において，「真正な登記名義の回復」を登記原因として，甲から乙への所有権の移転登記を申請するときは，農地法3条の許可書の提供を要しないとされています（注3）。この場合も，乙が，従前の所有権の登記名義人（正しくは，共有名義人のうちの一人）であることを理由としていると考えられます。

　　一方で，相続による所有権の移転登記がされている場合であっても，「真正な登記名義の回復」を登記原因として他の相続人への所有権の移転登記を申請する場合には，（注1）の先例の場合と同じく，他の相続人が従前の所有権の登記名義人でないことから，許可書の提供を要するとされています（注4）。これは，相続登記に誤りがあり，他の相続人が真実の所有者であれば，被相続人から真実の所有者である他の相続人への相続による所有権の移転登記には，許可書の提供を要しないところ，旧不動産登記法においては，「真正な登記名義の回復」を登記原因とする場合，初めから登記原因証書が存在しないものとして申請書副本により処理されていたため，登記官は，添付情報のみでは申請人が他の相続人であるかどうか判断できないことから，許可書の提供を要するとされていたものと考えられます。

2　本問の検討

　　現行の不動産登記法においては，権利に関する登記を申請する場合には，法令に別段の定めのある場合を除き，登記原因証明情報を提供しなければなりません（不登法61条）。上記のとおり，旧不動産登記法においては申請書副本により処理されていた「真正な登記名義の回復」を登記原因とする所有権の移転登記を申請する場合も例外ではありません。

　　農地法上，相続による農地の所有権の移転については，同法3条の規定振りから，同条は，当事者の意思が介在する権利移転を対象としており，当事者の意思が介在しない相続は，同法の対象外であると解されています。した

58　第1　申請手続　/　(3)　添付情報　/　【16】

がって，農地法上，明文の規定はありませんが，相続による所有権の移転登記には，農地法所定の許可書の提供は要しないとするのが，登記実務の取扱いです。

　したがって，本問の場合も，丙が，農地法の対象外である相続によって当該農地を取得した真実の所有者であることを内容とする登記原因証明情報が提供されていれば，農地法所定の許可書の提供は要しないと考えられます。

　この場合の登記原因証明情報の具体的な内容としては，甲から乙への相続登記が誤りであったこと，丙が相続により当該農地を取得した真実の所有者であること等の事実関係，又は遺産分割等の法律行為があった旨が記載されている必要があると考えられます（注5）。

（注1）　昭和40年12月9日付け民事甲第3435号民事局長通達
（注2）　昭和40年9月24日付け民事甲第2824号民事局長回答
（注3）　登研528号185頁
（注4）　登研432号127頁
（注5）　平成24年7月25日付け民二第1906号民事第二課長通知

【17】 登記記録上の地目と固定資産評価証明書の現況地目とが異なる場合の農地法所定の許可書の提供の要否

Q 登記記録上の地目は原野ですが，固定資産税の評価証明書上の現況地目が畑である土地について，売買による所有権の移転登記を申請する場合，農地法所定の許可を証する情報を提供する必要がありますか。

A 実際に現況が畑である場合には，農地法所定の許可を証する情報を提供する必要がありますが，当該情報が提供されていない場合であっても，当該所有権の移転の登記申請が却下されることはないと考えられます。

【解 説】

農地の所有権を移転する場合には，原則として，農業委員会等の許可を受けなければならず（農地法（昭和27年法律第229号）3条1項，5条1項），その許可が，所有権移転の効力の発生要件とされています（同法3条7項，5条3項）。そして，農地の所有権の移転登記は，当該許可を証する情報を提供して申請することになります（不登令7条1項5号ハ）。したがって，登記記録上の地目にかかわらず現況が農地である場合，当該土地の所有権の移転登記には，農地法所定の許可を証する情報を提供しなければなりません。

ところで，所有権の移転登記の申請には，登録免許税を算出するための基になる課税価格の認定資料として，固定資産税の評価証明書を提供するのが，登記実務における取扱いとなっています（登免税法10条1項，同法附則7条参照）。当該評価証明書には，固定資産を評価するため，評価年度の1月1日現在において市区町村が把握している地目が記載されています（地方税法（昭和25年法律第226号）359条参照）。

そこで，登記記録上の地目が原野である土地について，評価証明書における地目が畑である場合，当該土地の所有権の移転の登記申請に，農地法所定の許可を証する情報の提供を要するかどうかが問題となります。

60　第1　申請手続　/　(3)　添付情報　/　【17】

　固定資産税の評価証明書は，所有権の移転の登記申請における法定の添付情報ではありません。また，市区町村の把握後に地目が変更されたかもしれません。そのため，実際に，登記申請時の登記記録上の地目が，固定資産税の評価証明書に記載されている現況地目と一致しているかどうかについて，登記官は，現地を確認するか，農業委員会に照会するなどしない限り知り得ることはできません。しかしながら，権利に関する登記の審査に当たって，登記官は，原則として，申請情報，添付情報及び登記記録等によって形式的に審査をすることができるに止まり，実質的な審査権限を有するものではありません。

　したがって，本問の場合，登記記録上の地目が非農地である以上，農地法所定の許可を証する情報の提供がない場合であっても，当該所有権の移転の登記申請が却下されることはないと考えられます。ただし，上記のとおり，現況が農地であれば，農地法所定の許可は，当該農地の所有権移転の効力発生要件ですから，農業委員会等の許可を得た上で，当該許可を証する情報を提供すべきであると考えられます。

　なお，時効取得を登記原因とする所有権の移転の登記申請には，農地法所定の許可があったことを証する情報の提供を要しないとされています（注1）。そのため，本来は農地法所定の許可を受けるべき事案であるにもかかわらず，その許可を受けることなく，当該所有権の移転登記を申請するという農地法に違反する行為が見受けられることから，農地について，時効取得を登記原因とする所有権の移転の登記申請があったときは，登記官から，申請があった旨を農業委員会に通知することとされています（注2）。

（注1）　昭和38年5月6日付け民事甲第1285号民事局長回答
（注2）　昭和52年8月22日付け民三第4239号民事第三課長依命通知

【18】 条件付事業用定期借地権の設定仮登記の添付情報

 条件付事業用定期借地権の設定仮登記を申請する場合，添付情報として，公正証書を提供する必要がありますか。

 公正証書の謄本を提供する必要があると考えます。

【解　説】
1　事業用定期借地権の設定の登記の添付情報
　専ら事業の用に供する建物（居住の用に供するものを除きます。）の所有を目的とし，かつ，存続期間を30年以上50年未満若しくは10年以上30年未満として設定される借地権を，事業用定期借地権といい（借地借家法（平成3年法律第90号）23条1項・2項），当該借地権の設定を目的とする契約は，公正証書によってしなければならないとされています（同条3項）。そして，当該借地権に当たる地上権又は賃借権（以下「地上権等」といいます。）の設定の登記の添付情報として，当該公正証書の謄本を提供するものとされています（地上権について不登令別表33の項添付情報欄ロ，賃借権について同別表38の項添付情報欄ロ）。すなわち，当該公正証書の作成は，事業用定期借地権契約の成立要件であると解されます（注1）。

　当該公正証書の謄本は，登記原因を証する情報として執行力のある確定判決の判決書の正本が提供された場合には提供する必要がなく（不登令別表33及び38の項添付情報欄ロの括弧書），また，借地借家法に規定する事業用定期借地権等の設定を目的とする地上権等以外の一般の地上権等の設定の登記申請には，登記原因証明情報を提供するものと規定されています（不登令別表33の項添付情報欄ニ，同別表38の項添付情報欄ト）。これらの規定振りからすれば，当該公正証書の謄本は，事業用定期借地権の設定を目的とする地上権等の設定の登記原因証明情報として提供することになるものと解されます（注2）。

2 本問の趣旨

本問は，条件付設定契約（当該条件の内容は明らかにされていません。）に基づいて事業用定期借地権の設定を目的とする地上権等の設定仮登記を申請する場合にも，上記1の公正証書の謄本を提供する必要があるか否かについて，質問があったものです。

本件仮登記は，条件付であり，申請時において事業用定期借地権の効力が発生していないと考えられることから，不登法105条2号の規定に基づく，いわゆる2号仮登記によってされるため，当該公正証書の謄本は，当該仮登記の本登記の際に提供すれば足りるのではないかとの疑義が生じたものと考えられます。

3 本問の検討

不登法105条1号の規定に基づく，いわゆる1号仮登記は，実体上，登記すべき権利変動が既に生じているにもかかわらず，登記の申請をするために登記所に提供しなければならない登記識別情報又は第三者の許可，同意若しくは承諾を証する情報が提供できないとき（不登規178条）にされるものです。すなわち，上記のとおり，事業用定期借地権としての地上権等の仮登記における公正証書の謄本は，第三者の許可，同意若しくは承諾を証する情報ではなく登記原因証明情報であると解されることから，1号仮登記が認められるためには，当該公正証書の謄本を登記原因証明情報として提供しなければなりません（注3）。

また，事業用定期借地権の設定契約が，当事者の一方に設定請求権を生じさせるもの，若しくは始期付き又は停止条件付きその他将来確定することが見込まれる場合であっても，上記のとおり，当該公正証書の作成が，当該事業用定期借地権契約の成立要件であることに変わりありません。したがって，当該仮登記が2号仮登記による場合であっても，当該公正証書の謄本を登記原因証明情報として提供する必要があると解されます。

一方で，登記記録上の地目が農地である土地の所有権の移転の登記申請には，農地法所定の農業委員会等の許可を証する情報を提供しなければなりませんが，当該所有権の移転の登記が仮登記である場合，当該情報を提供する

必要はなく，当該情報は，当該仮登記の本登記を申請する際に提供すれば足りるとされています（注4）。これは，当該情報が，第三者の許可，同意若しくは承諾を証する情報であり，これを提供できないことは正に1号仮登記が認められる要件であることから，仮登記の申請においては，特に提供を要しないとされたものであり，当該許可を証する情報は，本問の公正証書の謄本とは，その性質を異にするものであるといえます。

　なお，事業用定期借地権の設定契約の当事者間においては，公正証書を作成する前に，「当事者は，本覚書締結後，速やかに某公証役場において，公正証書により，本覚書に定める内容に基づく事業用定期借地権の設定契約を締結する。」旨の覚書（合意書）を取り交わすのが一般的であるとされています。しかし，当事者間の契約であったとしても，公正証書によらない事業用定期借地権の設定契約は無効であると解されますから（注5），当該合意書に基づき，2号仮登記の停止条件を「借地借家法第23条第3項に基づく公正証書の作成」とすることはできないと解されます。

（注1）　カウンター相談Ⅰ285頁

（注2）　登研838号112頁

（注3）　前掲（注1）288頁

（注4）　昭和38年9月3日付け民事甲第2535号民事局長通達

（注5）　安達敏男監修「Q＆A借地借家の法律と実務【第3版】」（日本加除出版・2017）27頁

64 第1 申請手続 / (3) 添付情報 / 【19】

【19】 所有権の移転仮登記に基づく本登記について，第三者の承諾を証する情報の提供の要否

Q 下記のような登記がされている不動産について，甲区3番の所有権の移転仮登記に基づく本登記を申請する場合には，乙区1番（い）の根抵当権者である甲株式会社の承諾を証する情報を提供する必要がありますか。

〔甲区〕

| 2番 | 所有権移転 | 平成20年2月10日受付　所有者　株式会社乙 |
| 3番 | 所有権移転仮登記 | 平成25年3月31日受付　登記原因「平成25年2月20日売買」
権利者　A市B町305番地　甲株式会社 |

〔乙区〕

1番	根抵当権設定	平成20年4月1日受付　根抵当権者　株式会社丙銀行
2番	根抵当権設定	平成23年4月2日受付　根抵当権者　株式会社丁銀行
3番	根抵当権設定	平成25年4月3日受付　根抵当権者　株式会社戊銀行
1番（い）	1番根抵当権分割譲渡	平成30年4月5日受付　根抵当権者　A市B町305番地　甲株式会社
4番	1番（あ）根抵当権抹消	平成30年5月25日受付　登記原因「平成30年4月16日解除」
5番	2番根抵当権抹消	平成30年7月20日受付　登記原因「平成30年7月15日解除」
6番	3番根抵当権抹消	平成30年9月30日受付　登記原因「平成30年9月20日解除」

A 甲株式会社の承諾を証する情報の提供は，要しないものと考えられます。なお，乙区1番（い）の根抵当権は，甲区3番の所有

権の移転仮登記に基づく本登記をする際に，登記官の職権で抹消することになりますが，混同を登記原因として，抹消の登記が同時に申請された場合，当該抹消の登記申請は，受理されるものと考えられます。

【解　説】

1　根抵当権の分割譲渡

　根抵当権の分割譲渡とは，元本の確定前において，根抵当権者が，当該根抵当権を2個の根抵当権に分割し，その一方の根抵当権を，根抵当権設定者（民法398条の12第1項）及び当該根抵当権を目的とする権利を有する者（同条3項）の承諾を得て譲り渡すことをいいます（同条2項）。そして，当該根抵当権を目的とする権利は，譲り渡した根抵当権について消滅します（同条2項）。

　ところで，根抵当権の極度額を変更する場合には，利害関係を有する者の承諾を得なければならないとされており（同法398条の5），この利害関係を有する者には，所有権の仮登記権利者も該当するとするのが，登記実務の取扱いです（注1）。しかし，根抵当権の分割譲渡をする場合の承諾を要する者に所有権の仮登記権利者が含まれるとする取扱いは，されていません。

　そして，例えば，1番根抵当権について分割譲渡の登記がされたときは，分割譲渡された根抵当権については，順位1番（い）で，登記の目的を「1番根抵当権分割譲渡」とする登記がされ，1番の根抵当権については，順位を1番（あ）とし，その極度額を変更（減額）する「1番（あ）根抵当権変更」の登記がされます（注2）。すなわち，分割譲渡された根抵当権は，分割譲渡による登記をした時点において，登記手続上，分割前の根抵当権とは別個独立した2個の根抵当権が，当初から同順位の根抵当権として設定されていたように登記されることになります。

2　所有権に関する仮登記に基づく本登記をする場合の登記上の利害関係を有する第三者

　次に，所有権に関する仮登記に基づく本登記は，登記上の利害関係を有する第三者がある場合には，当該第三者の承諾がなければ，申請することがで

きないとされています（不登法109条1項）。

同項に規定する「登記上の利害関係を有する第三者」とは，当該所有権に関する仮登記に基づく本登記をすることにより，登記の形式からみて損害を受けるおそれがあると一般的に認められる第三者をいうものとされています（注3）。ここにいう「損害」とは，当該所有権に関する仮登記の本登記がされ，その順位が仮登記の順位によることとされる（不登法106条参照）結果，当該所有権の登記名義人に対して，自らの権利の取得を対抗することができなくなることです。したがって，当該仮登記後にされた権利に関する登記の名義人は，原則として，登記上の利害関係を有する第三者に該当することになります（注4）。当該仮登記後にされた所有権の移転の登記名義人，（根）抵当権や地上権等の他物権の設定の登記名義人，差押え等の処分の制限の登記の登記名義人等が該当します。また，破産法による否認の登記がされている場合の破産管財人も該当するとされています（注5）。

3　本問の検討

本問の分割譲渡後の1番（い）根抵当権は，甲区順位3番の所有権の移転仮登記後にされていますから，1番（い）根抵当権の登記名義人である甲株式会社は，当該仮登記の本登記をするに当たって，形式的には，不登法109条1項に規定する登記上の利害関係を有する第三者に該当するものと解されます。しかしながら，所有権の移転仮登記がされた後に，当該仮登記名義人が，当該不動産について，根抵当権を取得し，その登記を経由している場合において，仮登記名義人の氏名又は名称及び住所と当該根抵当権の登記名義人のそれとが登記記録上一致しているときは，当該根抵当権の登記名義人は，同項に規定する「第三者」に該当せず，したがって，当該根抵当権の登記名義人の承諾を証する情報の提供を要しないとされています（注6）。

登記記録上，本問の甲区3番の所有権の仮登記名義人と分割譲渡後の1番（い）根抵当権の登記名義人の名称及び住所が一致していることから，本問の場合についても，甲株式会社の承諾を証する情報の提供は要しないものと考えられます。

そして，登記官は，登記上の利害関係を有する第三者の承諾を証する情報

第1　申請手続 ／ (3)　添付情報 ／ 【19】　　67

を提供して，所有権に関する仮登記に基づく本登記がされたときは，職権で，当該第三者の権利に関する登記を抹消しなければならないとされていますから（不登法109条2項），本問の1番（い）根抵当権は，当該所有権の移転仮登記の本登記をする際に，登記官の職権によって抹消することになります。

4　混同を登記原因とする抹消の登記が同時に申請された場合の取扱い

　同一の不動産について，所有権と他物権，例えば根抵当権が同一人に帰属したときは，当該根抵当権は，混同によって消滅するものとされています（民法179条1項）。本問の場合も，甲区3番の所有権の移転仮登記の本登記がされると，当該所有権と1番（い）根抵当権が，同一人である甲株式会社に帰属することになりますから，通常であれば，甲株式会社が当該所有権を取得した「平成25年2月20日」（甲区3番の所有権の移転仮登記は，いわゆる1号仮登記ですから，当該仮登記の本登記の登記原因及びその日付は，当該仮登記のそれと同じ「平成25年2月20日売買」となります。）に「混同」が生じたものとして，1番（い）根抵当権は，消滅することになります。

　上記3のとおり，本問の1番（い）根抵当権は，甲区3番の所有権の移転仮登記の本登記をする際に，登記官の職権によって抹消されることになりますが，申請人が，混同を登記原因として，当該仮登記の本登記と同時，すなわち連件で1番（い）根抵当権の抹消登記を申請した場合，却下事由がない限り，当該登記申請は，受理して差し支えないと考えられます。

　ただし，例えば，ある土地を目的として，Xのための1番根抵当権，Yのための2番根抵当権の各設定登記がされている場合において，Xが当該土地の所有権を取得したときに，Xの1番根抵当権が混同によって消滅することとすると，根抵当権の順位上昇の原則により，2番根抵当権の優先弁済権が順位1番となる結果，1番根抵当権が不利益を受けることから，当該土地が第三者の権利の目的となっている場合には，混同は生じないとされています（同条2項）。

　この場合には，後順位である2番根抵当権が消滅したときに初めて1番の根抵当権も消滅することになります。したがって，本問の1番（い）根抵当権を，混同を登記原因として抹消する場合の登記原因の日付は，後順位の根

抵当権の全て，すなわち乙区順位3番の株式会社戊銀行の根抵当権が抹消された時の登記原因の日付である「平成30年9月20日」とすべきであると考えられます。

　　（注1）　登研310号32頁
　　（注2）　不動産登記記録例集499
　　（注3）　権利登記実務XII　第5編・仮登記（下）173頁
　　（注4）　昭和35年3月31日付け民事甲第712号民事局長通達
　　（注5）　平成3年9月9日付け民三第4736号民事局長通達
　　（注6）　昭和46年12月11日付け民三第532号民事第三課長回答

【20】 成年後見監督人である弁護士が，遺産分割協議書に弁護士会への届出印を押印し，弁護士会発行の証明書を添付してする登記申請の可否

Q 共同相続人である成年被後見人甲の成年後見人として，共同相続人乙が選任されているため，当該共同相続人間の遺産分割協議は，利益相反行為に該当します。そこで，成年被後見人甲について，成年後見監督人として弁護士が選任されましたが，当該弁護士が共同相続人甲の法定代理人として，遺産分割協議書に当該弁護士が所属する弁護士会への届出印を押印し，当該弁護士会が証明した当該押印に係る証明書を添付して，相続を原因とする甲への所有権の移転登記を申請することができるでしょうか。

A 当該登記申請は，することができるものと考えられます。

【解　説】

1　成年後見監督人が参加する遺産分割協議

　成年被後見人とその成年後見人が遺産分割の協議をする場合は，利益が相反しますから，特別代理人を選任する必要があります（民法860条本文，826条）。ただし，成年後見監督人は，利益相反行為について成年被後見人を代表しますから（同法851条4号），成年後見監督人が選任されている場合は，特別代理人を選任する必要はありません（同法860条ただし書）。したがって，選任された成年後見監督人は，成年被後見人に代わって，遺産分割協議に参加することになります。

　そして，遺産分割協議書を提供して相続による所有権の移転登記を申請する場合は，所有権の移転の登記の申請人を除く他の遺産分割協議者が協議書に押印した印鑑の証明書の添付を要するものとされています（注1）。

2　取締役会議事録と遺産分割協議書に添付する印鑑証明書

　A・B両株式会社の代表取締役が同一人の場合において，A株式会社所有

の不動産をB株式会社に売り渡し，その所有権の移転登記を申請するときは，いわゆる利益相反行為に該当することから，A・B両株式会社の取締役会又は株主総会の承認を証する議事録を提供し，また，当該議事録に記名押印した者全員の印鑑証明書をも添付するものとされており，その場合，代表取締役以外の取締役については，その者個人の住所地の市区町村長が作成した印鑑証明書を添付するのが，登記実務における取扱いです（注2）。

この場合に印鑑証明書の添付を求める趣旨は，当該議事録が，登記原因について第三者の承諾を要する場合の情報に該当することから（不登令7条1項5号ハ），当該議事録が真正であることを担保するためであると解されます。そのため，不登令16条2項の規定に準じて，公的な機関である市区町村長が職務上の権限により作成した印鑑証明書の添付が求められているものと考えられます。ただし，当該印鑑証明書については，作成後3か月以内のもの（同項3号）という期間の制限はありません。

遺産分割協議書に押印した印鑑に係る印鑑証明書は，不登令7条1項5号イの規定による相続を証する情報の一部として添付するものであり，その添付を求める趣旨は，上記の議事録の場合と同様に，当該当該遺産分割協議書の真正を担保するためのものであると解され，この場合の印鑑証明書についても，作成後3か月以内のものであることを要しないとされています（注3）。

以上のことから，当該印鑑証明書についても，議事録に添付する代表取締役以外の取締役の場合と同様に，公的な機関である市区町村長が職務上の権限により作成したものを添付すべきであるとも考えられます。

3　本問の検討

ところで，裁判所書記官は，最高裁判所規則により，一定の者が届けた印鑑の証明書を作成することができるとされています。したがって，裁判所という公的な機関から選任された者がその職務上行う申請であって，その申請書に押された印について，裁判所書記官が，職務のために使用する印として裁判所に提出しているものの印影と同一であることを証明している場合には，あえて市区町村長が作成する印鑑証明書の添付を求める必要はないとされています（不登規48条1項3号）。

第1　申請手続　/　⑶　添付情報　/　【20】　　71

　本問の成年後見監督人は登記の申請人ではありませんが，家庭裁判所によって選任された者であり（民法849条），その職務上，成年被後見人の法定代理人として，遺産分割協議書に押印したのですから，不動産登記規則の規定に準じて，遺産分割協議書に押印した印鑑に関して，改めて市区町村長が作成した印鑑証明書の添付を求める必要はないと考えられます。ただし，本問の遺産分割協議書への成年後見監督人である弁護士の押印については，当該弁護士が所属する弁護士会への届出印が押印され，これに当該弁護士会が証明した当該押印に係る証明書が添付されているものであり，裁判所書記官が作成した証明書が添付されているわけではありません。

　しかしながら，弁護士は，登記義務者に関する本人確認情報を作成することができる資格者代理人であることから（不登法23条4項1号），当該弁護士が所蔵する弁護士会も，裁判所と同様に公的な機関と同視して差し支えないと考えられます。

　以上のことから，本問の弁護士会が証明した押印に係る証明書を添付した遺産分割協議書を提供して，相続を原因とする甲への所有権の移転登記は，申請することができると考えられます。

（注1）　昭和30年4月23日付け民事甲第742号民事局長通達
（注2）　昭和39年4月6日付け民事甲第1287号民事局長通達
（注3）　登研129号47頁

72 第1 申請手続 / (3) 添付情報 / 【21】

【21】 再生手続開始前に売却した不動産の所有権の移転登記を再生手続開始後に申請する場合の監督委員の同意を証する情報の提供の要否

Q 再生手続が開始された会社が，再生手続開始前に売却した不動産について，再生手続開始後に所有権の移転登記を申請する場合には，監督委員の同意を証する情報の提供を要するでしょうか。

A 再生手続開始前に売却した不動産の所有権の移転登記を再生開始後に申請する場合は，監督委員の同意を証する情報の提供を要するものと考えられます。

【解 説】

裁判所は，再生手続開始の申立てがあった場合において，監督委員（民事再生法（平成11年法律第225号）54条2項）による監督を命ずる処分（監督命令）をする場合には，監督委員の同意を得なければ再生債務者がすることができない行為を指定しなければなりません（同条1項）。また，不動産に関し再生手続開始前に生じた登記原因に基づき再生手続開始後にされた登記は，登記権利者が再生手続開始の事実を知らないでした登記を除き，再生手続の関係においては，その効力を主張することができないとされています（同法45条1項）。

ところで，破産の場合，破産財団に属する財産の管理及び処分権限を有する破産管財人（破産法（平成16年法律第75号）78条1項）は，民法177条の第三者に含まれるとされているため（注1），破産宣告後においては，破産財団に属する財産については，破産管財人の関与なしには第三者の権利の取得による登記は認められないと解されることから，破産の登記がある不動産に対して，破産宣告前に得た破産者の承諾を証する情報を提供し，破産宣告前の日を原因日付とする根抵当権の設定仮登記は，受理することができないとされています（注2）。

すなわち，根抵当権の設定の仮登記権利者は，破産宣告により破産者の管理処分権の一切を掌握する破産管財人に対しては登記なくして対抗すること

ができないところ，破産宣告前には当該仮登記がされていなかったことから，破産宣告後に，破産管財人に対して実体上の権利を主張することができないと解されます。したがって，破産者の承諾が，破産前には有効であったとしても，破産財団に属する財産についての破産者の管理処分権が喪失するという破産宣告の効果によって，破産管財人の同意等がない限り，破産者である登記義務者の承諾の効力は失われることになるものと考えられます。

監督委員の主要な職務は，再生債務者の業務及び財産の管理を監督することにあり（同法57条2項参照），上記のとおり，再生手続開始に当たって，監督委員による監督命令が発せられたときは，再生債務者は，裁判所が指定する行為について，監督委員の同意を得なければならず，監督委員の同意を得ないでした行為は，無効となります（同条4項本文）。そこで，裁判実務においては，「再生債務者が所有又は占有する財産にかかる権利の譲渡，担保権の設定，賃貸その他一切の処分（常務に関する取引に関する場合を除く。）」等が，同意事項とされているようです（注3）。

以上のことから，破産管財人に類似した権限を有する監督委員も，破産管財人と同様に，再生債務者から不動産を譲り受けた者との関係においては，第三者に該当するものと考えられます。したがって，再生手続開始前に売却した不動産の所有権の移転登記を再生開始後に申請する場合は，監督委員の同意を証する情報の提供を要するものと考えられます。

（注1）　大審院判昭和8年11月30日民集12巻2781頁

（注2）　平成5年2月4日付け民三第1182号民事局長通達

（注3）　事業再生機構編「民事再生の実務と理論」（商事法務・2010）7頁

第2　表示に関する登記

【22】　表題部の所有者として氏名のみ記録されている土地の分筆登記

Q　表題部の所有者欄に住所の記録がなく，氏名のみ甲と記録されている土地について，甲の相続人と称する乙から分筆登記の依頼がありました。

　しかし，甲の戸籍や住民票等が存在しないため，出生年月日や死亡の事実等を確認することができません。また，乙が持参した戸籍及び除籍謄本等は，父の欄が空欄となっていること，乙の母も既に死亡していることから，甲と乙との関係を証明する情報もありません。このような状況において，乙から分筆登記を申請することができるでしょうか。

A　乙が甲の相続人であることが明らかでない以上，当該土地の分筆登記を乙から申請することはできないと考えられます。この場合の分筆登記は，家庭裁判所において選任された甲の相続財産管理人又は不在者財産管理人から申請することになると考えられます。

【解　説】

1　分筆登記の申請人

　分筆登記は，表題部所有者又は所有権の登記名義人以外の者が申請することはできません（不登法39条1項）。

　一方，表題部所有者又は所有権の登記名義人が表示に関する登記の申請人となることができる場合において，当該表題部所有者又は登記名義人について相続があったときは，相続人は，当該表示に関する登記を申請することができます（不登法30条）。この場合，当該表示に関する登記の申請には，相続があったことを証する市区町村長，その他の公務員が職務上作成した情報

（公務員が職務上作成した情報がない場合にあっては，これに代わるべき情報）を提供しなければなりません（不登令7条1項4号）。

　本問においては，表題部の所有者として記録されている甲について，戸籍や住民票等が存在せず，甲の相続人と称する乙の戸籍等からも，甲の死亡の事実や甲と乙との関係が，明らかではありません。また，当該分筆登記の申請に，甲について相続があったことを証する情報のすべてを提供することもできません。

　以上のことから，乙が，甲の相続人であることが明らかではありませんから，当該土地の分筆登記を乙から申請することはできないと考えられます。

2　所有権の登記がない土地の登記記録の表題部の所有者欄に氏名のみが記録されている場合の所有権の保存登記の可否

　ところで，昭和25年に，土地台帳が税務署から登記所に移管されましたが，その移管前の税務署においては，土地が所在する大字と所有者等の住所の大字とが同じときは，所有者等の住所の記載を省略する取扱いがされていたため，昭和35年以降に実施された登記簿と土地台帳の一元化作業による旧土地台帳からの移記の際に，住所が記録されず氏名のみ記録されている表題部所有者が生ずることとなりました。

　そこで，登記記録の表題部の所有者欄に氏名のみが記録されている土地（以下「氏名のみの土地」といいます。）について，表題部所有者に不在者財産管理人が選任され，当該不在者財産管理人と河川工事の起業者（国）との間で売買契約が成立した場合において，当該起業者から，当該表題部所有者を登記名義人とする所有権の保存登記の嘱託情報（所有権の登記名義人となる者の住所の記載はありません。）と所有権の移転登記の嘱託情報とを，その登記の前後を明らかにして同時に提供（所有権の保存の登記を2分の1，所有権の移転登記を2分の2とする，いわゆる連件申請）するとともに，その代位原因を証する情報（不登令7条1項3号）の一部として，不在者財産管理人の選任の審判書（氏名のみの土地の表題部所有者の氏名と不在者の氏名とが同一であるものに限ります。）及び当該不在者財産管理人の権限外行為許可の審判書（物件目録に氏名のみの土地が記載されているものに限りま

す。）が提供されたときは，所有権の保存登記の嘱託情報に所有権の登記名義人の住所を証する情報の提供がなくても，便宜，当該嘱託に基づく登記をすることができるとされています。

この場合の所有権の保存登記については，提供された審判書における不在者の最後の住所が明確になっていないときは，不登法59条4号の規定にかかわらず，所有権の登記名義人の住所を登記することを要しないとされています（注1）。

3　本問の検討

（注1）の民事第二課長通知の取扱いは，起業者が官公署である場合に限らず，申請による場合にも妥当するものとされていますが（注2），あくまでも所有権の保存登記と所有権の移転登記とが連件で申請される場合の便宜的な取扱いであることから，この取扱いが，氏名のみの土地の分筆登記についても，同様に直ちに妥当するかは，明らかではありません。しかし，氏名のみの土地の申請人については，民事第二課長通知の場合も，本問の場合も同様に解して差し支えないと考えられます。

すなわち，本問の甲については，不在者であるのか，あるいは死亡しているのかも明らかではありませんから，前者の場合には不在者財産管理人（民法25条），後者の場合は相続財産管理人（同法952条）の選任を家庭裁判所に申し立てて，選任された財産管理人から，甲の所有土地についての分筆登記を申請することができると考えられます。

もちろん，当該分筆の登記申請には，財産管理人の選任の審判書（表題部所有者甲の氏名と不在者（又は被相続人）の氏名とが同一であるものに限ります。）及び当該財産管理人の権限外行為許可の審判書（物件目録に氏名のみの土地が記載されているものに限ります。）を提供する必要があります。

なお，家庭裁判所に甲の不在者財産管理人の選任を申し立てる際は，申立書1通のほかに，①甲の戸籍の謄本，②甲の戸籍の附票の写し，③登記事項証明書等の甲の財産に関する資料，④甲が不在である事実を証する警察署長の発行する家出人届出受理証明書等の提出が求められているようですが，本問の場合，甲の住所が記録されていないため，①及び②の提出が困難である

ことから，申立人において，戸籍等の調査状況，隣接土地の所有者等への聞き取り状況，当該土地の固定資産銳の納税者の照会状況，周辺の住職が作成した過去帳や牧師が作成した洗礼台帳の調査状況，当該土地の管轄登記所における閉鎖登記簿及び土地台帳の調査状況等を，不在者に関する調書として作成し，提出することが考えられます。

　そして，家庭裁判所においては，当該提出書類による審理の結果，不在者の財産に関する資料に記載された表題部所有者が不在者と認定された場合に，不在者財産管理人選任の審判が行われることになります（注3）。

（注1）　平成30年7月24日付け民二第279号民事第二課長通知
（注2）　（注1）の民事第二課長通知の解説（民月73巻9号80頁）
（注3）　（注2）の解説75頁

第2 表示に関する登記 / 【23】 79

【23】 建物の表題登記に提供する所有権を証する情報

Q 建築基準法7条の3に規定する「中間検査合格証」を，建物の表題登記に提供する所有権を証する情報として取り扱うことができますか。

A 原則として，「中間検査合格証」を所有権を証する情報として取り扱うことはできないと考えられますが，その記載内容，特定工程の完了の程度によっては，取り扱って差し支えない場合もあり得ると考えられます。

【解 説】

建物の表題登記を申請する場合には，表題部所有者となる者の所有権を証する情報（所有権証明情報）として，建築基準法（昭和25年法律第201号）6条の確認及び7条の検査のあったことを証する情報，その他の情報を提供する必要があります（不登準則87条1項）。

確認のあったことを証する情報とは，建築主が，建築物を建築しようとする場合等において，当該工事に着手する前に，その建築等の計画が建築基準法令の規定に適合するものであることについて，確認の申請書を提出して建築主事の確認を受け，交付を受けた「確認済証」のことをいいます（建築基準法6条1項）。

また，検査のあったことを証する情報とは，同法6条1項の規定による工事が完了したときに建築主から申請された完了検査に対して，建築主事等が，当該建築物及びその敷地が建築基準関係規定に適合していることを認めたことにより，当該建築物の建築主に交付される「検査済証」のことをいいます（同法7条5項）。

本問における「中間検査合格証」とは，同法6条1項の規定による工事が一定の工程（特定工程）を終えたときに建築主から申請された中間検査（同法7条の3第1項）に対して，建築主事等が，当該工事中の建築物等が建築基準関係規定に適合していることを認めたことにより，当該建築主に交付され

80　第2　表示に関する登記　/　【23】

る当該特定工程に係る「合格証」のことをいいます（同条5項）。

　そして，特定工程後の工程に係る工事は，「中間検査合格証」の交付を受けた後でなければ施工することができないとされていることから（同条6項），すべての工事が完了したときは，改めて完了検査を受けなければならないことになります。

　以上のとおり，「中間検査合格証」は，あくまでも特定工程に係る工事を完了した場合のものであることから，全ての工事が完了した場合に交付される「検査済証」とは，その性質を異にするものと考えられます。したがって，原則として，「中間検査合格証」を所有権を証する情報として取り扱うことはできないと考えられます。

　一方で，建築主事等が建築基準関係規定に適合していることが認められた工事中の建築物について完了検査をするときは，「中間検査合格証」の交付を受けた建築物の部分及びその敷地については，完了検査をすることを要しない（同条7項）とされています。したがって，「中間検査合格証」の記載内容，特定工程の完了の程度によって，当該合格証が，検査済証と同等の情報として取り扱うことが相当であると認められる場合には，これを所有権証明情報として取り扱って差し支えないと考えられますから，事前に，当該中間検査合格証を持参の上，管轄登記所の登記官に相談されることをお勧めします。

第2　表示に関する登記　/　【24】　81

【24】　増築により区分建物となった建物の登記名義人を転得者とするための登記

Q　甲は，平成24年5月20日に新築したA建物について所有権の保存登記をした後，平成29年2月8日にA建物について増築をしましたが，増築に伴う構造，床面積の変更登記はしていません。その後，甲は，平成30年1月10日売買により，未登記の増築分も含めたA建物の所有権を乙に移転し，移転登記も経由しました。

　今般，A建物の既登記部分と未登記の増築部分とを区分建物にしたいのですが，諸般の事情から甲の協力が得られない状況にあります。この場合，区分建物の表題登記をA建物の転得者である乙から申請することができますか。できない場合，当該区分建物の登記名義人を乙とするためには，どのような登記を申請すればよいでしょうか。

A　A建物は，増築によって区分建物になったものであり，当該増築のときの当該区分建物の所有者，すなわち原始取得者は甲ですから，当該区分建物の表題登記の申請人となるべき者は甲であり，転得者乙が，当該表題登記を申請することはできません（代位による場合を除きます。）。そこで，A建物の登記名義人は，既に乙となっていますから，まず，乙が，A建物の増築による構造，床面積の変更登記をし，その後，所有者乙が，A建物の区分登記を申請することにより，区分後の区分建物の登記名義人も乙にすることができると考えられます。

【解　説】

1　建物の表題登記の申請

　新築した建物の所有権を取得した者（原始取得者）又は区分建物以外の表題登記がない建物（非区分建物）の所有権を取得した者（転得者）は，その所有権の取得の日から1か月以内に，当該建物の表題登記を申請しなければなりません（不登法47条1項）。同項の規定振りからすれば，区分建物については，転得者には申請権限が認められていないことになりますから，区分建

物の表題登記は，必ず最初の所有者（原始取得者）が，申請しなければならないことになります。

2　本問の検討

表題登記がある非区分建物に接続して区分建物が新築された場合における当該区分建物についての表題登記の申請は，当該表題登記がある建物についての表題部の変更登記（区分建物の増築）の申請と併せてしなければなりません（不登法48条3項）。

本問のA建物は，増築によって区分建物になったものであり，当該増築のときの当該区分建物の所有者，すなわち原始取得者は甲ですから，不登法48条3項の規定に基づく当該区分建物の表題登記の申請人となるべき者は甲であり，転得者乙が，当該表題登記を申請することはできません（代位による場合を除きます。）。一方，同項の規定に基づく表題部の変更登記は，非区分建物であるA建物の現所有者乙が申請することになります（不登法51条1項）。ただし，甲が当該区分建物の表題登記の申請をしない場合には，現所有者乙が，甲に代位して，当該表題登記を申請することができるとされています（不登法48条4項）。

しかし，代位登記によって表題登記を申請した場合であっても，当該区分建物の表題部所有者は甲であり，乙は，甲から当該区分建物の所有権を取得して，当該区分建物について乙名義での所有権の保存登記を申請することができますが（不登法74条2項），当該所有権の保存登記の申請には，乙が甲から当該区分建物の所有権を取得したことを証する甲が作成した情報を提供しなければなりません（建物が敷地権のない区分建物であるとき。不登令別表29の項添付情報欄イ）。ところが，諸般の事情から甲の協力が得られない状況にあるとのことですから，甲が当該情報を作成することはないと考えられます。

以上のことから，本問の場合は，現所有者乙が，まず，Aの増築による表題部の変更登記（不登法51条1項）をし，次いで，A建物の区分登記（表題登記がある建物の部分であって区分建物に該当するものを登記記録上区分建物とする登記。不登法54条1項2号）を申請する方法が，考えられます。

第2　表示に関する登記　／　【24】　　83

当該区分登記によって，区分された建物の権利部甲区には，所有権の登記と
して，Ａ建物に記録されている乙を登記名義人とする所有権の移転登記の登
記事項が移記されますから（不登規130条1項），区分後の区分建物の登記名
義人も乙にすることができることになります。

【25】 処分の制限の登記嘱託によってされた建物の表題登記の新築年月日の更正登記の可否

Q 表題登記がない建物について処分の制限の登記嘱託がされた後，当該建物の所有権の登記名義人は，当該建物の新築年月日の更正登記を申請することができるでしょうか。

A 当該建物の所有権の登記名義人は，当該建物の新築年月日の更正登記を申請することができると考えられます。

【解　説】
1　表題登記がない建物について処分の制限の登記嘱託がされた場合の登記手続

　表題登記がない建物について嘱託により処分の制限の登記がされた場合（不登法76条3項）には，当該建物に関する①表題部所有者に関する事項，②登記原因及びその日付，及び③敷地権の登記原因及びその日付以外の事項を登記しなければならないとされています（不登法75条，不登規157条1項）。すなわち，当該登記申請がされた場合，建物の表題部の「原因及び日付」欄には，「差押の登記をするため」とする登記事項が記録され，通常の建物の表題登記における「新築年月日及びその日付」は，記録されません（注1）。

　処分の制限の登記は，債権者の競売申立て等により，裁判所の嘱託によってされるものであり，権利に関する登記ですから，表題登記がない建物についてする所有権の処分の制限の登記については，登記原因証明情報の提供は求められていますが（不登令別表32の項添付情報欄イ），当該建物の表題部所有者となる者が所有権を有することを証する情報（所有権証明情報。不登令別表12の項添付情報欄ハ）の提供は求められていません。すなわち，処分の制限の登記をする場合の職権による表題登記については，当該建物の所有者が，当該建物の「新築年月日及びその日付」を登記することはできません。また，登記官は，処分の制限の登記後に，職権でした表題登記の登記事項が現況と一致しているか否かを確認するために，遅滞なく，実地調査をすることとされ

ていますが（注2），その実地調査によっても，当該建物の新築年月日及びその日付を知り得る術はありませんから，登記官の職権で，当該建物の新築年月日及びその日付を登記することはできないと考えられます。

2　本問の検討

　上記のとおり，建物の表示に関する登記については，「登記原因及びその日付」を登記事項とするものとされています（不登法27条1号）。すなわち，建物の表題登記については，「登記原因及びその日付」として，新築年月日及びその日付が登記事項とされていることから，申請義務を負っている建物の所有者は，その新築年月日及びその日付をも申請情報としなければなりません。

　したがって，処分の制限の登記嘱託によってされた表題登記は，登記官の職権によるものであり，新築年月日は登記事項でないとしても，新築年月日を登記することができなかった当該建物の所有者が，新築年月日及びその日付を登記したいと望むのであれば，これを拒むことはできないと考えられます。

　そして，建物の表題部の登記原因及びその日付（不登法27条1号）の更正登記は，表題部所有者又は所有権の登記名義人以外の者は申請することができないとされていますが（不登法53条1項），処分の制限の債務者は，登記官の職権による所有権の保存登記（不登法76条2項）の際に，「所有者」として記録されますから（注3），当該建物の所有権の登記名義人は，当該建物の新築年月日の更正登記を申請することができると考えられます。

（注1）　不動産登記記録例集85
（注2）　昭和36年10月23日付け民事甲第2643号民事局長通達
（注3）　不動産登記記録例集645

第3 所有権の保存登記

【26】 表題部と乙区の登記記録はあるが甲区の登記記録がない不動産の所有権の登記

Q 甲区の登記記録はないが，所有者の記録がある表題部と順位1番で抵当権の滅失回復の登記がされている乙区の登記記録がある土地について，表題部所有者に相続が発生した場合，表題部所有者の相続人から，相続を原因とする所有権の移転登記を申請することができますか。

A 相続を原因とする所有権の移転登記を申請することはできないと考えられます。

この場合は，表題部所有者の相続人から，当該相続人を所有者とする所有権の保存登記を申請すべきであると考えられます。

【解 説】

本問の土地については，乙区順位1番で抵当権の滅失回復の登記がされています。これは，平成16年法律第123号による改正前の不動産登記法（明治32年法律第24号。以下「旧不登法」といいます。）23条（注）の規定による滅失回復の登記であると思われます。

登記事務のコンピュータ化前の登記簿は，登記用紙により編成されていたため，当該用紙が，火災や虫害等の物理的な事情によるほか，紛失や盗難等によっても滅失する場合を想定して，登記簿の全部又は一部が滅失した場合の回復の具体的な登記手続が，規定されていました（旧不登法69条から74条）。

登記簿の滅失の回復登記は，法務大臣が回復期間等を告示した上，告示期間の満了後，回復登記の申請に基づき，遅滞なく，前登記の登記事項を新登

88　第3　所有権の保存登記　/　【26】

記用紙の相当区に記載することとされていましたから，告示期間を徒過した場合は，回復登記の方法によることはできず，一般の手続に従って登記を行うことになります。

　本問の土地の乙区の順位1番の抵当権については，その登記名義人である抵当権者の申請によって回復登記がされていますから，抵当権の登記がされる前提となる所有権に関する登記がされていたことは明らかですが，既に滅失回復の告示期間を徒過し，その所有権の登記名義人が回復登記を申請しなかったため，甲区については，新登記用紙が設けられなかったものと考えられます。

　以上のことから，本問の土地については，所有権に関する登記がされていない以上，相続を原因とする所有権の移転登記を申請することはできないと考えられます。

　この場合には，上記のとおり，一般の登記手続に従って，表題部所有者の相続人から，当該相続人を所有者とする所有権の保存登記を申請すべきであると考えられます。

（注）　旧不動産登記法23条

　　　　登記簿ノ全部又ハ一部カ滅失シタル場合ニ於テハ司法大臣ハ三个月ヨリ少カラサル期間ヲ定メ其期間内ニ登記ノ回復ヲ申請スル者ハ仍ホ其登記簿ニ於ケル順位ヲ有スヘキ旨ヲ告示スルコトヲ要ス

第3 所有権の保存登記 ／ 【27】　89

【27】　表題部所有者について会社分割があった場合に，直接，設立会社名義で所有権の保存登記をすることの可否

Q 　表題部所有者について会社分割があった場合，直接，当該不動産を設立会社名義とする所有権の保存登記をすることができますか。

A 　表題部所有者の一般承継人が所有権の保存登記を申請する場合に提供する承継を証する情報としての分割契約書に，当該不動産の所有権が，会社分割によって，分割会社から設立会社に承継された旨の記載がある場合には，直接，設立会社名義での所有権の保存登記を申請することができると考えられます。

【解　説】

　会社分割とは，分割会社が，その事業に関して有する権利義務の全部又は一部を承継会社又は設立会社に承継させる組織法上の行為であり，当然に包括承継の効果が生じます。そして，会社分割には，その事業に関して分割会社が有する権利義務の全部又は一部を分割会社から承継する会社（吸収分割承継会社）が承継する吸収分割（会社法（平成17年法律第86号）758条）と，新たに設立する会社（新設分割設立会社）が承継する新設分割（同法763条）とがあります。

　吸収分割については，分割契約書において定めた効力発生日に，吸収分割承継会社は吸収分割会社の権利義務を承継することとされ（同法758条7号，760条6号，759条1項，761条1項），新設分割については，新設合併の場合と同様に，新設分割設立会社がその本店の所在地において設立の登記をした日，すなわち，成立した日（会社法49条，579条）に，新設分割設立会社は新設分割会社の権利義務を承継することとされていますが（同法764条1項，766条1項），この権利義務の承継は，分割の効力発生時において法律上当然に生ずる包括的な承継の性質を有するものとされています（注1）。

　したがって，吸収分割の場合は，吸収分割による承継を登記原因とする権

90 第3 所有権の保存登記 ／ 【27】

利の移転の登記申請において，分割契約書及び会社分割の記載がある吸収分割承継会社の登記事項証明書を登記原因証明情報として提供しなければならず，分割契約書のみをもって登記原因証明情報とすることはできないとされています（注2）。一方，新設分割の場合には，登記が効力発生要件となっていることから，新設分割による承継を登記原因とする権利の移転の登記申請においては，これまでと同様に，分割契約書及び会社分割の記載がある新設会社の登記事項証明書を，登記原因証明情報として提供しなければならないとされています（注3）。ところで，会社分割に伴う権利義務の移転を包括承継としたのは，分割は，有機的一体となって機能する組織的財産としての営業を移転する組織法上の行為であることによるものであり，実質的な理由としては，営業を単位として権利義務が法律上当然に移転することを認めることにより，法律関係の明確化を図ることができるからであるとされています（注4）。

　しかし，包括承継であるからといって，分割会社に帰属していた権利義務の全てが承継されるとは限りません。すなわち，会社合併の場合には，合併の当事者である会社の一方又は双方が消滅するため，当該合併会社に帰属していた権利義務の全てが存続会社又は新設会社に承継されますが，会社分割の場合には，営業を単位として分割契約書に記載された権利義務のみが設立会社又は承継会社に承継されます。

　表題部所有者の一般承継人が所有権の保存登記を申請する場合には，一般承継による承継を証する情報を提供するものとされていますが（不登令別表28の項添付情報欄イ），新設分割の場合の当該情報としては，上記の分割契約書が該当するものと考えられます。

　したがって，当該分割契約書に，本問の不動産の所有権が，会社分割によって，分割会社から設立会社に承継された旨の記載がある場合には，直接，設立会社名義での所有権の保存登記を申請することができると考えられます。

（注1）　平成13年3月30日付け民二第867号民事局長通達第1の3
（注2）　平成18年3月29日付け民二第755号民事局長通達1(2)
（注3）　（注2）の通達1(1)
（注4）　「会社分割法制について－平成12年改正法の解説－」（民月55巻8号73頁）

第4　遺贈・相続による登記

【28】　遺言書に記載された建物の所在・地番及び家屋番号が不明の場合の遺贈による所有権の移転登記の可否

Q　「居宅・土地を贈与する」旨の遺言書において，土地の所在及び地番は明らかとなっています。一方，居宅については構造及び床面積は記載されていますが，その所在・地番及び家屋番号は記載されていません。しかし，登記記録上，遺言書に記載された居宅と構造及び床面積が同一の建物があることが分かりました。この場合，当該建物について，遺贈による所有権の移転登記を申請することができますか。

A　当該所有権の移転登記は，申請することができると考えられます。

【解　説】

　例えば，自筆証書遺言中の「○○番地」との記載のみで所在，地目，地積，家屋番号，種類，構造及び床面積等の記載がないために，相続財産としての不動産を特定することができない場合，「○○番地」の記載が土地を表すものか建物を表すものであるか，さらには所在も不明であることから，仮に登記の申請に係る不動産が遺言者の所有名義の物件であり，かつ，遺言書に記載された「○○番」と一致している不動産であったとしても，その一致のみをもって，遺贈による所有権の移転登記を申請することはできないと考えられます。そこで，このような場合の登記実務の取扱いとしては，共同相続人の全員が，遺言書に記載されている「○○番地」は，「何市何町何番，地目何，地積何㎡の土地」に相違ない旨の共同相続人全員の印鑑証明書付きの申述書を提供することにより，当該遺言書の記載の不備を補完すべきであると

されています（注1）。

　しかし，遺言書の内容の解釈について，判例は，「遺言の解釈に当たっては，遺言書の文言を形式的に判断するだけではなく，遺言者の真意を探求すべきものであり，……遺言書の全記載との関連，遺言書作成当時の事情及び遺言者の置かれていた状況などを考慮して遺言者の真意を探究し当該条項の趣旨を確定すべきものである。」（注2）と判示して，遺言者の真意の探求が重要であることから，ささいな方式違背を理由に遺言を無効にすることなく，一定限度，方式の緩和を図るような解釈態度をとっています。

　本問において，遺言者は，「居宅・土地を……贈与する」旨遺言していることから，その意思は，土地及び当該土地上若しくは近辺にある建物を包括して遺贈するものであると解することができます。そして，当該遺言書においては，土地の所在及び地番は明らかとなっており，また，構造及び床面積が記載されている居宅については，その所在・地番及び家屋番号は記載されていないものの，登記記録上，当該居宅と構造及び床面積が同一の建物があることが分かっています。そうであるならば，登記官は，当該登記記録上の建物が，遺言書に記載された遺贈物件であると判断することができることから，遺言者の意思を確認することは，十分に可能であると考えられます。

　すなわち，遺言の解釈に当たっては，遺言者の意思を尊重すべく，できる限り「登記を実行する」という前提で，遺言書全体を見るべきであり，したがって，あらゆる角度から検討しても，例えば，所在を特定することができない（目的物件が不明），遺言者の意思が「相続させる」なのか「遺贈させる」なのか区別ができない（登記原因が不明），相続人（受遺者）が不明であるといった遺言者の意思を尊重したくても，尊重できないという場合に限って，当該遺言書に基づく登記申請は認めないという取扱いをすべきであると考えられます。以上のことから，本問の場合には，当該建物について，遺贈による所有権の移転登記を申請することができると考えられます。

（注1）　中垣治夫「相続及び遺言の登記手続きをめぐる若干の問題点について」（民月48巻4号35頁）

（注2）　最二小判昭和58年3月18日判時1075号115頁

第4　遺贈・相続による登記 / 【29】　93

【29】 相続人に全血の兄弟姉妹と半血の兄弟姉妹がいる場合の相続分

Q　亡Xと亡Yの長男甲は，養親である亡Z（配偶者は，いません。）と養子縁組をし，配偶者及び子なしに死亡しました。甲には，亡Xと亡Yの長女乙，母である亡Yの前夫との間の子である丙男，及び甲と同日に亡Zと養子縁組をした丁男の3人の兄弟姉妹がいます。

この場合，甲の相続人である乙女，丙男及び丁男の法定相続分の割合は，どのようになるのでしょうか。

A　相続人である乙女と丁男の法定相続分の割合は各5分の2，丙男の割合は5分の1となります。

【解　説】

現行の相続法においては，被相続人に配偶者，子及び直系尊属がないときは，被相続人の兄弟姉妹が相続人となるものとされています（民法889条1項2号）。

本問の場合，被相続人甲には，配偶者及び子がなく，また，直系尊属（父母）も既に死亡しているため，その相続人は，兄弟姉妹である乙女，丙男及び丁男の3人ということになります。

ところで，養子と養親及びその血族との間においては，養子縁組の日から，血族間におけるのと同一の親族関係を生ずるものとされています（民法727条）。そのため，養子にとっては，縁組した養親との関係だけでなく，養親の父母との祖父母関係，養親の子との兄弟姉妹関係，養親の兄弟姉妹との伯叔父母関係が生じ，養子は，これらの関係に基づき相続分を取得することになります。

一方，父母の一方のみを同じくする兄弟姉妹（いわゆる半血の兄弟姉妹）の相続分の割合は，父母の双方を同じくする兄弟姉妹（いわゆる全血の兄弟姉妹）の相続分の2分の1とされています（民法900条4号ただし書）。

したがって，被相続人の相続人である兄弟姉妹に父母（養父母）の双方を同じくする実子と養子がある場合には，全血兄弟姉妹として両者間の相続分

に差異はありませんが，父母の一方のみの養子と父母の双方を同じくする実子とは，前者は半血の兄弟姉妹として，後者は全血の兄弟姉妹として，相続分に差異が生ずることになります。

　本問の場合，乙女は，甲と父母（ＸとＹ）の双方を同じくする兄弟姉妹であり，丁男は，養親（Ｚ）を同じくする兄弟姉妹となります。一方，丙男は，甲と父母の一方（母Ｙ）のみを同じくする兄弟姉妹ということになります。

　以上のことから，被相続人甲の相続人である乙女と丁男の法定相続分の割合は同一であり，丙男の法定相続分の割合は，乙女及び丁男の２分の１ということになります。具体的には，２対２対１，すなわち，乙女及び丁男の法定相続分は各５分の２，丙男の法定相続分は５分の１となります。

第4　遺贈・相続による登記　/　【30】　95

【30】　除籍謄本等が焼失又は廃棄等により提供できない場合の相続があったことを証する情報

Q　債権者代位による相続登記を申請するに当たって，被相続人の父については，20歳以前の除籍謄本が焼失又は廃棄等により提供することができません。債権者代位であるため，相続人の協力が得られないことから，申請人である債権者の「一切の責任を持つ」旨の上申書を，相続があったことを証する情報の一部とすることはできませんか。このような取扱いが認められない場合，相続があったことを証する情報として，どのような情報を提供すればよいでしょうか。

A　申請人である債権者の「一切の責任を持つ」旨の上申書を，相続があったことを証する情報として取り扱うことは認められないものと考えられます。

　このような場合には，戸籍及び残存する除籍等の謄本に加え，滅失等により「除籍等の謄本を交付することができない」旨の市町村長が作成した証明書（廃棄証明書）を提供することになるものと考えられます。

【解　説】

1　除籍謄本等が焼失又は廃棄等により提供できない場合の従来の取扱い

　被相続人の死亡の記載のある戸（除）籍謄本から，当該謄本上の相続人以外に，なお他の相続人の存在の可能性が推測される場合には，その存否を確定する必要があることから，例えば，被相続人が明治生まれの場合などにおいては，相続人を戸（除）籍の記載から探索し確定するために，相当な戸（除）籍を調査しなければならない場合があります。しかし，除籍等の一部が戦災，焼失若しくは災害等により滅失したことにより，又は廃棄処分されたことにより，当該除籍謄本の一部を提供することができない場合があります。

　このような場合，従来の登記実務の取扱いにおいては，当該除籍謄本の一部に代えて，滅失等により「除籍等の謄本を交付することができない」旨の

市町村長が作成した証明書（以下「廃棄証明書」といいます。），及び「他に相続人はない」旨の相続人全員による印鑑証明書付きの証明書（注1），又は所有権の移転登記を命ずる確定判決が，相続人全員に対するものであることが明らかであり，また，判決の理由中において，被相続人の相続人は，当該相続人らのみである旨の認定がされている確定判決の正本の写し（注2）を提供するものとされていました。

2　現在の取扱い及び本問の検討

上記1の「他に相続人はない」旨の証明書は，一方で，事案によっては，相続人が必ずしも周知しているとは限らない事実を証明させるものに他なりません。すなわち，相続による所有権の移転登記等が，長期間にわたってされていない場合には，当該証明書を作成する相続人と被相続人との関係が，数世代に及ぶこともあることから，直系尊属の除籍謄本がない時代の親族関係が全く分からないため，相続人には，「他に相続人はない」旨の証明をする知識もなければ，その立場にもないとして，当該証明書の作成自体を拒み，又は作成はしたものの押印若しくは印鑑証明書の添付を嫌がるといった事例が，散見されるようになりました。

そのため，現在の登記実務の取扱いは，戸籍及び残存する除籍等の謄本に加え，上記の廃棄証明書が提供されていれば，「他に相続人はない」旨の証明書の提供がなくても，全ての場合において，当該相続登記は，受理して差し支えないとされています（注3）。

以上のことから，本問の場合も，相続があったことを証する情報として，戸籍及び残存する除籍等の謄本に加え，滅失等により「除籍等の謄本を交付することができない」旨の市町村長が作成した廃棄証明書を提供することになるものと考えられます。

3　「一切の責任を持つ」旨の上申書を相続があったことを証する情報とすることの可否

ところで，従来の取扱いにおける「他に相続人はない」旨の相続人全員の証明書は，被相続人とその相続人との身分関係を最もよく知り得る立場にあ

る相続人全員が証明することによって，相続の登記を定型的，かつ，より正確に行うために，公的資料に代わるものとして，便宜的に提供が認められたものです。これに対して，代位登記の債権者による「一切の責任を持つ」旨の上申書は，「他に相続人はない」旨の相続人全員の証明書と比較すると，一般的に真正の担保力が低いと考えられます。そのため，このような上申書（差入書）を相続があったことを証する情報とすることはできないとされています（注4）。

（注1）　昭和44年3月3日付け民事甲第373号民事局長回答
（注2）　平成11年6月22日付け民三第1259号民事第三課長回答
（注3）　平成28年3月11日付け民二第219号民事局長通達
（注4）　昭和58年3月2日付け民三第1311号民事第三課長回答

【31】 アメリカ合衆国国籍の相続人がアメリカ合衆国に居住している場合の相続による登記の添付情報

Q アメリカ合衆国（以下「アメリカ」といいます。）に居住していた日本人甲の死亡に伴い，法定相続分による相続登記を申請するに当たって，相続人は乙及び丙の二人で，共にアメリカに居住し，乙は日本国籍，丙はアメリカ国籍の場合に，相続があったことを証する情報として，どのような情報を提供する必要がありますか。

A 被相続人甲は日本人ですから，甲が生まれてから亡くなるまでの戸（除）籍謄本，除住民票又は戸籍の附票等を，また，相続人乙については，日本国籍を有していますが，アメリカに居住していることから，現在の戸籍謄抄本，居住証明書及び二人以外に相続人がいない証明書（署名及び栂印証明書付き）を，そして，相続人丙については，アメリカ国籍でアメリカに居住していることから，住所を証する情報のほかに，丙が甲の相続人であること及び二人以外に相続人がいないことについて宣誓供述し，これにアメリカの官公署又は公証人等が証明した証明書を，それぞれ提供することになると考えられます。

　なお，アメリカの官公署又は公証人等が証明した証明書については，訳文を付ける必要があります。

【解　説】

1　日本の相続法において，外国籍を有する者は，相続人となることができるか

　昭和22年5月2日以前の日本の相続法における「家督相続」においては，家の統率者である戸主の地位（戸主権）の承継を主体とし，戸主の財産の承継は，これに附随するものとする建前であったことから，戸主となることができるのは日本人に限られ，したがって，日本人でない者（外国籍を有する者）は，相続人となることはできませんでした。一方，「遺産相続」においては，財産の承継のみが対象であったことから，外国籍を有する者であって

第4 遺贈・相続による登記 / 【31】 99

も，日本人と同様に相続人となることができました。

　しかし，昭和22年5月3日以降の日本の相続法においては，家督相続の制度が廃止されたことにより，相続は，財産の承継のみを対象とすることとなったため，相続による日本にある財産の取得については，相続人が，外国籍を有する者である場合と日本人である場合とで何らの差別もなく，外国籍を有する者であっても相続人となることができることになりました。ただし，例外的に，鉱業権については，鉱業法（昭和25年法律第289号）17条の規定によって，条約に別段の定めがない限り，外国人は享有することができないとされているために，外国人は，相続によっても，鉱業権を取得することはできないとされています（注1）。

2　相続における関係人の全部若しくは一部が外国人である場合の法律関係

　相続における関係人の全部若しくは一部が外国人である場合の法律関係に適用すべき日本における国際私法は，「法の適用に関する通則法」（平成18年法律第78号。以下「通則法」といいます。）です。

　通則法13条1項は，「動産又は不動産に関する物権及びその他の登記をすべき権利は，その目的物の所在地法による。」とされ，また，同条2項は，「前項の規定にかかわらず，同項に規定する権利の得喪は，その原因となる事実が完成した当時におけるその目的物の所在地法による。」と規定していることから，日本国内にある不動産に関する物権及びその他の登記すべき権利については，当事者の国籍のいかんにかかわらず，日本の不動産登記法が適用されることになります。

　一方，通則法36条は，「相続は，被相続人の本国法による。」ものと規定しており，被相続人が日本人でない場合の相続に関しては，その者の本国法が適用され，日本の相続法は適用されません。すなわち，日本に不動産又はこれを目的とする権利を有する外国人が死亡して相続が開始した場合，その相続人及び順位若しくは相続分，遺産分割，相続の放棄又は承認等については，被相続人の本国法によって決せられることになり，被相続人が外国人であれば，相続人が日本人であっても，その外国人の本国法が適用されことになります。

100　　第4　遺贈・相続による登記　/　【31】

　本問の場合は，被相続人甲が日本人ですから，相続人である乙及び丙の国籍いかんにかかわらず，また，甲，乙及び丙が日本国内に住所を有すると否とにかかわらず，日本の相続法及び不動産登記法が適用されることになります。

3　相続があったことを証する情報

　相続による登記を申請する場合には，登記原因証明情報として，相続があったことを証する情報を提供しなければなりません（不登令別表22の項添付情報欄）。

　まず，被相続人甲については，同人は日本人ですから，生まれてから亡くなるまでの日本の市町村長が作成した戸（除）籍謄本，及び登記記録上の登記名義人と被相続人が同一であることを証するために除住民票又は戸籍の附票等を提供することになると考えられます。なお，甲は，死亡時にアメリカに居住していたことから，その同一であることを証するために，在外公館（アメリカにある日本大使館，領事館）が発行する居住証明書等を提供しなければならない場合もあり得ると考えられます。

　次に，相続人乙については，日本国籍を有していますから，日本の市区町村長が作成した現在の戸籍の謄抄本を提供するほか，住所を証する市町村長が作成した情報（住民票等）を提供する必要があります（不登令別表30の項添付情報欄ロ）。しかし，乙は，アメリカに居住していますから，住所を証する情報としては，日本における住民票等の写しと同程度の信ぴょう性を有するものとして，在外公館（アメリカにある日本大使館，領事館）が発行する居住証明書（注2），アメリカの公証人が証明した居住証明書（注3）等を提供することになると考えられます。

　更に，相続人丙については，アメリカ国籍であることから，戸（除）籍謄本を提供することはできません。そこで，このような場合には，丙が甲の相続人であることについて宣誓供述し，これにアメリカの官公署や公証人等が署名した証明書を提供することになると考えられます。また，丙は，アメリカに居住していることから，住所を証する情報として，アメリカの官公署が作成したもの，又はアメリカの公証人の証明に係るものを提供する必要があ

ると考えられます。

　なお，丙については，日本における戸籍を提供できないことから，丙が甲の相続人であることについてのアメリカの官公署や公証人等の証明書だけでは，登記官において，全ての相続人を把握することは不可能であると考えられます。そこで，このような場合には，相続人である乙及び丙の二人以外に相続人がいない旨の証明書を提供すべきであると考えられます（注4）。そして，乙の当該証明書は，その旨を記載した書面に自らが署名・押印（栂印）し，これを在外公館が証明したものを，また，丙の当該証明書は，丙が，その旨を宣誓供述し，これにアメリカの官公署や公証人等が署名した証明書を，それぞれ提供することになると考えられます。

　また，居住証明書やアメリカの官公署若しくは公証人等が署名した証明書が外国語で記載されているときは，その原本とともに訳文を付ける必要があります。訳文は誰が翻訳したかは問われませんが，訳者が間違いなく翻訳した旨の奥書を付さなければなりません。

（注1）　昭和28年6月29日付け民事甲第1103号民事局長回答
（注2）　昭和33年1月22日付け民事甲第205号民事局長心得回答
（注3）　昭和40年6月18日付け民事甲第1096号民事局長回答
（注4）　藤原勇喜「新訂　渉外不動産登記」（テイハン・2014）394頁

102　第4　遺贈・相続による登記　/　【32】

【32】　自筆証書遺言の内容の確認判決に基づく相続による所有権の移転の登記申請の可否

Q　被相続人Ｘの自筆証書遺言により，同遺言書に記載されていた不動産については，Ｘの配偶者Ｙに相続による所有権の移転登記がされました。

今般，Ｙを除く他の相続人甲，乙及び丙が，Ｙを被告として，請求の趣旨を以下のとおりとする遺言書確認請求訴訟を提起し，請求の趣旨どおりの判決が確定しましたが，当該判決書の正本を登記原因証明情報の一部として提供して，相続人甲，乙及び丙への相続による所有権の移転登記を申請することができるでしょうか。

「請求の趣旨」

1　亡甲の平成30年2月8日付け遺言書は，同遺言書記載の不動産以外の別紙物件目録記載の不動産，別紙相続時預金等目録記載を含む全ての財産を，原告である甲，乙及び丙に相続させる意思であることを確認する。

2　別紙物件目録記載の不動産の持分は甲，乙，丙各3分の1であることを確認する。

A　当該所有権の移転登記は，登記原因証明情報としてＸの遺言書，当該判決書の正本及び確定証明書を提供して申請することができると考えられます。

【解　説】

1　不登法63条1項に規定する確定判決の意義

不登法60条は，権利に関する登記の申請は，登記権利者及び登記義務者が共同して申請しなければならないとして，共同申請の原則を規定しています。

他方で，不登法60条等の規定にかかわらず，「これらの規定により申請を共同してしなければならない者の一方に登記手続をすべきことを命ずる確定

判決による登記は，当該申請を共同してしなければならない者の他方が単独で申請することができる。」とされています（不登法63条1項）。そして，同項にいう「確定判決」とは，その主文において，登記義務者に対して特定の登記手続を命じた給付判決であることを要し，単に実体上の権利関係を確認する判決（確認判決），又は形成するだけの判決（形成判決）は，これに含まれないとするのが，判例及び登記実務の取扱いです（注）。

ただし，所有権の保存登記を，所有権を有することが確定判決によって確認された者から申請される場合（不登法74条1項2号）の確定判決は，所有権の保存登記の目的となる不動産が，申請人の所有に属するものであることを明らかにする確定判決であれば，確認判決であると，給付判決であると，又は形式判決であるとを問わないとされています（上記注の判決）。

2　本問の趣旨

本問では，請求の趣旨どおりの判決が確定していますが，その判決は，被告Yに対して登記手続を命じた給付判決ではなく，被相続人甲の遺言書の内容は，遺言書記載の不動産以外の不動産を，原告である甲，乙及び丙の3名に相続させる意思であることを確認する判決であることから，当該判決を不登法63条1項に規定する確定判決とすることはできないのではないかとの疑義が生じたものと考えられます。

3　本問の検討

結論から先に言えば，当該判決書は，登記原因証明情報の一部として提供することができると考えられます。理由は，以下のとおりです。

まず第1に，不登法63条1項は，共同申請の例外として，確定判決を得た者による単独申請を許容するためには，当該確定判決は給付判決でなければならないとされているものであるところ，本問の所有権の移転登記は，申請人の単独申請が認められている相続による登記（不登法63条2項）ですから，この場合の判決を給付判決に限る必要はないと考えられます。

第2に，本問の訴訟における被告は被相続人Xの配偶者Yですが，Yは，本件訴訟に係る不動産の所有権の登記名義人ではなく，また，被相続人Xの

登記申請義務を承継した者でもありませんから，被告Yに対して登記手続を命ずる給付判決がされることはないと考えられます。

　そして，第3に，判決主文（請求の趣旨）から，遺言書記載の不動産以外の不動産については原告の3名に所有権があり，その持分は各3分の1であることが明記されていることです。

　以上のことから，当該判決書を登記原因証明情報の一部として取り扱うことができると解されます。ただし，当該判決が給付判決ではないことから，当該判決書のみを登記原因証明情報とする相続による所有権の移転登記を認めることは相当でないと考えられます。したがって，当該判決書の正本の他に被相続人Yの遺言書（自筆証書遺言ですから，家庭裁判所の検認を要します。）及び確定証明書をも登記原因証明情報として提供すべきであると考えられます。

（注）　大審院判大正15年6月23日民集5巻536頁，明治33年9月24日付け民刑第1390号民刑局長回答

第4　遺贈・相続による登記　／　【33】　105

【33】　公正証書遺言の内容に反する遺産分割協議書を提供してされた相続による所有権の移転の登記申請の可否

Q　公正証書遺言によって換価処分するとされた遺産から除外された不動産（以下「除外不動産」といいます。）については，共同相続人中の甲が単独で相続する旨の遺産分割協議書（公正証書遺言によって指定された遺言執行者が，当該遺産分割協議に合意している旨が記載されているもの）及び当該遺言書を提供して，除外不動産についての相続による甲への所有権の移転登記を申請することができますか。

除外不動産の処分に関する公正証書遺言書及び遺産分割協議書の内容（抜粋）の概要は，以下のとおりです。

〔公正証書遺言書〕

1　遺言者は，その所有に係る別紙目録不動産の建物及びその敷地利用権をＸに相続させる。

2　遺言者が所有する上記1の対象不動産以外の一切の財産は，その全部を換価し，その換価処分額から換価処分のための諸経費‥‥‥を差し引いた残額を，下記の10名の者に対して均分に相続させる。

3　遺言執行者は，換価処分に必要な一切の権限を有するものとし，換価処分は遺言執行者が行う。

4　遺産の換価処分の方法，時期，代価等は遺言執行者の判断に従う。

5　遺言執行者はその判断に従い，遺産の換価処分に代えて，遺産の全部又は一部を，直接，相続人に引き渡すことができる。

6　遺言執行者は，相続財産につき唯一管理処分権を有するものとし，預貯金の解約払戻，貸金庫の開披等を行う権限その他本遺言執行に必要な全ての完全な権限を有するものとする。

〔遺産分割協議書〕

1　被相続人の共同相続人全員と，被相続人の遺言に基づき就職した遺言執行者（以下，総称して「本件関係者」という。）は，本件遺言が有効に成立していることを確認した上，被相続人の遺産につき，以下のとおり遺産分割すること等を合意した。

2 本件関係者は，本合意により本件遺言と一部が異なる遺産分割が完全に有効に成立していること，並びに本合意に定めない事項については，本件遺言に定める事項が有効に存続していることを確認の上，本合意の成立により被相続人の遺産の分割に関する事項について最終的に解決したことを相互に確認する。

3 本件関係者全員は，公正証書遺言書の上記2の内容につき，一部変更し，下記のとおり，遺産を分割すること等を合意する。

(1) 公正証書遺言書の上記2により換価処分する遺産から，別紙不動産目録記載の不動産（以下「除外不動産」という。）を除くものとし，除外不動産については共同相続人の協議により帰属を定めるものとする。

(2) 共同相続人全員は，除外不動産につき，相続人甲が単独で取得することを合意する。

当該登記は，申請することができるものと考えられます。

【解　説】
1　「相続させる」旨の遺言

特定の不動産を特定の相続人に「相続させる」旨の遺言の解釈及び効力について，判例は，「相続させる」旨の遺言は，民法908条にいう遺産分割の方法を定めた遺言であり，他の共同相続人も当該遺言に拘束され，当該遺言において，相続による承継を当該相続人の受諾の意思表示に係らせたなどの特段の事情のない限り，被相続人の死亡時，すなわち，遺言の効力発生時に，直ちに当該遺産が当該相続人により承継されるべきものと解され，その場合，当該遺産については，遺産分割の協議又は審判を経る余地はないものというべきであると判示しています（注1）。

この判決は，特定の不動産を特定の相続人に「相続させる」旨の遺言があった場合には，当該相続人は，単独で相続を原因とする所有権の移転登記を申請することができるとする従来の登記実務の取扱い（注2）を肯定した

第4　遺贈・相続による登記　/　【33】　107

ものであるとされています。

2　遺言の内容と異なる遺産分割協議

　「相続させる」旨の解釈については上記1のとおりですが，特定の相続人に特定の財産を「相続させる」旨の遺言がされている場合であっても，相続人全員の同意があれば，当該遺言と異なる内容の遺産分割も許されると解されています。

　遺言によって指定された遺産である土地の共同相続人の相続分を，各自平等とする旨の遺産分割協議に基づいて相続による所有権の移転登記がされた場合に，原告である遺言執行者が，「真正な登記名義の回復」を登記原因とする受益相続人への持分移転登記を請求した事案について，判例は，当該土地は，遺産分割協議を経るまでもなく共同相続人に承継されていると解されるとした上で，「民法1013条によれば，遺言執行者がある場合には，相続人は，相続財産の処分その他遺言の執行を妨げるべき行為をすることが出来ず，これに違反するような遺産分割行為は無効と解すべきである。もっとも，本件遺産分割協議は，分割方法の指定のない財産についての遺産分割の協議と共に，本件土地持分については，受益相続人が本件遺言によって取得した取得分を相続人間で贈与ないし交換的に譲渡する旨の合意をしたものと解するのが相当であり，その合意は，遺言執行者の権利義務を定め，相続人による遺言執行を妨げる行為を禁じた民法の規定に何ら抵触するものではなく，私的自治の原則に照らして有効な合意と認めることができる。」旨判示し，相続させる旨の遺言により，相続開始時に特定の財産を取得した相続人が，その他の遺産の分割協議に際し，取得した財産を共同相続人間で贈与ないし交換することは可能であるとしています（注3）。

　また，「特定の土地建物を相続人の一部の者に遺贈する旨の遺言がある場合において，その遺贈を受けた相続人が右遺言の内容を知りながらこれと異なる遺産分割協議をした場合には，右遺産分割協議は右遺言に優先するものというべきである。けだし，特定物の受遺者はいつでも遺贈の全部または一部を放棄することができるのであり（民法986条1項），自己に有利な遺言の内容を知りながらこれと異なる遺産分割協議を成立させた場合には特段の事

情のない限り遺贈の全部または一部を放棄したものと認めるのが相当であるからである。」(注4)として，相続させる旨の遺言による利益の全部又は一部を放棄し，対象財産を遺産に復帰させることにより，相続人間で遺産分割協議を行うことができるとされています。

3　本問の検討

　遺言執行者は，相続財産の管理その他遺言の執行に必要な一切の行為をする権限を有し（民法1012条1項），相続人の代理人とみなされています（同法1015条）。そして，上記のとおり，遺言執行者がある場合には，相続人は，相続財産の処分その他遺言の執行を妨げるべき行為をすることができない（民法1013条）とされていることから，共同相続人による遺言書に記載された内容に反する遺産分割行為は，原則として，無効と解されます。しかしながら，本問の遺産分割協議については，その内容から，①共同相続人全員の合意によるものであること，②遺言によって，遺言執行に必要な全ての完全な権限を有するものとされ，その権限に基づき，遺産の換価処分に代えて，遺産の全部又は一部を，直接，相続人に引き渡すことができる遺言執行者が，本件遺産分割協議に合意していること，したがって，③本件遺産分割協議は，遺言執行者がする相続財産の処分その他遺言の執行を妨げる行為には該当しないと解されます。

　以上のことから，当該公正証書遺言書及び本件遺産分割協議書を提供して，除外不動産についての相続による甲への所有権の移転登記は，申請することができると考えられます。

　(注1)　最二小判平成3年4月19日民集45巻4号477頁
　(注2)　昭和47年4月17日付け民事甲第1442号民事局長通達
　(注3)　東京地判平成13年6月28日判タ1086号279頁
　(注4)　東京地判平成6年11月10日金法1439号99頁

第4　遺贈・相続による登記 / 【34】　109

【34】　遺産分割調停手続において，第１次相続の相続人が，第２次相続の相続人に相続分を譲渡したことにより，当該手続から排除された旨の記載のある調停調書を登記原因証明情報とする相続による所有権の移転の登記申請の可否

Q　Ａ不動産の所有権の登記名義人Ｘが死亡し，その相続人甲，乙及び丙による遺産分割協議が未了のまま，さらに丙が死亡し，その相続人が丁及び戊である場合において，丁が甲，乙及び戊に対して，遺産分割調停を申し立てた結果，甲及び乙は，丁及び戊に対して，それぞれの相続分を譲渡し，その後，丁及び戊間において，丁が単独で，Ａ不動産を相続する旨の合意が成立しました。

この場合において，調停調書又は審判書の当事者として，「排除前相手方甲（相続分譲渡人）　排除前相手方乙（相続分譲渡人）　申立人丁（相続分譲受人）　相手方戊（相続分譲受人）」と表示され，かつ，調停条項として，
1　当事者全員は，被相続人Ｘ（年月日死亡）の遺産が，別紙目録記載のとおりであること，及びＸの相続人は甲，乙及び丙であり，また，被相続人丙（年月日死亡）の相続人は丁及び戊であることを確認する。
2　相手方であった甲及び乙については，自己の相続分を譲渡したことから，当事者としての資格を喪失したと認められ，本件手続から排除された。
3　申立人丁と相手方戊間において，別紙目録記載のＡ不動産は，申立人丁が，単独で取得することに合意したことを確認する。
旨が記載された当該調停調書又は審判書を提供して，丁は，Ａ不動産について，直接，「年月日（Ｘの死亡の日）丙相続，年月日（丙の死亡の日）相続」を登記原因とするＸからの所有権の移転の登記を申請することができますか。

A　丁は，Ａ不動産について，直接，「年月日（Ｘの死亡の日）丙相続，年月日（丙の死亡の日）相続」を登記原因とするＸからの

所有権の移転登記を申請することができると考えられます。

【解　説】

1　問題の所在

　本問における問題点は，第1に，数次相続（再転相続）の場合において，第1次相続の相続人から相続分の譲渡を受けた第2次相続の相続人丁は，直接，第1次相続の被相続人Xからの相続による所有権の移転登記を申請することができるか。第2に，相続分の譲渡の譲受人が複数（丁と戊）である場合において，相続人丁が，直接，上記の相続による所有権の移転登記を申請するには，当該譲受人間における遺産分割協議（又は調停）において，丁が相続財産を単独取得する旨の合意が成立している必要があるか。第3に，遺産分割調停を成立させるために，相続分を譲渡した甲及び乙を当該調停手続から排除していることが登記手続に支障を生じるかの3点であると考えられます。

2　相続分の譲渡

(1)　意義

　共同相続人の一人が，相続開始後，遺産分割前に，その相続分を第三者に譲渡することを「相続分の譲渡」といいます（民法905条1項）。

　相続分の譲渡とは，一般に，遺産全体に対して各共同相続人が有する包括的持分あるいは法律上の地位を譲渡することをいうものと解されており（注1），相続分の譲渡があると，積極財産と消極財産とを包括した遺産全体に対する譲渡人の割合的な持分が譲受人に移転することになることから，譲受人は，遺産分割の協議が成立するまでの間，共同相続人と同様に，相続財産を管理し，遺産分割を請求し，又は遺産分割に参加する権利を取得することになります（注2）。

　相続分の譲渡は，その相手方（譲受人）が，他の共同相続人である場合に限られず，それ以外の第三者であっても差し支えありません。そして，相続分の譲渡の効力については，遺産分割のように相続開始の時に遡ってその効力を生ずる（同法909条本文）旨の規定がないことから，譲渡の時に効力を生

ずるものと解されます（注3）。

(2)　相続分の譲渡に関する登記についての先例

共同相続人間において相続分の譲渡があり，譲渡人を除く共同相続人の相続分に変更が生じた場合において，いまだ法定相続分による共同相続の登記がされていないときは，共同相続人間に遺産分割協議が成立した場合と同様に，その変更された持分により，直ちに，譲渡人を除く他の共同相続人名義に相続による所有権の移転登記を申請することができます。

この点に関して，登記先例は，①被相続人Aの共同相続人B，C，D，E，F（法定相続分各5分の1）のうち，C，D，Eが相続分をBに譲渡した場合には，被相続人A名義の不動産について，B持分5分の4，F持分5分の1とする相続の登記をすることができるとし（昭和59年10月15日付け民三第5196号民事局第三課長回答），また，②共同相続人A，B，C，DのうちA，B，Cが相続分をDに譲渡した場合には，A，B，Cの印鑑証明書付き相続分譲渡証書を提供して，Dから，D一人を相続人とする相続の登記を申請することができるとしています（昭和59年10月15日付け民三第5195号民事局第三課長回答）。

3　本問に係る第1の問題点

本問に係る第1の問題点である第1次相続の相続人から相続分の譲渡を受けた第2次相続の相続人丁は，直接，第1次相続の被相続人Xからの相続による所有権の移転登記を申請することができるかどうかについて，この点に関する登記先例は，①所有権の登記名義人である被相続人甲が死亡し，乙，丙及び戊（甲の相続人丁の代襲相続人）を相続人とする相続（第1次相続）が開始し，次いで，②乙が死亡し，A，B及びCを相続人とする相続（第2次相続）が開始し，さらに，③丙が死亡し，X（丙の相続人Dの代襲相続人）を相続人とする相続が開始した後，④戊，A及びXが各自の相続分をそれぞれBに2分の1，Cに2分の1譲渡したが，B及びCの間では遺産分割の協議がされていないという事案について，甲名義の不動産に関する登記手続は，

ⅰ　甲の相続を原因とする乙，丙及び戊への所有権の移転の登記

ii　Aの相続分譲渡証明書を提供して，乙の相続を原因とする乙持分のB
及びCへの持分全部移転の登記

iii　丙の相続を原因とする丙持分のXへの持分全部移転の登記

iv　相続分の売買又は相続分の贈与等を原因とする戊及びX持分のB及び
Cへの持分全部移転の登記

を順次申請するのが相当であるとしています（平成4年3月18日付け民三
第1404号民事局第三課長回答。以下「平成4年先例」といいます。）。

上記2(2)で紹介した二つの先例による登記手続からすれば，平成4年先例
の事案においても，被相続人甲名義の不動産について，被相続人甲から直接，
相続分の譲受人であるB及びCへの所有権の移転登記を申請することができ
るとも考えられます。

しかしながら，相続分の譲渡は，当事者間の意思の合致によって成立する
契約（法律行為）であり，その意思の合致による法的効果として，個々の相
続財産における譲渡人の共有持分が譲受人に移転すると解されますから（上
記2(1)参照），相続財産である不動産についての相続分の譲渡は，登記すべき
権利変動であるということができます。

そうであるならば，相続分の譲渡がされた場合の登記手続は，権利変動の
過程を忠実に公示するために，相続分の譲渡による所有権の移転（持分移
転）の登記をする前提として，共同相続の登記をすべきであり，被相続人か
ら直接，相続分の譲受人へ相続による登記をすることは，一種の中間省略登
記であって，原則として，認められないものと解されます。

上記2(2)で紹介した二つの先例が認めた登記手続は，いずれも死亡した被
相続人の同一順位の共同相続人間において相続分の譲渡がされた事案に関す
るものであり，かつ，このような事案における相続分の譲渡の多くは，遺産
分割協議に代わるものとして行われているのが実情であって，共同相続の登
記をする前に遺産分割の協議が成立した場合には，共同相続の登記を経由す
ることなく，直ちに相続による所有権の移転登記を申請することができると
されていること（明治44年10月30日付け民刑第904号民刑局長回答，昭和19年10
月19日付け民事甲第692号民事局長回答ほか），また，譲受人も相続人の一人であ
ることから，先例の事案のような相続の登記を認めたとしても，公示上の混

乱を来たすとは考えられないことなどが考慮され，便宜的な取扱いとして認められたものと考えられます。

すなわち，上記二つの先例の適用範囲は，相続分の譲渡が同一順位の共同相続人間でされた場合に限られるものと考えるべきであり，異順位（数次相続）の場合にまで拡大して適用することを予定しているものではないと解されます。

したがって，本件照会事案に係る第1の問題点については，照会に係る相続分の譲渡が異順位（数次相続）の相続人間でされたものであることから，第1次相続の相続人から相続分の譲渡を受けた第2次相続の相続人丁は，直接，第1次相続の被相続人Xからの相続による所有権の移転登記を申請することはできないという結論になるものと考えられます。

4　本問に係る第2の問題点

次に，第2の問題点である相続分の譲渡の譲受人が複数（丁と戊）である場合において，相続人丁が，直接，上記の相続による所有権の移転登記を申請するには，当該譲受人間における遺産分割協議（又は調停）において，丁が，相続財産を単独取得する旨の合意が成立している必要があるかどうかについて，検討します。

平成4年先例は，異順位（数次相続）の共同相続人である2名に相続分の譲渡がされたが，譲受人間で遺産分割の協議がされていなかったために，被相続人から直接，相続分の譲受人である2名へ相続による登記をすることは，一種の中間省略登記であり，原則として，認められないとされたものでした。それでは，譲受人間で遺産分割の協議がされ，その結果，相続財産である不動産を取得することとなった相続人は，直接，相続による所有権の移転登記を申請することができるのでしょうか。

この点に関して，上記2(2)②で紹介した昭和59年10月15日付け民三第5195号民事第三課長回答の後段においては，共同相続人A，B，C，DのうちA，Bが相続分をDに譲渡し，D，C間で当該不動産はDが取得する旨の遺産分割の協議が成立した場合には，当該不動産について，A，Bの印鑑証明書付き相続分譲渡証書及びC，D間の遺産分割協議書を提供して，Dか

114　第4　遺贈・相続による登記　/　【34】

ら，D一人を相続人とする相続の登記を申請することができるとしています。

　しかしながら，この登記先例は，被相続人の同一順位の共同相続人間で相続分の譲渡が行われた事案に関するものであることから，上記3で説明したとおり，平成4年先例に従えば，異順位（数次相続）の共同相続人間で相続分の譲渡があった場合には，その後に譲受人間で遺産分割の協議がされていない限り，第1次相続の相続人から相続分の譲渡を受けた第2次相続の相続人は，直接，第1次相続の被相続人からの相続による所有権の移転登記をすることはできないという結論になり，登記実務においても，そのような取扱いがされてきたものと考えられます。言い換えれば，平成4年先例においても，相続分の譲渡後に譲受人間で遺産分割の協議がされていたときは，被相続人名義から直接，相続分の譲受人への相続による所有権の移転登記を申請することが認められたものと解されます。

　そこで，登記先例は，甲不動産の所有権の登記名義人Aが死亡し，その相続人B，C及びDによる遺産分割協議が未了のまま，さらにDが死亡し，その相続人がE及びFであった場合において，B及びCが，E及びFに対してそれぞれの相続分を譲渡した上で，E・F間において遺産分割の協議をし，Eが単独で甲不動産を取得したという事案について，Eから，登記原因証明情報として，当該相続分の譲渡に係る印鑑証明書付き相続分譲渡証書，及び当該遺産分割協議に係る遺産分割協議書を提供して，「年月日（Aの死亡の日）D相続　年月日（Dの死亡の日）相続」を登記原因として，甲不動産について，AからEへの所有権の移転の登記申請があったときは，他に却下事由が存在しない限り，当該申請に基づく登記をすることができるとしました（平成30年3月16日付け民二第137号民事第二課長通知）。これは，遺産の分割は，相続開始の時に遡ってその効力を生じること（民法909条），また，中間における相続（Dの相続）が単独相続であったことになることを理由としています。

　したがって，本問における第1と第2の問題点については，第1次相続の相続人甲及び乙から相続分の譲渡を受けた第2次相続の相続人丁及び戊間において，相続分の譲渡後に被相続人X名義の不動産を丁が単独で取得する旨の遺産分割の協議が成立していたときは，丁は，直接，第1次相続の被相続

人Xからの相続による所有権の移転登記を申請することができるという結論になるものと考えられます。

5　本件照会事案に係る第3の問題点

　次に，第3の問題点である遺産分割調停を成立させるために，相続分を譲渡した甲及び乙を当該調停手続から排除していることが，登記手続に支障を生じるかについて検討します。

　裁判実務においては，相続分の譲渡人は，遺産分割手続における当事者となり得ないと解されています（注4）。

　ところで，家庭裁判所は，当事者となる資格を有しない者及び当事者である資格を喪失した者を職権で家事調停手続から排除することができるとされています（家事事件手続法258条，43条）。これは，家事事件における相手方が相続人でない場合，相手方である相続人が相続分を譲渡し，又は放棄をして相続人としての地位を喪失した場合に，これらの者について，当事者の地位を喪失させるため，手続から排除することができるとしたものです。

　排除の対象となるのは，上記のとおり，相続人でない相手方，相続分を譲渡し，又は放棄をして相続人としての地位を喪失した者です。

　調停手続において排除する旨の裁判（決定）があった場合の調停条項は，

　　「当事者全員は，被相続人の相続人が申立人A，相手方B，同C及び同Dの4名であること，相手方Cは，その相続分を相手方Bに譲渡して本手続から排除されたこと，Cの相続分譲渡と手続からの排除により本件遺産分割の当事者は，Cを除いたA，B及びDであることを確認する。」

　あるいは，

　　「当事者全員は，相手方Cが自己の相続分を放棄したことにより当事者の資格を喪失し，本件遺産分割手続の当事者から排除されたことを確認する。」

といった内容になるものと考えられます（注5）。

　そこで，登記実務においては，A不動産の所有権の登記名義人Xが死亡し，その相続人甲，乙及び丙による遺産分割協議が未了のまま，さらに丙が死亡し，その相続人が丁及び戊である場合において，丁が，甲不動産について，

甲，乙及び戊に対し遺産分割調停を申し立てた結果，調停調書又は審判書の当事者の表示に「相手方であった甲及び乙については，自己の相続分を放棄したことから，当事者としての資格を喪失したと認められ，本件手続から排除された。」と記載され，かつ，調停条項又は審判主文に「申立人は，A不動産を単独取得する。」と記載されているときは，Xの相続に関し，甲及び乙が相続分の放棄をしたことにより，丙が，一旦A不動産をXから相続したことが明らかであることから，丙の相続人丁は，当該調停調書又は審判書を提供して，「年月日（Xの死亡の日）丙相続　年月日（丙の死亡の日）相続」を登記原因として，A不動産について，Xからの所有権の移転登記を申請することができるとされています（注6）。

6　本問の検討

上記5の調停手続からの排除の取扱いは，相続分を譲渡して相続人としての地位を喪失した者も対象となることから，上記5の登記実務における取扱いは，調停手続の相手方である甲及び乙が相続分を譲渡した場合も同様であると解されます。

以上のことから，本問における被相続人丙の相続人丁は，A不動産について，直接，「年月日（Xの死亡の日）丙相続，年月日（丙の死亡の日）相続」を登記原因とするXからの所有権の移転登記を申請することができると考えられます。

（注1）　東京高決昭和28年9月4日高等民集6巻10号603頁
（注2）　最三小判平成13年7月10日民集55巻5号955頁
（注3）　片岡武・菅野眞一編著「第3版　家庭裁判所における遺産分割・遺留分の実務」（日本加除出版・2017）116頁
（注4）　最二小判平成26年2月14日民集68巻2号113頁
（注5）　前掲（注3）121頁以下
（注6）　登研819号189頁

第4　遺贈・相続による登記　／　【35】　　117

【35】　遺言執行者が相続による所有権の移転登記を抹消する場合の申請手続

Q　「Ａ不動産は，甲に相続させる」旨の公正証書遺言があったにもかかわらず，他の相続人乙及び丙が，相続による所有権の移転登記をした場合，遺言執行者が当該所有権の移転登記を抹消するには，どのような手続にすればよいでしょうか。

A　遺言執行者が，当該所有権の移転登記の抹消の登記手続を求める訴えを提起し，これを認容する判決を得た上で，判決書の正本を登記原因証明情報として提供し，抹消登記を申請することになるものと考えられます。

【解　説】

　遺言執行者は，相続財産の管理その他遺言の執行に必要な一切の行為をする権利義務を有し（民法1012条1項），相続人の代理人とみなすこととされています（同法1015条）。

　一方で，特定の不動産を「相続させる」旨の遺言がされた場合には，その効力発生（遺言者（被相続人）の死亡）と同時に，当該特定不動産の所有権は，指定された相続人に確定的に帰属することになるとされていること（注1），当該相続による登記は，指定された相続人が単独で申請することができること（不登法63条2項）から，遺言執行者は，遺言の執行として，「相続させる」旨の遺言に係る登記申請の代理権を有しないとされています（注2）。

　しかし，遺言執行者がある場合，相続人は，相続財産の処分その他遺言の執行を妨げるべき行為をすることができないとされているところ（民法1013条），本問のように，甲への所有権の移転登記がされる前に，他の相続人乙及び丙が，当該不動産について所有権の移転登記をしたため，遺言の実現が妨害される状態が出現したような場合について，判例は，遺言執行者は，遺言執行の一環として，その妨害を排除するため，当該所有権の移転登記の抹消登記手続を求めることができ，更には，甲への真正な登記名義の回復を原因とする所有権の移転登記手続を求めることもできると解され，この場合に

は、甲において自ら当該不動産の所有権に基づき同様の登記手続を請求することができるが、このことは遺言執行者の職務権限に影響を及ぼすものではないと判示しています（注3）。

なお、注3の平成11年判決は、「相続させる」旨の遺言に係る不動産が、被相続人名義である限り、遺言執行者による遺言執行の余地はなく、遺言執行者の権限は顕在化しないが、相続人の一人又は第三者が当該不動産につき不実の登記を経由するなど、遺言の実現が妨害される事態が生じた場合には、遺言執行者は、この妨害を排除するため、遺言の執行として必要な登記手続を求めることができるとしたものであり、妨害を受けることなく、受益の相続人（本問の甲）が単独申請により相続登記をすることができる場合には、もはや遺言執行者が遺言を執行することはないとしていますから、この点において、注1の平成3年判決の結論とは、矛盾しないといえます。

以上のことから、特定の不動産を特定の相続人に相続させる旨の遺言がされた場合において、他の相続人により、相続開始後に当該不動産について被相続人からの所有権の移転登記が経由されるなど、遺言の実現が妨害される事態が生じているときは、遺言執行者は、当該登記の抹消登記手続を求める訴えを提起することができ、これを認容する判決を得た上で、当該判決書の正本を登記原因証明情報として提供し、当該抹消登記を申請することができると考えられます。

（注1）　最二小判平成3年4月19日民集45巻4号477頁
（注2）　登研523号140頁
（注3）　最一小判平成11年12月16日民集53巻9号1989頁

【36】 遺言執行者に登記識別情報を通知することの可否

Q 遺言執行者を代理人として，清算型遺言に基づく相続人への相続による所有権の移転登記を申請した場合の登記識別情報は，遺言執行者に通知されますか。

A 当該登記識別情報は，相続人の代理人である遺言執行者に通知されるものと考えられます。

【解　説】

1　「相続させる」旨の遺言に基づく相続登記における遺言執行者の申請権限

　前問【35】でも解説しましたが，特定の不動産を特定の相続人に「相続させる」旨の遺言にあっては，何らの行為を要せずして，被相続人の死亡時に，直ちに当該遺産は，遺言で指定された相続人に承継されるものと解すべきであり（注1），また，「相続させる」旨の遺言がされた場合には，当該相続人は，単独で相続による所有権の移転の登記手続をすることができ，遺言執行者は，遺言の執行として，登記の申請義務を負わないとされています（注2）。

　遺言執行者が指定されている場合の「相続させる」旨の遺言における登記実務の取扱いは，上記（注1）の平成3年の最高裁判決前は，遺言書に，特定の不動産について特定の相続人に「相続させる」旨の記載があるときは，遺言執行者も，単独で，相続による所有権の移転登記を申請することができるとされていましたが（注3），同判決以後は，「相続させる」旨の遺言の遺言執行者には，遺言者の死亡時点において，既に遺言執行の余地がないと考えられるとの理由から，遺言執行者は，相続による所有権の移転の登記申請の代理権限を有しないとされています（注4）。

2　清算型遺言に基づく不動産の所有権の移転の登記手続

　次に，「遺言執行者は不動産を売却してその代金中より負債を支払い，残額を相続人に分配する」旨のいわゆる清算型遺言の場合に，遺言執行者が，

120　第4　遺贈・相続による登記　/　【36】

遺言者名義の不動産を売却して買主のために所有権の移転登記をするために
は，その前提として，相続人を登記名義人とする相続による所有権の移転登
記を要するものとされています（注5）。清算型遺言における不動産の売却は，
遺言者の死亡後に，遺言者所有の不動産を処分するものであることから，当
該不動産は，相続の開始と同時に，一旦遺言者の相続人に帰属することにな
ると考えられるからです。

　この場合の相続人への相続による所有権の移転登記は，遺言執行者が相続
人の代理人として，相続人の単独申請により，また，その後の買受人への所
有権の移転登記については，登記権利者を買受人，登記義務者を相続人全員
として，買受人と遺言執行者から当該遺言書を提供して申請するものとされ
ています（注6）。

3　清算型遺言に基づく相続登記における遺言執行者の申請権限

　遺言執行者は，相続財産の管理その他遺言の執行に必要な一切の行為をす
る権限を有します（民法1012条1項）。

　ところで，遺言の解釈に当たっては，「遺言書の文言を形式的に判断する
だけではなく，遺言者の真意を探究すべきものであり，（中略）遺言書の全
記載との関連，遺言書作成当時の事情及び遺言者の置かれていた状況などを
考慮して遺言者の真意を探究し当該条項の趣旨を確定すべきものである。」
とされています（注7）。

　したがって，遺言執行者の遺言の執行に必要な行為の範囲は，遺言者の真
意を探求し，具体的事案ごとに，個別に検討する必要があると考えられます。

　そこで，まず，本問の清算型遺言に基づく被相続人から法定相続人への相
続による所有権の移転登記を，遺言執行者が代理人として申請することがで
きるかについて，この場合の遺言者の意思は，遺言執行者において，遺言者
所有の不動産を売却し，その売却代金を相続人に帰属させるというものです
から，買主との間で売買契約を締結する必要があり，その売買から生じる債
務として，売主としての所有権の移転の登記義務を負うことになります。す
なわち，遺言執行者は，当該売買契約に基づく登記義務を履行する前提とし
て，遺言者名義となっている不動産について，相続による所有権の移転登記

第4　遺贈・相続による登記　/　【36】　　121

を行う必要があるといえます。

　したがって，遺言執行者は，第三者への売買による所有権の移転の登記申請の前提として，相続人名義への相続による所有権の移転の登記申請をする必要があり，また，当該登記申請行為は，遺言内容の実現のために，売主が負う登記義務を履行するものであることから，遺言の執行に必要な行為に属すると考えられます。

　以上のことから，遺言執行者は，清算型遺言に基づく相続人への相続による所有権の移転登記を申請することができるものと考えられます（注8）。

　なお，遺言執行者がいる場合において，相続人が相続による所有権の移転登記をしたときに，当該申請が，相続財産の処分その他遺言の執行を妨げる行為（同法1013条）に該当するかについて，当該登記は，保存行為（民法252条ただし書）として，共同相続人の一人からでも申請することができるとされており，また，遺言執行者が当該登記を申請したとしても，同じ所有権の移転登記が実行されることから，相続財産の処分その他遺言の執行を妨げる行為には該当しないと考えられるため，相続人も当該登記を申請することができると考えられます。

4　本問の検討

　登記識別情報は，その登記をすることによって申請人自らが登記名義人となる場合において，登記を完了したときに，その申請人に対して通知することとされており（不登法21条本文），登記識別情報の通知を受ける者は，その者自身が申請人であること，及びその申請によって登記名義人になることが要件となります。したがって，代位債権者のように申請人ではあっても登記名義人とならない者，共同相続人の一人が保存行為として行った共同相続の登記における申請人以外の共同相続人のように申請人以外の者に対しては，登記識別情報は通知されません。ただし，登記名義人となる申請人本人以外の者であっても申請人本人と同視できる者など一定の範囲の者については，登記識別情報を通知しても差し支えないと考えられることから，法定代理人（支配人その他の法令の規定により当該通知を受ける者を代理することができる者を含みます。）が申請人である場合の当該法定代理人，申請人が法人

である場合の当該法人の代表者に対しても通知することができるとされています（不登規62条）。

　遺言執行者は，相続人の代理人とみなすこととされています（民法1015条）。したがって，遺言執行者の行為の効果が，相続人に帰属することになりますから，不登規62条の規定に準じて，遺言執行者が相続人の代理人として，清算型遺言に基づき相続人への相続による所有権の移転登記を申請した場合の登記識別情報の通知は，遺言執行者に通知されるものと考えられます。

　（注1）　最二小判平成3年4月19日民集45巻4号477頁

　（注2）　最三小判平成7年1月24日判時1523号81頁

　（注3）　登研424号221頁

　（注4）　登研523号140頁

　（注5）　昭和45年10月5日付け民事甲第4160号民事局長回答

　（注6）　登研476号139頁

　（注7）　最二小判昭和58年3月18日判時1075号115頁

　（注8）　登研822号189頁

第5　所有権の移転登記

(1)　総　説

【37】　相続財産法人が所有権の登記名義人となることの可否

Q　相続財産法人が，第三者が所有する不動産について，登記原因の日付をその成立後とする贈与による所有権の移転登記を申請することができますか。

A　当該登記申請は，することができないものと考えられます。

【解　説】

　被相続人が死亡した場合において，相続人のあることが明らかでないときは，相続財産は，法人とするものとされています（相続財産法人の成立。民法951条）。

　相続財産法人は，相続人不明の間，その相続財産を管理し，法定の期間経過後（同法952条，957条，958条，958条の3参照）は，相続債権者及び受遺者に対する債務を清算することを主な目的とするものであることから，当該法人は，被相続人の権利義務を承継した相続人と同様の地位にあるといえます。しかし，相続財産を管理し，清算するために存在する以上，相続財産法人の行為能力もその限度内に限られるものと考えられます。

　相続財産法人を代表するのは，相続財産管理人です（注）。相続財産管理人は，相続財産に関して，民法103条に規定する権限の定めのない代理人と同一範囲での権限のみを有するものとされており，同条に規定する権限を超える行為を必要とするときは，家庭裁判所の許可を得なければなりません

124 第5 所有権の移転登記 / (1) 総 説 / 【37】

（同法953条，28条参照）。したがって，相続財産管理人の代理権限も，相続財産を管理し，清算する範囲内に限られ，その目的の限度を超える相続財産管理人の行為の効果は，本人である相続財産法人には及ばないと解されます。

　本問の場合，所有権の移転の登記原因が贈与であることから，相続財産法人の代理人である相続財産管理人が受諾の意思表示を行うことのみで，所有権移転の効果は当該相続財産法人に及び，結果として，相続財産が増加することになるため，相続財産管理人の受諾の意思表示は，代理権の範囲内の行為であると解する余地もあるものと思われます。

　しかしながら，形式的審査権しか有しない登記官は，当該行為が，相続財産管理人の権限内の行為であるか否かを判断することはできず，また，上記のとおり，相続財産法人は，相続財産を管理し，清算する範囲内において成立するものであるところ，所有権の移転登記によって登記名義人となる行為は，相続財産法人の行為能力の限度を超えるものであり，したがって，所有権の移転登記という行為を認めることは相当でないと解されます。

　以上のことから，相続財産法人が，登記原因の日付をその成立後（相続財産法人の成立時期は相続開始の時，すなわち，被相続人が死亡した日です。）とする贈与による所有権の移転の登記申請は，することができないものと考えられます。

　（注）　大審院判昭和5年6月28日民集9巻6号640頁

【38】 投資事業有限責任組合を登記権利者とする所有権の移転の登記申請の可否

Q 投資事業有限責任組合を登記権利者とする所有権の移転登記は，申請することができますか。

A 当該登記は申請することができないと解されますが，業務執行権を有する法人である無限責任組合員を代表者として，所有権の移転登記を申請することができると考えられます。

【解　説】

　投資事業有限責任組合（以下「投資組合」といいます。）とは，投資事業有限責任組合契約（以下「組合契約」といいます。）によって成立する無限責任組合員及び有限責任組合員からなる組合をいい（投資事業有限責任組合契約に関する法律（平成10年法律第90号。以下「投資組合法」といいます。），当該組合契約は，各当事者が出資を行い，共同で株式会社の設立に際して発行する株式の取得及び保有等に係る事業の全部又は一部を営むことを約することにより，その効力を生じるものとされています（投資組合法3条1項）。そして，組合契約が効力を生じたときは，2週間以内に，投資組合の主たる事務所の所在地において，投資組合の事業，名称，組合契約の効力が発生する年月日，投資組合の存続期間等を登記しなければならないとされています（同法17条）。

　ところで，有限責任事業組合契約によって成立する有限責任事業組合（有限責任事業組合契約に関する法律（平成17年法律第40号）2条）については，民法667条以下の規定による組合（以下「民法組合」といいます。）の特例と位置づけられていますが，法人格の有無については，民法組合と同様に認めないこととされており，したがって，有限責任事業組合が，私法上の権利義務の主体となることはないことから，不動産に関する権利が，有限責任事業組合の組合財産である場合に，当該権利について，登記名義人の名称として有限責任事業組合の名称を登記することはできないとされており，また，登記

名義人の氏名又は名称に組合員である旨の肩書を付すことは，実質において，法的に人格のない有限責任事業組合を法律上の権利主体として登記することを許容するのと同じであることから，認められないとされています（注1）。そして，投資組合も，有限責任事業組合と同様に，民法組合の一形態であることから，法人格を有しないと解され，そのため，当該投資組合を登記名義人とする登記又は組合員である旨の肩書を付した登記を申請することはできないと考えられます（注2）。

　一方で，法人格を有しない社団又は財団が権利を取得した場合には，その代表者個人名義又は構成員全員の名義で登記せざるを得ないとするのが，登記実務の取扱いですが（注3），①投資組合の業務は，無限責任組合員が執行するとされていること（投資組合法7条1項），②無限責任組合員が法人である場合には，投資組合の登記をするに際して，当該法人の代表者の印鑑を提出しなければならないこと（投資事業有限責任組合契約及び有限責任事業組合契約登記規則3条2項1号），③持分会社の業務を執行する社員が法人である場合には，不動産に係る登記の申請情報の内容として，職務執行者の氏名を記載するとともに，その資格を証する情報を提供する取扱いであること（注4）から，当該無限責任組合員は，当該投資組合を代表する者であると解することができます。

　法人格を有しない社団又は財団名義の登記が認められない理由の一つとして，代表者として申請する者の代表権限を公証する書面が存しないことが挙げられています（注5）。しかしながら，本問の投資組合は，法人格は有しないものの，登記がされ，業務執行権を有する法人である無限責任組合員について資格を証する情報も存在します。

　以上のことから，法人格を有しない以上，当該投資組合を登記権利者とする所有権の移転登記を申請することはできないと解されますが，業務執行権を有する法人である無限責任組合員を代表者として，所有権の移転登記を申請することはできると考えられます。

（注1）　平成17年7月26日付け民二第1665号民事局長通達一の(1)

（注2）　昭和23年6月21日付け民事甲第1897号民事局長回答

第5　所有権の移転登記　/　(1)　総　説　/　【38】　　127

（注3）　昭和 28 年 12 月 24 日付け民事甲第 2523 号民事局長回答

（注4）　平成 18 年 3 月 29 日付け民二第 755 号民事局長通達 4

（注5）　認可地縁Q＆A 92 頁

128　第5　所有権の移転登記 ／ (1) 総　説 ／ 【39】

【39】　敷地権である賃借権の存続期間が満了している場合の所有権の移転の登記申請の可否

Q　登記記録上，区分建物の敷地権である賃借権の存続期間が満了している場合であっても，その存続期間の変更登記をすることなく，当該区分建物について，所有権の移転登記を申請することができますか。

A　当該所有権の移転登記の申請情報及び添付情報から当該区分建物の敷地権が消滅していることが明らかな場合を除き，当該登記は，申請することができると考えられます。

　なお，登記記録上の存続期間が満了してる賃借権については，当該所有権の移転登記に併せて存続期間の変更登記をすることが望ましいと考えられます。

【解　説】

1　本問の趣旨

　区分建物の専有部分を所有するための建物の敷地に関する敷地利用権（区分所有法2条6項）のうち，登記がされ，かつ，当該専有部分と分離して処分することができないものを，敷地権といいます（同法22条1項本文）。そして，敷地権付き区分建物についての所有権，一般の先取特権，質権及び抵当権に係る権利に関する登記は，敷地権である旨の登記をした土地の敷地権についてされた登記としての効力を有するとされています（不登法73条1項本文）。すなわち，敷地権の登記は，区分建物（専有部分）に登記することによって土地についての権利の登記をも公示するものであることから，未登記の敷地利用権は，敷地権として認められないことになります。

　以上のとおり，敷地権は，登記されているものに限られますから，土地の所有権，地上権及び賃借権の三つの権利に限られることになります。

　地上権又は賃借権について存続期間の定めがある場合，その期間内において存続することは当然のことですから，当該存続期間の定めは，登記事項と

第5 所有権の移転登記 / (1) 総 説 / 【39】 129

されています（不登法78条3号，81条2号）。

　本問は，登記記録上，区分建物の敷地権である賃借権の存続期間が満了していることが明らかである場合であっても，その変更登記をすることなく，当該区分建物について，所有権の移転登記を申請することができるのではないかというものです。

2 登記記録上，存続期間が満了していることが明らかな地上権の移転登記

　上記のとおり，地上権は，存続期間の満了によって当然に消滅します。したがって，登記原因の日付を登記記録上の存続期間経過後とする地上権の移転登記が申請されたときは，登記官は，登記の外形からして，消滅した権利について移転登記が申請されていると解さざるを得ないことになります。すなわち，形式的に判断すれば，消滅した地上権についての移転の登記申請は，実体がなく，登記することが許されないものであることから，地上権が存続していることを前提とする移転登記を認めることは，矛盾した権利関係を公示することになります。

　そこで，登記実務においては，登記原因の日付が，登記記録上の存続期間の経過後である地上権の移転の登記申請は，不登法25条13号・不登令20条8号（旧不登法49条2号「事件カ登記スヘキモノニ非サルトキ」）により却下すべきであるとされていました（注1）。また，地上権の移転の登記原因の日付が，登記記録上の存続期間の経過後である場合，存続期間を変更しない限り相続の登記をすることはできないとされています（注2）。

3 借地借家法における借地契約の更新

　ところで，借地借家法（平成3年法律第90号）においては，借地権の存続期間が満了した後，借地権者が土地の使用を継続するときは，建物がある場合に限り，原則として，従前の契約と同一の条件で契約を更新したものとみなすとされています（同法5条2項）。そのため，区分建物については，当該区分建物の登記記録等が現に効力を有するものとして存在している場合には，当該区分建物自体が現に存在しているということを前提とすべきであり，借地権である地上権について，同項に定める契約の更新がされていないとして

130　第5　所有権の移転登記　/　(1) 総　説　/　【39】

取り扱うことは相当でなく，したがって，登記官は，形式的であっても，敷地権である地上権が消滅していると判断することはできないと考えられます。

また，昭和58年度に開催された全国の首席登記官会同における区分所有法及び不動産登記法の一部を改正する法律（昭和58年法律第51号）に係る登記事務の取扱いに関する質疑応答においては，「存続期間が満了した地上権（賃借権）を敷地権として取り扱って差し支えない。ただし，変更登記を促すのが相当である。」とされています。

以上のことから，登記記録上存続期間が満了している地上権を敷地権とする区分建物の所有権の移転登記が申請されたときは，当該登記の申請情報及び添付情報から当該区分建物の敷地権が消滅していることが明らかな場合を除き，当該登記は，申請することができるとされました（注3）。

なお，登記記録上，地上権の存続期間が満了してる場合には，存続期間の変更登記をすることが望ましいことはいうまでもありませんが，変更登記は，当該所有権の移転登記と併せて（その先後については，どちらの申請が先であっても差し支えないと考えられます。）申請するのが望ましいと考えられます。

4　本問の検討

借地借家法に規定する借地権には，土地の賃借権も含まれ（同法2条2号），また，（注3）の民事第二課長通知においては，当該通知の取扱いは，当該敷地権が賃借権である場合も同様であるとされています。

したがって，登記記録上の存続期間が満了している賃借権を敷地権とする区分建物の所有権の移転登記が申請されたときは，当該登記の申請情報及び添付情報から当該区分建物の敷地権が消滅していることが明らかな場合を除き，当該登記は，申請することができると考えられます。この場合も，併せて存続期間の変更登記をすることが望ましいことはいうまでもありません。

（注1）　昭和35年5月18日付け民事甲第1132号民事局長通達

（注2）　登研439号128頁

（注3）　平成30年10月16日付け民二第490号民事第二課長通知

第5 所有権の移転登記 / (1) 総 説 / 【40】 131

【40】 共有物不分割の登記

Q 甲から乙及び丙への所有権の移転登記に際して，乙及び丙間での共有物分割禁止の定め（共有物不分割の特約）を登記事項とすることができますか。

A 当該共有物不分割の特約を甲から乙及び丙への所有権の移転の登記事項とすることはできませんが，当該所有権の移転登記と併せて，乙・丙間の不分割契約に基づく共有物不分割の特約に係る所有権の変更登記を申請することはできると考えられます。

【解 説】

1 共有物不分割の特約

各共有者は，共有関係を消滅させるため，原則として，いつでも共有物の分割を請求することができます。ただし，共有者間で，5年を超えない期間内は分割をしない旨の契約（不分割契約）をした場合，その期間内は，分割の請求をすることができません（民法256条1項）。

同項ただし書の規定により分割をしない旨の契約をした場合には，共有物分割禁止の定め（共有物不分割の特約）として登記することができます（不登法59条6号。したがって，当該登記は，任意的登記事項です。）。

2 不分割契約の締結時期

不分割契約が締結される時期は，まず，甲及び乙が共同で建物を新築し，それぞれの出資額に応じた持分を有するものとする場合のように，共有関係が原始的に成立し，その当初において，不分割契約が締結される場合です。

この場合においては，甲・乙の共有関係に基づく登記，上記の例でいえば，当該新築建物の所有権の保存登記を申請する際に，共有物分割禁止の定めを申請情報とすることにより（不登令3条11号ニ），甲・乙共有の所有権の保存登記の登記事項として，「特約 何年間共有物不分割」と記録されます。

また，不動産の単独所有者甲が，その所有権の一部を乙に譲渡した場合の

ように，共有関係が後発的に生じることがあります。所有権の一部移転と同時に甲及び乙間で不分割契約がされたときは，上記と同様に共有物分割禁止の定めを当該一部移転登記の申請情報とすることにより，当該所有権の一部移転の登記事項として，「特約　何年間共有物不分割」と記録されます。

3　本問の検討

　上記2後段の例でいえば，不分割契約の当事者は現所有者甲と一部移転による共有者乙ですが，本問の場合，甲は，所有権全部を移転したことにより共有者ではなくなりますから，当事者として乙及び丙と不分割契約を締結することはできません。すなわち，共有物不分割の特約を登記事項とすることができるのは，登記の目的が，所有権の一部移転のように所有者である甲が登記後も共有者として残る場合に限られることになります（注1）。このことは，現行の不登法59条6号に相当する旧不動産登記法39条ノ2において，「権利ノ一部移転ノ登記ヲ申請スル場合ニ於テハ申請書ニ其部分ノ表示ヲ為シ若シ登記原因ニ民法第二百五十六条第一項但書（同法第二百六十四条ニ於テ準用スル場合ヲ含ム）ノ定アルトキハ之ヲ記載スルコトヲ要ス」と規定されていたことからも，明らかであるといえます。

　したがって，本問の共有物不分割の特約を甲から乙及び丙への所有権の移転の登記事項とすることはできないと考えられます。

　なお，不分割契約の締結時期については，民法上，格別の制限はありませんから，共有関係が生じた後に，当事者間で不分割契約を締結することは可能です。このような契約は，共有物の分割請求を自由にすることができるとする既存の共有関係の一部を変更するものであることから，当該登記は，所有権の変更登記として，共有者全員が申請人となって申請することになります。したがって，本問の場合には，当該所有権の移転登記と併せて，乙・丙間の不分割契約に基づく共有物不分割の特約に係る所有権の変更登記を，乙・丙が共同で申請することができると考えられます（注2）。

（注1）　不動産登記記録例集204
（注2）　昭和50年1月10日付け民三第16号民事局長通達

第5　所有権の移転登記　/　(1)　総　説　/　【41】　133

【41】　身寄りがなく，手足が不自由で身動きが取れない者の所有不動産についての所有権の移転の登記手続

Q　甲市は，乙が所有するＡ土地を道路用地として買収しました。しかし，Ａ土地の所有権の登記における乙の住所は転居前のままであり，乙には身寄りがなく，しかも手足が不自由で身動きが取れない状況であるため，自ら印鑑証明書等の必要書類を取りにいくことができません。このような場合，所有権の移転の登記手続は，どのようにすればよいでしょうか。

A　公証人が，所有者の意思確認をし，同人に代わって署名・押印した旨の記載のある登記原因証明情報及び承諾を証する情報を提供して，申請することができると考えられます。

【解　説】

1　制限行為能力者の申請権限

　未成年者，成年被後見人，被保佐人，被補助人が行う法律行為については，法定代理人の同意が必要であり（制限行為能力者。民法4条以下）。制限行為能力者が法律行為を行った場合に，法定代理人の同意がなかったため，これが取り消されたときは，その法律行為は初めから無効となります（同法121条）。

　一方，登記の申請は，形式的には，私法上の法律行為ではなく，また，当事者が実質的な取引をする行為でもなく，実体上既に発生した物権変動を第三者に対抗するためにされるにすぎませんから，登記の申請については，意思能力を有していれば，必ずしも行為能力は必要としないと解されています。そのため，制限行為能力者についても，意思能力があれば，登記の申請をすることができるとされていること，したがって，意思能力を有していないと解される成年被後見人については，法定代理人が申請人となりますが，被補佐人及び被補助人については，意思能力を有すると解されていることから自ら登記の申請人となることができます。このことについては，【問1】から

【問4】において，詳細に解説したところです。

2 本問の検討

本問の乙所有のＡ土地の住所は，転居前のままであることから，甲市への所有権の移転登記の前提として，その住所の変更登記をしなければなりません。また，国又は地方公共団体が登記権利者となって権利に関する登記をするときは，官庁又は公署は，登記義務者の承諾を得て，当該登記を登記所に嘱託しなければなりません（不登法116条1項）。そのため，前者については乙の住所を証する情報（住民票等）が，後者については承諾を証する情報に添付する印鑑証明書が必要です。しかし，乙は，手足が不自由で身動きが取れない状況であることから，自らこれらの必要書類を取りにいくことができませんし，自ら当該所有権の移転登記に提供する登記原因証明情報（不登令別表73の項添付情報欄イ）及び承諾を証する情報に署名・押印することできないと考えられます。さらには，承諾を証する情報は登記義務者である乙が作成する必要がありますが（不登令別表73の項添付情報欄ロ参照），これを作成することもできないと考えられます。

一方で，乙は，上記のような状況ではあっても，会話をするについては，特に不自由はないようですから，Ａ土地の売却に関して，自らその旨の意思表示をすることは可能であり，したがって，法定代理人等を選任し，その同意を得る必要はないと解されます。

しかしながら，実際には，登記原因証明情報及び承諾を証する情報の作成，署名・押印ができない以上，Ａ土地について，甲市は，代位によって乙の住所変更の登記は嘱託することができても，所有権の移転登記の嘱託をすることはできないことになります。

そこで，このような場合には，法定代理人に代わる者として，公的立場にある公証人が，乙のＡ土地の売却に承諾する旨の意思を確認した上で，公証人が署名・押印した承諾を証する情報（乙の印鑑証明書付き），及び公証人が署名・押印した登記原因証明情報を提供して，所有権の移転登記を嘱託することができると考えられます。

公証人が作成した証書については，公証人及び列席者が，署名押印するこ

とを要します（公証人法（明治 41 年法律第 53 号）39 条 3 項）が，署名することができない者がいるときは，「右何某は署名することができないので，本職が代署した。」旨の署名方法が認められていることから（同条 4 項），承諾を証する情報への公証人の署名については，この例にならえばよいと考えられます。

　なお，所有権の移転登記の登記権利者である甲市長も，公証人と同様に公的立場にあるといえますが，甲市長は，売買契約の当事者であって所有者と利害が対立することから，法定代理人に代わる者とすることは，相当でないと考えられます。

　また，自治体における所有者の住民票及び印鑑証明書等の請求及び受領に関しては，別途委任状（公証人の署名・押印のあるもの）を作成し，これに基づき所要の手続をとることになるものと考えられますが，これに応じるか否かは，当該自治体の判断によるものであると考えられます。通常は，甲市長が，所有権の移転登記の嘱託に当たって，職務上取得することになるのではないでしょうか。

(2) 売　買

【42】 限定承認の相続財産管理人が相続人を代理してする相続財産の売買を原因とする所有権の移転の登記申請の可否

共同相続の登記がされている不動産について，限定承認の申述を受理した旨，及び民法936条1項の規定に基づき相続人のうちの1名を相続財産管理人に選任した旨の審判書の謄本を提供して，相続開始後の日付の売買を登記原因とする所有権の移転登記を申請することができますか。

当該所有権の移転登記は，申請することができると考えられます。

【解　説】
1　限定承認

相続人が，相続によって得た財産の限度においてのみ被相続人の債務及び遺贈を弁済すべきことを留保して，相続の承認をすることを限定承認といいます（民法922条）。相続人が限定承認をしようとするときは，自己のために相続の開始があったことを知った時から3か月以内（同法915条1項本文）に，相続財産の目録を作成して家庭裁判所に提出し，限定承認をする旨を申述しなければなりません（同法924条）。そして，相続人が数人あるときの限定承認は，共同相続人の全員が共同して行わなければならず（同法923条），相続人が数人ある場合には，家庭裁判所は，相続人の中から，相続財産管理人を選任しなければならないとされています（同法936条1項）。選任された相続財産管理人は，相続人のために，これに代わって，相続財産の管理及び債務の弁済に必要な一切の行為をするものとされています（同条2項）が，相続債権者や受遺者等に対して弁済をするについて相続財産を売却する必要があるときは，相続財産管理人は，これを競売に付さなければならないとされています（同条3項で準用する同法932条）。

2 本問の検討

　本問における相続財産の売買は，相続開始後の日付による任意売却と解されます。そのため，相続財産管理人による相続財産の売買は，相続財産の換価方法を競売に限定した同法932条の趣旨に反するのではないかと考えられます。

　しかしながら，同法932条の規定に違反して相続財産を任意売却した場合に，これをすべて無効とすると，取引の安全を害し，第三者に不測の損害を与えるおそれがあること，また，限定承認における違反行為については，限定承認の利益を剥奪するか（同法921条3号参照），あるいは賠償責任を課する（同法934条）にとどめられていること等を理由に，売却自体は有効であると解されています（注1）。また，登記実務においても，共同相続人全員が限定承認をしたが，相続財産管理人と全債権者との協議の結果，相続財産を競売により換価することなく，これを第三者に任意売却することに決定した場合は，相続人が承継した不動産を売却するのであるから，買受人である第三者への所有権の移転登記の前提として，相続登記が必要であるとされていることから（注2），限定承認後の相続財産の任意売却は有効であると解していると考えられます。

　以上のことから，相続財産管理人による相続財産についての限定承認後の日付による任意売却は有効であり，したがって，相続開始後の日付の売買を登記原因とする所有権の移転登記を申請することができると考えられます。

3 当該所有権の移転登記の申請人

　上記1のとおり，相続財産管理人が相続人に代わってすることができるのは，相続財産の管理及び債務の弁済に必要な行為に限られ，また，債務の弁済のための換価は競売によらなければならないとされていることから，相続財産管理人による相続財産の任意売却という行為が有効であるとしても，そのことをもって，相続財産管理人の立場として，当然に当該任意売却による所有権の移転登記を申請する代理権限を有すると解することはできません。すなわち，家庭裁判所の相続財産管理人を選任した旨の審判書は，当該所有権の移転の登記申請における代理権限を証する情報（不登令7条1項2号）に

は該当しないと解されますから，当該登記は，相続人全員が登記義務者として申請すべきであり，相続財産管理人が申請する場合には，別途，他の相続人からの当該登記申請に関する権限を委任する旨の委任状等の提供を要するものと解されます。

　したがって，当該委任状等を提供することなく，相続財産管理人が相続人の代理人としてする当該所有権の移転の登記申請は，不登法25条9号の規定により却下されることになるものと解されます（注3）。

　なお，限定承認をした共同相続人の一人が，民法932条ただし書の規定により，鑑定価額の弁済をして競売手続を止めたときは，法定相続分による共同相続の登記をした上で，価額弁済をした相続人以外の共同相続人の持分について「民法932条ただし書の価額弁済」を登記原因として，価額弁済をした相続人への持分移転の登記を申請することができるとされており，当該登記申請は，家庭裁判所の相続財産管理人を選任した旨の審判書を代理権限を証する情報として提供し，当該相続財産管理人が，双方の法定代理人として申請すべきであるとされています（注4）。

（注1）　東京控訴院判昭和7年11月8日法新3516号12頁
（注2）　登研157号44頁
（注3）　平成8年3月22日付け民三第598号民事第三課長通知
（注4）　昭和58年6月6日付け民三第3316号民事第三課長回答

第5　所有権の移転登記 ／ ⑵　売　買 ／ 【43】　　139

【43】　破産財団に属する不動産について，裁判所の任意売却許可書を提供してする買主の地位の譲渡を受けた者への所有権の移転の登記申請の可否

Q　破産財団に属する不動産について，裁判所の任意売却許可書を提供し，破産管財人を登記義務者，買主の地位の譲渡を受けた者を登記権利者とする所有権の移転登記を申請することができるでしょうか。

A　当該所有権の移転登記は，売買契約に基づく任意売却が裁判所によって許可されたものであり，かつ，売主から買主の地位の譲渡を受けた者へ直接所有権の移転があったことを証する情報を提供して，申請することができると考えられます。

【解　説】

1　破産財団に属する不動産の任意売却

　破産手続開始の決定があった場合，破産者がその時において有する一切の財産は，破産財団に属します（破産法（平成16年法律第75号）34条1項）。

　破産財団に属する財産の管理及び処分をする権利は破産管財人に専属しますから（同法78条1項），その換価の時期及び方法については，原則として，破産管財人の自由な判断に任されますが，破産管財人は，善良な管理者の注意をもって，その職務を行わなければなりませんから（同法85条1項），破産債権者全体の利益を考慮して，できる限り有利な条件で換価をすべきであると解されています。

　また，破産財団の換価は，民事執行法その他強制執行の手続に関する法令の規定による競売によってされますが（同法184条1項），不動産については，裁判所の許可を得て，任意売却の方法によってすることができるとされています（同法78条2項1号）。

2　買主の地位の譲渡

　買主の地位の譲渡とは，売買契約の当事者である買主の地位の承継を目的とする契約上の地位の譲渡であり，判例上認められている契約の一形態です。

140　第5　所有権の移転登記 / (2) 売　買 / 【43】

一般的に，契約上の地位の譲渡は，三当事者間による三面契約のみならず，原契約者の一方と地位の譲受人との二者間の契約ですることも可能であると解されており，売買契約における買主の地位の譲渡には，売主の同意を要するものと考えられています。この場合の所有権は，売主から買主の地位の譲受人へ直接移転することになります。

　買主の地位の譲渡が有効に行われた場合，譲受人は，売買契約の当事者である買主の地位を承継します。すなわち，買主が有することになる債権・債務，解除権等の全てを一括して承継することになります。

3　買主の地位を譲渡した場合の所有権の移転登記の登記原因証明情報

　売主甲，買主乙間の売買契約における買主乙の地位を丙に譲渡した場合の甲から丙への所有権の移転登記の申請に提供する登記原因証明情報の内容としては，①売主甲と買主乙との間で売買契約が締結されたこと（売買契約締結の事実），②当該売買契約には，売買代金完済時に所有権が乙に移転する旨の特約が付されていること（所有権の移転時期に関する特約の内容），③その後，買主乙は，丙との間で当該売買契約における買主としての地位を丙に売買により譲渡する旨の契約を締結し，当該譲渡契約について甲から承諾を得ていること（買主の地位の譲渡契約締結の事実及び売主の承諾があった旨），④丙が甲に対して売買代金全額を支払ったこと（売買契約における特約の履行），⑤売買契約の目的不動産が甲から丙に移転したこと（所有権が移転した事実）が，認められるものでなければなりません。

　これにより，乙丙間の買主の地位の譲渡契約が，乙から甲への売買代金の支払が完了する前に締結されたものであり，丙が買主の地位を承継した時点では，甲乙間で締結された売買契約の特約によって，不動産の所有権が甲に留保されていたと認められ，乙丙間の買主の地位の譲渡契約により，丙は，乙の有していた甲に対する代金支払債務及び所有権移転請求権を承継したものであり，丙が甲に対して売買代金全額を支払った時点において，売買契約の特約の効果として，不動産の所有権が，甲から丙へ直接移転したことが認められることになります。したがって，この場合には，実体上の権利変動をそのまま登記に反映するものとして，甲から丙への所有権の移転登記を申請

第5　所有権の移転登記 ／ ⑵　売　買 ／ 【43】　141

することができると解されます（注）。

4　破産財団に属する不動産の任意売却による買主の地位を譲渡することの可否

　破産手続は，債権者と債務者との間の権利関係を適切に調整し，債務者の財産の適正かつ公平な清算を図る目的で行われるものであることから（破産法1条），破産財団に属する不動産の任意売却については，不当に廉価で売却されることを防止するために，裁判所の許可を要することとされたものと考えられます。そして，破産法上，任意売却の買主が，その自由な経済活動により購入不動産を他へ売却し，若しくはその地位を譲渡することを制限する規定はありません。また，譲渡契約の締結が，有利な条件での換価を阻害する要因となるものでもなく，破産管財人の善管注意義務に反することにはならないと考えられます。

　したがって，破産財団に属する不動産の任意売却の場合であっても，買主の地位を譲渡することは差し支えないと考えられます。

5　本問の検討

　上記のとおり，破産財団に属する不動産の任意売却については，裁判所の許可を要します。通常，任意売却に関する裁判所の許可書には，売買契約書又は仮売買契約書が提供されていますが，当該売買契約書の契約条項中に買主の地位の譲渡についての定めがないときは，上記3の買主の地位の譲渡に係る登記原因証明情報が提供されたとしても，登記官は，裁判所が許可した売買契約の内容と登記原因証明情報の内容の同一性を確認することはできないと考えられます。

　また，不動産の売却許可とともに担保権消滅の許可（破産法186条1項）を受ける場合には，申立書に不動産の売却の相手方の氏名又は名称を記載しなければならないとされており（同条3項3号），この場合，裁判所の許可書には，上記3の事例の買主乙が明記されることから，登記原因証明情報の買主の地位の譲渡を受けた丙と異なることになるため，同じくその同一性を確認することはできないと考えられます。

142　第5　所有権の移転登記 / (2)　売　買 / 【43】

　以上のことから，当該所有権の移転登記を申請するためには，売買契約に基づく任意売却が裁判所によって許可されたものであり，かつ，売主から買主の地位の譲渡を受けた者へ直接所有権の移転があったことを証する情報を提供する必要があると考えられます。

（注）　平成 19 年 1 月 12 日付け民二第 52 号民事第二課長通知

第5　所有権の移転登記　/　(2)　売　買　/　【44】　143

【44】　破産財団に属する不動産の任意売却による所有権の移転の登記手続

Q　A土地（宅地）及びB土地（公衆用道路）の所有者である甲の死亡により，当該相続財産について，相続債権者から破産手続開始の申立て（破産法224条1項）がされ，破産手続開始決定と同時に破産管財人が選任されました。

甲については，相続人のあることが明らかではありませんが，相続財産管理人は，選任されていません。この場合，①甲の相続財産であるA及びB土地について，相続財産法人名義への名称変更の登記を申請する必要がありますか。

破産管財人は，裁判所の許可を得て，相続財産であるB土地を5名に任意売却する予定ですが，当該許可書の「買主の表示」には，各買主の住所ではなく，各買主が所有している土地の地番が記載されています。この場合，②当該許可書をB土地の所有権の移転登記に提供する第三者が許可したことを証する情報とすることができますか。

また，B土地の登記記録上の甲の住所と破産手続開始決定書の破産者甲の住所の記載が異なっていますが，この場合，③B土地の所有権の移転登記の前提として，甲の住所移転による変更登記をする必要がありますか。

①については，相続財産法人名義への名称変更の登記は要しないと考えられます。

②については，第三者が許可したことを証する情報とすることができると考えられます。

③については，所有権の移転登記の前提として，B土地の登記名義人住所変更の登記をする必要があります。

【解　説】

破産財団に属する不動産の任意売却については，前問【43】で説明したとおりです。

144 第5 所有権の移転登記 / (2) 売 買 / 【44】

　本問のA及びB土地は，破産法222条以下の規定による破産手続開始の対象となる相続財産であり，民法951条に規定する相続財産法人には該当しません。

　したがって，本問の①については，相続財産法人名義への名称変更の登記は要しないと考えられます。

　次に，B土地の所有権の移転の登記権利者については，住所を証する情報の提供が必要ですから（不登令別表30の項添付情報欄ロ），第三者の許可を証する情報として提供される裁判所の許可書の買主の表示が，当該買主が所有する土地の地番をもって表示されている場合であっても，提供された住所を証する情報と当該買主が所有する土地の登記記録の住所が合致しているときは，買主（登記権利者）を特定することできると考えられますから，②については，当該許可書を第三者が許可したことを証する情報とすることができると考えられます。

　③については，判決による所有権の移転登記を申請する場合において，登記義務者の住所が登記記録と相違しているときは，判決正本に登記記録上の住所が併記されている場合であっても，所有権の移転登記の前提として，当該登記義務者の住所の変更登記を省略することはできないとされていますから（注1），任意売却による所有権の移転登記においても登記義務者の住所の変更登記を省略することはできないことは，当然のことです。したがって，B土地の登記名義人住所変更の登記をする必要があります。

　なお，当該住所変更の登記は，破産管財人が申請することができます（注2）。

（注1）　登研611号171頁
（注2）　登研454号133頁

第5 所有権の移転登記 / (2) 売 買 / 【45】 145

【45】 絶家及び表題部所有者の登記記録上の氏名が除籍謄本の戸主名と異なっている場合の登記手続

Q 国が，所有権の登記がされていない土地を買収するに当たって，当該土地の登記記録，及び表題部所有者についての相続関係を調査したところ，明治20年12月26日に絶家していること，また，表題部所有者の氏名が，登記記録上は「法務国輔」であるのに，除籍謄本の戸主名は「法務国助」となっていることが分かりました。

このような場合，所有権の移転の登記手続は，どのようにすればよいでしょうか。

A 絶家者名義の不動産の所有権は，相続財産法人に帰属すると解されますから，裁判所に対し，相続財産管理人の選任を求め，相続財産法人名義の所有権の保存登記を経た上で，所有権の移転登記をすべきであると考えられます。

なお，相続財産法人名義の所有権の保存登記は相続財産管理人が申請することができますが，債権者代位による代位登記によることも可能であると解されます。

【解 説】

1 絶 家

絶家とは，家の自然的消滅であり，「戸主を失って家督相続人のない場合」のことをいいます（旧民法764条）。

家督相続人がないという事実は，通常，相続財産があって，現行民法951条以下の「相続人の不存在」の規定に該当する旧民法1051条以下の相続人の曠欠手続を経て，その手続が完了したときに確定すると解されていました（注1）。しかし，実際に絶家が生ずるのは，家族のいないことが多く，もし，戸主に財産がある場合は，親族会で家督相続人の選定（旧民法985条）を行うのが実情であり，したがって，絶家の実際は，一家が全滅し，財産もないことから，相続人の曠欠手続をとることなく放置する事案が多かったようです。

146　第5　所有権の移転登記　/　(2)　売　買　/　【45】

　なお，戸籍の実務においては，戸主が死亡し相続人がない場合に，家族か
ら無財産を証明して絶家による一家創立の届出があったときは，相続人の曠
欠手続を要しないで，家族が相続をしないという意思を決定したときに絶家
したものとし，また，単身戸主，あるいは戸籍の全員が死亡その他の事由に
より抹消され，無財産であることが明らかな場合，町村長が裁判所の許可を
得て全戸籍を抹消すべきとしていました（この場合の絶家の時期は，裁判所
の許可の日です。）。

2　絶家者名義の不動産の帰属

　ところで，旧民法の施行日である明治31年7月16日以前に絶家となった
場合において，その絶家者名義の不動産があるときは，当該不動産は，相続
財産法人に帰属するのか，国庫に帰属するのかが問題となります。本問の場
合は，「甲乙国助」の絶家の日付が「明治20年12月26日」となっているこ
とから，正に旧民法施行前に絶家となったものです。しかし，旧民法施行前
においては，この点を明らかにした法規は存在しなかったことから，結局は，
当時の慣習によることになるものと考えられます。

　明治23年に公布された民法財産取得編人事編（法律98号）では，「相続人
アラサル財産ハ当然国ニ属ス　国ハ限定ノ受諾ヲ以テ相続ス」（同法315条）
と規定されていましたが，この規定は，旧民法が施行されるまで施行されま
せんでした。明治31年に旧民法が施行され，所要の規定が設けられるととも
もに，民法施行法により経過措置が設けられ，「相続人曠欠ノ場合ニ関スル
民法ノ規定ハ其施行前ニ開始シタル相続ニ付テハ其ノ施行ノ日ヨリ之ヲ適用
ス」（同法92条）と規定され，一般的に旧民法施行前に開始した相続につい
ては，相続人の曠欠に関する旧民法所定の手続が適用されることが，明らか
になりました。

　以上のような経過を根拠として，本問の民法施行前の絶家については，家
督相続が許されず，絶家の遺留財産で民法施行前にその処分をしていないも
のは，民法施行法92条及び旧民法1051条以下の相続人の曠欠に関する規定
を適用し，その処分をするものとされており（注2），判例も同様の見解に
よっています（注3）。

第5 所有権の移転登記 / (2) 売 買 / 【45】 147

　また，絶家者名義の遺産についての民法施行前の法規慣例は，絶家者に親族があるときは親族が5年間これを保管し，親族がないときは戸長において5年間保管し，親族保管のものは親族の協議に任せ，戸長保管のものは地方税雑収入に組込むべきものとされていた（明治17年8月14日内務省指令）ようであり，民法の施行により，民法施行法92条の規定によって，民法の施行前に開始された相続についても，相続人曠欠の場合に関する民法の規定が，その施行の日から適用されることとされた以上，絶家者名義の不動産は，相続法人に帰属することになるものといえます（注4）。

　なお，相続人不存在の場合において，相続財産が国庫に帰属する時期は，相続財産管理人がこれを国庫に引き渡したときと解されますから（旧民法1059条，現行民法959条），このような引渡行為がされていない不動産は，依然として相続財産法人に帰属すると解するのが相当であると考えられます。

3　本問の検討

　本問の場合については国庫への引渡がされているか否かが不明ですが，いずれの場合であっても，国が直接，所有権の保存登記をする根拠が存しない以上（不登法74条参照），国は利害関係人として，裁判所に相続財産管理人の選任を申立て，その相続財産管理人から又は債権者代位により，相続財産法人名義の所有権の保存登記を経由した上で，所有権の移転登記をするのが相当であると考えられます。

4　戸籍訂正の要否

　次に，相続による登記申請に当たって，相続を証する情報として戸籍（除籍）謄本等の提供が求められています（不登令別表22の項添付情報欄）。その趣旨は，登記名義人である被相続人が死亡した事実及び登記原因の日付となる死亡年月日，申請人が被相続人の相続人である事実，及び他に相続人がいない事実を証明するためです。そして，戸籍は，人の身分関係を公証するものであり，また，登記官の審査が書面審査に限られることからすれば，相続による登記申請に提供された戸籍の記載事項に誤りがあることによって，上記の事実を確認することができない場合には，原則として，当該戸籍を訂正し，

148　第5　所有権の移転登記　/　(2)　売　買　/　【45】

訂正後の戸籍謄本等の提供がない限り，当該登記申請は，受理することがで
きないものと考えられます。

　登記実務の取扱いにおいては，その戸籍の記載の誤りが，相続関係に影響
を及ぼさないような軽微な誤りであるときは，当該戸籍の訂正若しくは登記
記録の更正をすることなく，当該申請は，便宜，受理して差し支えないとさ
れています。具体的には，戸籍の記載から，被相続人の配偶者（妻）が，被
相続人の死亡後に婚姻により被相続人の戸籍に入籍していることが明らかな
場合であっても，当該配偶者を除いた真正な相続人からの相続による登記の
申請は，戸籍の訂正前であっても，受理すべきであるとされており（注5），
また，「ノブエ」とすべきところを，「延枝」と記載されている戸籍謄本等を
提供して相続による登記申請があった場合においても，相続人であることが
確認できる場合は，受理して差し支えないとされています（注6）。

　一方で，本問のように被相続人の同一性については，より慎重な判断が必
要であり，被相続人の除籍，改正原戸籍，不在住・不在籍証明，登記識別情
報（登記済証）等から，その同一性が認められる場合には，戸籍訂正又は登
記記録の更正を要することなく，相続に関する登記は受理して差し支えない
ものと考えられますが，具体的な事案の処理に当たっては，事前に管轄登記
所の登記官に相談することをお勧めします。

（注1）　明治31年12月5日付け民刑第1274号民刑局長回答
（注2）　明治44年5月2日付け民事第112号民事局長回答
（注3）　東京控訴院判昭和13年11月10日評論全集28巻諸法190頁
（注4）　柳川勝二「日本相続法注釈（下巻）」（厳松堂書店・1922）
（注5）　昭和31年1月31日付け民事甲第193号民事局長電報回答
（注6）　昭和44年12月25日付け民三第1270号民事第三課長電報回答

(3) 贈　与

【46】 死因贈与契約後の生前贈与による所有権の移転の登記申請の可否

　　甲と丙は，甲所有不動産の全部について，甲が死亡した時に丙に贈与する旨の死因贈与契約を締結しましたが，その後，甲と乙が，甲所有不動産の一部を乙に贈与（生前贈与）する旨の贈与契約を締結した場合，乙は，当該不動産について，贈与による所有権の移転登記を申請することができますか。

　　　　当該所有権の移転登記は，申請することができると考えられます。

【解　説】

　死因贈与とは，贈与者の死亡によって効力を生ずる贈与であり（民法554条），生前贈与の効力が，その契約成立と同時に生じるのに対し，死因贈与は，贈与者の死亡によって効力を生じることになります。

　死因贈与は，財産権の贈与者の死亡によって当該財産権の移転の効力が生ずる無償行為である点において遺贈と同じであること等，その効果の面では，遺贈に類似するため，その性質に反しない限り，民法の遺贈に関する規定が準用されます（同条）。

　ところで，遺言が遺言後の生前処分その他の法律行為と抵触する場合，当該遺言は，遺言後の生前処分その他の法律行為によって撤回されたものとみなされることから（同法1023条2項），生前贈与と抵触する死因贈与契約の効力について，民法1023条2項が準用されるかどうかが，問題となります。

　上記のとおり，死因贈与については民法の遺贈に関する規定が準用されますが，何条の規定が準用されるかについての規定は，設けられていません。遺言能力に関する規定（同法961条，962条），遺言の方式に関する規定（同法967条以下）については，準用がないとするのが通説，判例です。

　一方で，遺言の効力に関する規定の準用については，個別に検討しなけれ

150 第5 所有権の移転登記 / ⑶ 贈 与 / 【46】

ばならないと考えられます。そこで，同法1023条の規定の準用に関して，学説は，死因贈与は，贈与者が死亡した時は，受贈者が贈与者の所有不動産の所有権を取得することができるという期待権の存在する契約であることから，贈与者の自由な意思で，その期待権を無視することはできないとして，準用することはできないとする消極説と，死因贈与による処分は，遺贈と同様に贈与者の最終意思を尊重すべきであるから，贈与者の自由な撤回を認めるべきであるとして，準用することができるとする積極説がありますが，後者の積極説が多数説となっています（注1）。また，判例は，特別な事情がある場合を除き，原則として，死因贈与を撤回することができるとしています（注2）。

以上のことから，甲の生前における乙との贈与契約は，甲・丙間の死因贈与契約が撤回されたものであると解されますから，乙は，贈与契約に係る甲所有不動産について，贈与による所有権の移転登記を申請することができると考えられます。

（注1） 新版注釈民法⑭73頁
（注2） 最二小判昭和58年1月24日民集37巻1号21頁

第5　所有権の移転登記　/　(4)　真正な登記名義の回復　/　【47】　151

(4) 真正な登記名義の回復

【47】 建物の増築部分に係る所有権の一部移転の登記原因を「真正な登記名義の回復」とすることの可否

Q　「登記の原因となる事実又は法律行為」として，次のような記載のある登記原因証明情報を提供して，乙から甲への「真正な登記名義の回復」を登記原因とする乙持分の一部移転登記を申請することができますか。

(1) 甲と乙が各2分の1の持分で共有する建物について，甲が全額を負担して増築したことにより，甲の出捐による増築部分の増加額の割合が4（甲）対1（乙）となったことから，甲は，本件建物の乙持分2分の1の5分の4，すなわち10分の4を取得することとなった。

(2) よって，本件建物について，「真正な登記名義の回復」を登記原因とする乙から甲への持分一部移転登記をする。

A　当該乙持分一部移転の登記は，申請することができないと考えられます。

【解　説】
1　登記原因を「真正な登記名義の回復」とする場合の登記原因証明情報の内容

「登記原因」とは，「登記の原因となる事実又は法律行為」をいう（不登法5条2項）ものとされていますから，登記原因証明情報は，物権変動の原因行為とこれに基づく物権の変動という二つの要素を証明する情報でなければならず，登記の原因となる事実又は法律行為に該当する事実並びにこれに基づく権利の変動が生じたこと及びその時期が具体的に記録されていることを要するものと考えられます。

登記記録上，A不動産について，甲から乙への所有権の移転登記がされて

いるが，その所有権の移転登記は，実体上の原因を欠く無効なものであって，乙が無権利者である場合，甲からＡ不動産を買い受けた真実の所有者丙が，自己の所有名義を取得するには，まず，無効な甲から乙への所有権の移転登記を抹消して，登記名義を甲に戻した上で，改めて，甲から丙への売買を登記原因とする所有権の移転登記をすることになります。

　しかし，権利に関する登記の抹消は，登記上の利害関係を有する第三者がある場合，当該第三者の承諾があるときに限り，申請することができるとされています（不登法68条，不登令別表26の項添付情報欄ヘ参照）。そのため，甲から乙への所有権の移転登記後に，乙が丁を抵当権者とする抵当権の設定登記をした場合には，甲・乙間の所有権の移転登記の抹消について，丁は，登記上の利害関係を有する第三者に該当することから，丁の承諾がなければ，当該所有権の移転登記の抹消を申請することはできません。

　このような事例を想定して，無権利者乙の無効な所有権の移転登記の抹消に代えて，当該無権利者乙から真実の権利者丙に対して，直接，所有権を移転するのが，「真正な登記名義の回復」を登記原因とする所有権の移転登記であり，登記実務においては，所有権の登記名義人以外の者から買い受けた不動産について，現在の登記名義人との間に所有権の移転登記をすることについての和解が成立した場合（注1），売主甲と買主乙間における所有権の移転登記完了後に，真正の所有者である丙会社が，登記記録上の所有権の登記名義人乙に対し所有権移転登記手続を請求して，乙がこれに応じたため，判決を得ることなく乙と丙の共同で所有権の移転登記を申請する場合（注2）のいずれについても，「真正な登記名義の回復」を原因とする所有権の移転登記を申請することが認められています。

　以上のことから，「真正な登記名義の回復」を登記原因とする所有権の移転登記の登記原因証明情報の内容としては，①現在の登記名義人が真実の権利者でないこと，②登記申請人が真実の権利者であること，③登記上の利害関係を有する第三者の承諾が得られないために，真実と合致しない無効な登記を抹消することができないこと等が記載されている必要があると解されます。この場合の報告的な登記原因証明情報の例としては，〔後掲1〕のような内容のものになると考えられます。

第5　所有権の移転登記　/　(4)　真正な登記名義の回復　/　【47】　　153

2　本問の検討

　本問において提供されている登記原因証明情報の「登記の原因となる事実又は法律行為」の内容は，甲が増築部分に係る費用を出損したことにより，当該建物についての甲の持分割合が増加したというに止まり，上記2の「真正な登記名義の回復」を登記原因とする場合の具体的な事実又は法律行為が記載されていないことから，当該情報は，「真正な登記名義の回復」を登記原因とする登記原因証明情報としての適格性を有していないといわざるを得ません。

　したがって，本問の建物について，当該登記原因証明情報を提供して，「真正な登記名義の回復」を登記原因とする乙から甲への持分一部移転登記は，申請することができないと考えられます。

3　本問の場合の登記原因

　登記実務においては，乙所有建物に甲が増築した場合において（その増築部分は，区分建物としての独立性を有しない場合），当該増築後の建物を甲・乙の共有とするには，所有権一部移転の登記によるべきである（注3）とされていますが，この場合の登記原因については，特に示されていません。しかし，甲が全額負担した増築資金の一部を乙が補填する代わりに，増築後の当該建物の所有権の一部を乙から甲に移転するというのですから，この場合の登記原因は，「代物弁済」とするのが相当であると考えられます。この場合の報告的な登記原因証明情報の例としては，〔後掲2〕のような内容のものになると考えられます。また，甲が乙の所有する建物の増築資金を乙に貸し付けた場合に，その借入金の返済に代えて乙の所有権の一部を甲に移転する場合も，その登記原因は，「代物弁済」とするのが相当であると考えられます。

（注1）　昭和36年10月27日付け民事甲第2722号民事局長回答

（注2）　昭和39年2月17日付け民三第125号民事第三課長回答

（注3）　登研540号170頁

154　第5　所有権の移転登記　／　⑷　真正な登記名義の回復　／　【47】

〔後掲1〕

「真正な登記名義の回復」を登記原因とする所有権の移転の報告的な登記原因証明情報

1　登記の目的　所有権移転

2　登記の原因　真正な登記名義の回復

3　当　事　者　権利者　甲市乙町1丁目1番2号

　　　　　　　　　　　　（丙）丙　野　太　郎

　　　　　　　　　義務者　甲市乙町2丁目3番4号

　　　　　　　　　　　　（乙）乙　川　二　郎

4　不動産の表示　（省略）

5　登記の原因となる事実又は法律行為

　⑴　本件不動産には，平成31年1月10日売買を登記原因とする甲野一郎（甲市乙町3丁目5番6号。以下「甲」という）から乙川二郎（以下「乙」という。）への所有権の移転登記がされている（平成31年1月10日何法務局何出張所受付第99999号）。

　⑵　ところが，上記⑴の所有権の移転登記は，実際の買主は丙野太郎（以下「丙」という。）であったにもかかわらず，誤って乙の名義でされたものであった。

　⑶　本来，上記⑴の乙への所有権の移転登記を抹消し，本件不動産の前所有者である甲から丙への所有権の移転登記をすべきであるが，本件不動産には，株式会社丁銀行名義の抵当権の設定登記がされており（平成31年1月10日何法務局何出張所受付第100000号），所有権の移転登記の抹消について，株式会社丁銀行の承諾が得られない。

　⑷　よって，当事者は，真正な登記名義の回復を登記原因として，乙から丙への所有権の移転登記をすることとした。

平成31年2月8日　何法務局何出張所　御中

上記登記原因のとおり相違ありません。

　　　　　　　　　　　　権利者　甲市乙町1丁目1番2号

　　　　　　　　　　　　　　丙　野　太　郎　　　印

第5　所有権の移転登記　/　(4)　真正な登記名義の回復　/　【47】　155

　　　　　　　　　　　　　　義務者　甲市乙町2丁目3番4号

　　　　　　　　　　　　　　　　　乙　川　二　郎　　　　印

〔後掲2〕
「代物弁済」を登記原因とする所有権の移転の報告的な登記原因証明情報
　1　登記の目的　所有権一部移転
　2　登記の原因　平成31年2月8日代物弁済
　3　当　事　者　権利者　甲市乙町1丁目1番2号
　　　　　　　　　　　　持分10分の4
　　　　　　　　　　　　　（甲）甲　野　太　郎
　　　　　　　　義務者　甲市乙町2丁目3番4号
　　　　　　　　　　　　　（乙）乙　川　二　郎
　4　不動産の表示　（省略）
　5　登記の原因となる事実又は法律行為
　(1)　甲野太郎（以下「甲」という。）と乙川二郎（以下「乙」とい
　　　う。）は，各2分の1の持分で本件建物について，所有権の保存登
　　　記をした（平成30年1月10日何法務局何出張所受付第99999号）。
　(2)　甲は，全額を負担して，本件建物を増築した。
　(3)　増築により，乙が有する増築前の本件建物の残存価格と甲の出損
　　　による増築部分の増加額の割合は1対4となった。
　　　　　そこで，平成31年2月8日，甲と乙は，甲が全額負担した増築
　　　資金の一部を乙が補填する代わりに，増築後の本件建物について，
　　　乙持分2分の1の5分の4，すなわち10分の4を甲に移転するこ
　　　ととした。
　(4)　よって，同日，代物弁済を原因として，本件建物の乙持分10分
　　　の4が甲に移転した。

　平成31年2月9日　何法務局何出張所　御中
　上記登記原因のとおり相違ありません。
　　　　　　　　　　　　　　権利者　甲市乙町1丁目1番2号

156 　第5　所有権の移転登記　/　(4)　真正な登記名義の回復　/　【47】

　　　　　　　　　　　　甲　野　太　郎　　　印
　　　　　　義務者　甲市乙町2丁目3番4号
　　　　　　　　　　　　乙　川　二　郎　　　印

【48】 和解に基づく「売買」を登記原因とする所有権の移転登記がされている不動産について,「真正な登記名義の回復」を登記原因とする所有権の移転の登記申請の可否

Q 和解に基づき,和解調書に明示された具体的な法律事実である「売買」を登記原因として所有権の移転登記がされている不動産について,「真正な登記名義の回復」を登記原因とする所有権の移転登記を申請することができるでしょうか。

A 当該所有権の移転登記は,申請することができると考えられます。

【解　説】

　競落による所有権の移転登記について,前所有者及び現所有者である競落人から,「合意解除」(注1),「錯誤」又は「競売無効」(注2)を原因とする当該所有権の移転登記の抹消登記の申請があった場合,当該登記申請は受理すべきでないとされています。

　これは,競落が,裁判所の関与によるものであり,国家権力に基づく執行処分であるとともに,競落の結果,当該不動産上の質権,抵当権等は消滅し,したがって,これらの権利に対抗できない権利も消滅し,その抹消登記がされることから,合意解除等による所有権の移転登記の抹消を認めることは,これらの権利者の権利を害する場合もあり,相当でないと解されるからです。

　ところで,前問【47】の解説1のとおり,「真正な登記名義の回復」という登記原因は,実体的には物権変動がなく,登記原因がない場合に用いられるものですから,真正な登記名義の回復の登記は,本来,無効な登記を抹消すべきところを,その抹消登記を省略して,直接,真の所有者への移転登記を認めるというものです。そこで,競落による所有権の移転登記を任意の登記申請で抹消することはできないとする(注1)及び(注2)の先例との均衡上,最終登記の登記原因が「競売による売却」である場合には,「真正な登記名義の回復」を登記原因とする所有権の移転の登記申請は受理すべきで

ないとするのが，登記実務の取扱いです（注3）。

一方，（注1）の昭和36年民事局長回答においては，登記記録上の登記原因が「判決」と記載されている場合についても，「合意解除」による抹消登記の申請は受理すべきでないとされていますが，判決は，その権利変動の原因及び権利関係を確認してその登記義務を命ずるものですから，本来の登記原因は「判決」ではなく，売買，贈与等判決の主文又は理由中に明示されている権利変動の原因となった法律行為又は法律事実であるはずです。すなわち，「判決」を登記原因とする登記申請が認められるのは，判決の主文又は理由中に登記原因が明示されていない場合ということになります。したがって，判決に基づいて登記がされた場合であっても，その登記原因である法律行為（売買等）について合意解除が認められるものであれば，合意解除を登記原因とする所有権の移転登記の抹消登記を認めても差し支えないと解されます。

本問に係る「和解」は，訴訟上の和解によるものですが，その調書の内容から，登記義務者の登記申請に関する意思表示の記載があるものと認められるので，当該和解は，不登法27条に規定する判決と同一の効力を有するものと認められます。そして，本問の不動産にされた所有権の登記は，当該和解に基づき，和解調書に明示された具体的な法律事実である「売買」を登記原因としてされたものであり，その法律行為（売買）が合意解除の認められる場合に該当することは明らかであることから，その抹消登記又は抹消登記に代わる「真正な登記名義の回復」を登記原因とする所有権の移転登記は，申請することができると考えられます。

以上のことから，現在の登記実務においては，登記記録上の登記原因の記録が「競売による売却」又は「判決（和解等判決と同一の効力を有するもの）」以外の場合であれば，たとえ，添付情報によって所有権取得の登記が判決等によるものであることが明らかであったとしても，「真正な登記名義の回復」を登記原因とする所有権の移転登記を申請することができると考えられます。

（注1）　昭和36年6月16日付け民事甲第1425号民事局長回答

（注2）　昭和40年10月28日付け民事甲第2971号民事局長回答

（注3）　登研463号84頁

⑸　その他

【49】　第三者のためにする交換契約に基づく所有権の移転登記の可否

Q　所有権の登記名義人から，直接，第三者への交換を登記原因とする所有権の移転登記を申請することができますか。

A　第三者のためにする交換契約に基づき，所有権の登記名義人から，直接，第三者への交換を登記原因とする所有権の移転登記を申請することができると考えます。

【解　説】

1　第三者のためにする契約

　契約の当事者が，自己の名において締結した契約によって，直接第三者に権利を取得させる契約を「第三者のためにする契約」といいます（民法537条1項）。同条は，民法の「第三編債権」に規定されていることからみて，当該契約により第三者が取得する権利は債権であるのが一般的ですが，判例，通説においては，第三者に直ちに物権を取得させる契約も有効であるとされています。

　そこで，A不動産について，売主甲と買主乙との間で，「乙は，売買代金全額の支払いまでに所有権の移転先となる者を指定し，甲は，乙の指定する者に対し，乙の指定及び売買代金全額の支払いを条件に所有権を直接移転する。」旨の特約を付した売買契約が締結され，そして，登記原因証明情報に当該特約に従い，乙が，所有権の移転先として丙を指定し，指定された丙が，甲に対して同法537条2項に基づく受益の意思表示をするとともに，乙が甲に対して売買代金を支払った事実が記載されていることにより，A不動産についての実体上の権利変動の過程・態様が確認できるときは，当該登記原因証明情報を提供した甲から丙への所有権の移転の登記申請は，他に却下事由がない限り受理して差し支えないとされています（注）。

160　第5　所有権の移転登記　/　(5)　その他　/　【49】

2　第三者のためにする交換契約に基づく所有権の移転登記の可否

　交換は，当事者が互いに金銭の所有権以外の財産権を移転することを約することによって，その効力を生じます（民法586条）。すなわち，金銭の所有権以外の財産権を相互に移転することを目的とする契約です。その法的性質は，諾成，双務，有償，不要式の契約であり，両当事者が目的物を給付する債務を負担するだけで成立するため，売買と同一と解されています。

　上記のとおり，第三者のためにする契約については，第三者に直ちに物権を取得させる契約も有効であると解されていること，また，交換の法的性質は，売買と同一であると解されていることから，当該契約は売買契約に限られるものではないと解されます。すなわち，当該契約は本問の交換契約であっても差し支えなく，したがって，第三者のためにする交換契約に基づいて，直接，交換を登記原因とする第三者への所有権の移転登記をすることができるものと考えられます。

　この場合の報告的な登記原因証明情報の例としては，後掲のような内容のものになると考えられます。

　なお，当該登記原因証明情報への署名又は記名押印する者の範囲については，問【8】の解説3を参照してください。

（注）　平成19年1月12日付け民二第52号民事第二課長通知

第5 所有権の移転登記 / (5) その他 / 【49】　161

第三者のためにする交換契約による所有権の移転の報告的な登記原因証明情報の例

1　登記の目的　所有権移転

2　登記の原因　平成31年2月8日交換

3　当　事　者　権　　　利　　　者　A市B町1丁目1番2号
　　　　　　　　　　　　　　　　　　丙　川　三　郎
　　　　　　　　義　　　務　　　者　A市B町2丁目3番4号
　　　　　　　　　　　　　　　　　　甲　野　一　郎
　　　　　　　　5(1)の交換契約の受益者　A市B町3丁目5番6号
　　　　　　　　　　　　　　　　　　乙　山　二　郎

4　不動産の表示　所　在　X市Y町1丁目
　　　　　　　　　地　番　2928番1
　　　　　　　　　地　目　宅地
　　　　　　　　　地　積　295.20平方メートル

5　登記の原因となる事実又は法律行為

(1)　平成31年2月5日，甲野一郎（以下「甲」という。）と乙山二郎（以下「乙」という。）との間で，甲が所有する上記不動産（以下「本件不動産」という。）と乙が所有するB不動産を交換する旨の交換契約を締結した。

(2)　(1)の交換契約には，「本件不動産の所有権については，甲が乙からB不動産の引渡しを受けるのと引換えに，甲から，乙の指定する者に対し，乙の指定を条件として直接移転することとする。」旨の所有権の移転先に関する特約が付されている。（注）

(3)　平成31年2月8日，乙は，本件不動産の所有権の移転先として丙川三郎（以下「丙」という。）を指定した。

(4)　同日，丙は，甲に対し，本件不動産の所有権の移転を受ける旨の意思表示をした。

(5)　よって，本件不動産の所有権は，同日，甲から丙に移転した。

平成31年2月22日　何法務局何出張所　御中

上記登記原因のとおり相違ありません。

　　　　　　　権　　　利　　　者　　Ａ市Ｂ町１丁目１番２号

　　　　　　　　　　　　　　　　　　丙　川　三　郎　　　印

　　　　　　　義　　　務　　　者　　Ａ市Ｂ町２丁目３番４号

　　　　　　　　　　　　　　　　　　甲　野　一　郎　　　印

　　　　５(1)の交換契約の受益者　　Ａ市Ｂ町３丁目５番６号

　　　　　　　　　　　　　　　　　　乙　山　二　郎　　　印

（注）　当該契約において５(2)の特約が付されていれば，乙が丙を指定するまで所有権は
　　　甲に留保されていることになり，乙が丙を指定することによって，甲から丙へ直接
　　　所有権が移転することになると解されます。

【50】 代表者について相続による所有権の移転登記がされている権利能力なき社団の所有不動産の所有権を,「委任の終了」を登記原因として移転登記することの可否

Q A財産区は,権利能力なき社団であったため,X土地を取得した際,A財産区の代表者甲,乙及び丙3名の共有名義（持分各3分の1）で所有権移転の登記を経由しました。その後,甲,乙及び丙の死亡に伴い,当該各持分は甲1,乙1及び丙1への相続による持分移転の登記がされています。

今般,A財産区が,地縁団体としての認可を受けました。この場合,X土地について,「年月日（A財産区が地縁団体としての認可を受けた日）委任の終了」を登記原因及びその日付として,A財産区を登記権利者,甲1,乙1及び丙1の3名を登記義務者とする共有者全員持分全部移転の登記を申請することができますか。

A 当該共有者全員持分全部移転の登記は,申請することができないと考えられます。

【解 説】
1 権利能力なき社団が不動産を取得した場合の登記手続

登記名義人となることができる者は,権利能力を有する者,すなわち,不動産に関する権利の主体となることができる者であって,その範囲は民法その他の法令によって定められていますが,自然人及び法人は,全て登記名義人となり得ます。しかし,権利能力なき社団は,法人格を有していませんから,その資産として不動産を取得しても,当該社団を登記名義人とする所有権の登記をすることはできません。

そこで,権利能力なき社団が不動産を取得した場合の登記手続について,登記実務においては,当該社団の規約により代表者の定めがあるときはその代表者個人の名義で登記することができるが,そのような定めがないときは,構成員全員の名義で登記するものとされています（注1）。

これは，権利能力なき社団の資産は，権利能力なき社団自体に帰属することはなく，社団の構成員全員に総有的に帰属するものであり，そのため，社団構成員の総有に属する不動産は，当該構成員全員のために信託的に社団代表者個人の所有とされるものですから，当該代表者は，その趣旨における受託者としての地位において，また，当該代表者名義で登記を受けることについて委任があるものとして，当該不動産につき自己の名義をもって登記をすることができると解されていることによるものです（注2）。

2　登記名義人である権利能力なき社団の代表者が死亡した場合の登記手続

実質は権利能力なき社団の資産に属する不動産について，当該社団の代表者を名義人とする所有権の登記がされている場合に，当該代表者が死亡したとしても，上記1のとおり，当該不動産は，当該相続人の相続財産を構成するものではありませんから，これについて旧代表者の相続人に対する相続の登記をすることはできません。

この場合は，新代表者と死亡した旧代表者の相続人全員により，「委任の終了」を登記原因とする新代表者名義への所有権の移転登記を申請することになります（注3）。

3　本問の検討

上記2のとおり，登記名義人である旧代表者（被相続人）の相続人の一人に対して，相続の登記がされている場合，当該登記は，実体を欠く無効なものですから，抹消されるべきであり，登記名義人となっている相続人の一人から，直接，新代表者への所有権の移転登記をすることはできないとされています（注4）。

当該抹消登記は，死亡した代表者（相続の登記がされる直前の所有権の登記名義人）の相続人全員を登記権利者，現在の所有権の登記名義人（相続人の一人）を登記義務者として申請することになります。

そして，相続の登記が抹消された後，新代表者を登記権利者，死亡した旧代表者の相続人全員を登記義務者とし，登記の目的を「所有権移転」，登記原因及び日付を「年月日（新代表者が就任した日）委任の終了」とする所有

第5 所有権の移転登記 / (5) その他 / 【50】 165

権の移転登記を申請することになります。

　実際には，上記の相続登記の抹消は，当該社団の新代表者が，「委任の終了」を登記原因とする所有権の移転登記を申請する前提として，登記権利者である相続人全員に代位して申請するのが，一般的な登記手続であると考えられます。

　以上のことから，本問のＸ土地について甲１，乙１及び丙１の３名から，直接，Ａ財産区への所有権の移転登記を申請することはできないと考えられます。この場合には，まず，甲１，乙１及び丙１への相続による持分移転の登記を抹消し，次いで，「年月日（Ａ財産区が地縁団体としての認可を受けた日）委任の終了」を登記原因及びその日付として，Ａ財産区を登記権利者，甲１，乙１及び丙１の３名を登記義務者とする所有権の移転登記を申請することになります（注5）。

　なお，地方自治法（昭和22年法律第67号）260条の2第1項の規定により認可を受けた認可地縁団体の代表者が所有権の登記名義人となっている不動産について，当該登記名義人である代表者が既に死亡している場合に，当該認可地縁団体が原告になり，当該代表者のうち一部の相続人を被告として，当該不動産について「委任の終了」を登記原因とする所有権の移転登記を求める訴訟が提起され，これを認容する判決が確定したときは，被告が一部の相続人であるため，当該判決によって全ての相続人（登記義務者）の登記の申請意思を擬制できない場合であっても，訴訟の判決書の謄本を提供し，当該認可地縁団体から，「委任の終了」を登記原因として，当該認可地縁団体を登記権利者とする所有権の移転登記を申請することができるとされています（注6）。

（注1）　昭和28年12月24日付け民事甲第2523号民事局長回答

（注2）　最二小判昭和47年6月2日民集26巻5号957頁

（注3）　昭和41年4月18日付け民事甲第1126号民事局長電報回答

（注4）　登研518号116頁，550号181頁

（注5）　認可地縁Ｑ＆Ａ123頁

（注6）　平成22年12月1日付け民二第3015号民事第二課長通知

【51】 所有権の移転登記の登記原因を「剰余金の配当」とすることの可否

Q 株式会社が株主に対する配当として不動産を交付した場合の所有権の移転登記の登記原因を,「剰余金の配当」とすることができるでしょうか。

A 「剰余金の配当」とすることができると考えられます。

【解 説】

株式会社は,株主総会の決議(会社法454条1項)によって,当該株式会社を除く株主に対し,剰余金の配当をすることができます(同法453条)。配当財産は,金銭以外の財産であっても差し支えありません(同法454条4項参照)。したがって,株式会社が,剰余金の配当として株主に不動産を配当することも可能であり,その場合の当該不動産の所有権の移転登記の登記原因は「剰余金の配当」とすることができると考えられます(注)。

したがって,株式会社が株主に対して,現物配当として不動産を交付することができ,その場合の登記原因は,「年月日剰余金の配当」とするのが相当と考えます。

なお,当該所有権の移転登記に提供する登記原因証明情報の「登記の原因となる事実又は法律行為」としては,①株式会社が,株主総会において,剰余金の配当として株主に不動産を交付することを決議した事実(同法454条1項),②当該不動産を交付した事実(同法457条),及び③当該不動産の所有権が移転した事実が記載されていることを要すると考えられます。

(注) 登研756号139頁

第5　所有権の移転登記　/　(5)　その他　/　【52】　　167

【52】　一般社団法人又は一般財団法人の設立に際して，基金の引受人又は設立者が不動産を拠出した場合の登記原因

Q　　一般社団法人又は一般財団法人の設立に際して，基金の引受人又は設立者が不動産を拠出した場合にする所有権の移転登記の登記原因は，どのようにすべきでしょうか。

A　　一般社団法人の場合は「一般社団法人及び一般財団法人に関する法律第138条第2項の基金の拠出」，一般財団法人の場合は「一般社団法人及び一般財団法人に関する法律第157条第1項の財産の拠出」とするのが相当であると考えられます。

【解　説】

　一般社団法人の設立に際して，基金の引受人（基金の引受の申込者，契約により基金の総額を引き受けた者。一般社団法人及び一般財団法人に関する法律（平成18年法律第48号。以下「法人法」といいます。）136条）は，現物出資財産（金銭以外の財産。同法132条1項2号）を給付しなければないとされており（同法138条2項），その給付を「拠出の履行」といいます（同条3項）。また，一般社団法人の設立に際して，設立者は，拠出する金銭以外の財産の全部を給付しなければならないとされています（同法157条1項）。

　そこで，基金の引受人又は設立者が，現物出資財産又は金銭以外の財産として不動産を拠出した場合の所有権の移転登記の登記原因を，「現物出資」又は「拠出」とすることが考えられます。

　ところで，株式会社を設立する場合に行う金銭以外の財産の出資（会社法28条1号），及び株式会社の成立後に譲り受けることを約した財産（同条2号）を「現物出資財産等」と規定している（同法33条10項1号）ことから，金銭以外に出資された財産や株式会社の成立後に譲り受けることを約した財産が不動産である場合の所有権の移転登記の登記原因は「現物出資」とすることになります。一般社団法人又は一般財団法人は，その名称中に一般社団法人又は一般財団法人という文字を用いなければなりませんから（法人法5条1

項），登記名義人の記録をみれば，株式会社と誤認されるおそれはないと考えられますが，それでも株式会社の場合と区別するのが相当であると考えられます。

そこで，この場合の登記原因については，その根拠条文を引用するのが登記実務における一般的な取扱いです。

したがって，本問の場合は，それぞれの根拠条文と見出しを引用して，一般社団法人の設立に際して基金の引受人が不動産を拠出した場合の所有権の移転登記の登記原因は，「一般社団法人及び一般財団法人に関する法律第138条第2項の基金の拠出」とし，一般財団法人の設立に伴い設立者が不動産を拠出した場合の当該不動産の一般財団法人への所有権の移転登記の登記原因は，「一般社団法人及び一般財団法人に関する法律第157条第1項の財産の拠出」とするのが相当であると考えられます。

なお，特定非営利活動を行う団体が，特定非営利活動促進法（平成10年法律第7号）の規定に基づいて特定非営利活動法人として法人格を取得（同法13条）した場合，同法は，法人法138条及び157条を準用していないことから（特定非営利活動促進法8条参照），財産の拠出について，一般社団法人又は一般財団法人への移転の場合と同様に取り扱うのは相当ではありません。また，「現物出資」という文言を用いた規定もないことから，「現物出資」という登記原因も相当でないと考えられます。そこで，法人格のない特定非営利活動を行う団体の所有財産であった不動産が，法人格を取得する際の設立当初の財産とされている場合の所有権の移転登記の登記原因は，「出資」とするのが相当であり，その原因日付は，法人の成立の日，すなわち設立の登記の日とすべきであると考えられます（注）。

（注）　登研614号164頁

(6) 抹　消

【53】　仮処分債権者が得た勝訴判決中に抹消についての仮登記名義人が承諾した旨の記載がない場合の所有権の移転登記の抹消登記の可否

Q　仮処分の債権者である甲は，詐害行為取消権に基づき，乙から丙への所有権の移転登記の抹消を求める訴えを提起し，その勝訴判決を得ましたが，当該判決中には，当該所有権の移転登記後にされた賃借権の設定仮登記の権利者である乙の承諾があった旨の記載がありません。

　この場合に，甲は，代位原因を証する情報として当該判決書の正本を提供し，代位による当該所有権の移転登記の抹消登記を申請することができるでしょうか。

A　甲は，代位による当該所有権の移転登記の抹消登記を申請することができると考えられます。また，賃借権の設定仮登記は，登記官の職権によって抹消されることになるものと考えられます。

【解　説】

1　登記上の利害関係を有する第三者

　まず，所有権に関する仮登記に基づく本登記は，登記上の利害関係を有する第三者がある場合には，当該第三者の承諾があるときに限り申請することができ（不登法109条1項），当該申請に基づいて本登記をするときは，登記官は，職権で，当該第三者の権利に関する登記を抹消しなければならないとされています（同条2項）。

　この場合の「登記上の利害関係を有する第三者」については，所有権の移転仮登記がされた後に，その仮登記名義人が，同一物件について根抵当権の設定登記をしている場合において，仮登記名義人の表示と根抵当権の登記名義人（根抵当権者）の表示が登記記録上一致しているときは，当該根抵当権者は，不登法109条1項の「第三者」に該当しないと考えられることから，

当該仮登記の本登記をするときには，当該根抵当権者の承諾を証する情報を提供する必要はなく，登記官は，本登記をするときに，当該根抵当権を職権で抹消できるとされています（注1）。

これは，仮登記名義人と根抵当権者が同一人であったとしても，登記としては別の登記であることから，形式的には根抵当権者は第三者として取り扱うべきですが，結局は，根抵当権者本人が本登記を申請することになるため，当該根抵当権が抹消されることについては承諾しているものと理解することができ，その承諾を証する情報の提供は，実質的な意味がないと解されること，また，仮登記後，本登記前にされた当該根抵当権は，本登記によって相対的に無効になることから，そのような登記は抹消すべきであると解すれば，根抵当権者が，当該根抵当権の抹消を認めるか否か，すなわち当該根抵当権者が第三者に該当するか否かを論ずるまでもないと解されることによるものと考えられます（注2）。

2　本問の検討

本問の場合は，仮処分債権者甲が得た勝訴判決中に，賃借権の設定仮登記（以下，単に「仮登記」といいます。）の抹消について，仮登記権利者乙の承諾があった旨の記載がないことから，登記の形式上，利害関係を有する第三者に該当する仮登記権利者の承諾がない以上，乙から丙への所有権の移転登記の抹消登記は，申請することができないと解されます。

しかし，所有権の移転登記の抹消により，所有権が前所有者乙に復帰した場合，当該仮登記は混同により抹消すべき登記となりますが，そもそも丙の所有権が否定された以上，丙の所有権を前提とする当該仮登記も，相対的に無効であることは明らかであり，そのような登記を存置させる必要はないと考えられます。すなわち，仮登記権利者である乙が，乙から丙への所有権の移転登記の抹消について，利害関係を有する第三者に該当するか否かの判断をするまでもなく，抹消の対象である所有権の移転登記と同様，当該仮登記も抹消される運命にある登記であると解されます。また，そのように解することが，詐害行為取消権（民法424条，425条）についての法の趣旨に合致すると考えられます。

第5　所有権の移転登記　/　⑹　抹　消　/　【53】　　171

　さらに，本問の所有権の移転登記の抹消登記が認められない場合には，詐
害行為という事実の立証がされ，裁判において認定されたにもかかわらず，
仮処分債権者甲は，その権利を行使する術がなく，実行されるはずもない当
事者の申請を待つしかありませんが，乙及び丙が，自ら当該抹消登記を申請
することはないと考えられます。

　なお，上記のとおり，（注1）の先例においては，本人が本登記をするの
であるから，抹消についても承諾していると理解することができるされてい
ますが，本問の場合には，仮登記権利者乙が被告（詐害行為の当事者）とし
て，裁判において認定されていることから，本人が申請する以上に，当該仮
登記の抹消については承諾せざるを得ない立場にあると解することができま
す。

　以上のことから，甲は，代位原因を証する情報（不登令7条1項3号）とし
て当該判決書の正本を提供し，代位による当該所有権の移転登記の抹消登記
を申請することができ，また，賃借権の設定仮登記は，登記官の職権によっ
て抹消されることになるものと考えられます。

（注1）　昭和46年12月11日付け民三第532号民事第三課長回答

（注2）　登解12巻4号12頁

第6　地上権・賃借権の登記

【54】 抵当権等の設定登記がされている土地に区分地上権を順位1番で設定する場合の登記手続

Q 既に抵当権等の設定登記がされている土地に，順位1番で区分地上権を設定したいのですが，どのような登記手続にすればよいでしょうか。

A 先順位の抵当権等を抹消した後，区分地上権の設定登記をし，改めて抵当権等の設定登記をせざるを得ないと考えられます。

【解　説】
　区分地上権とは，他人の土地について，工作物を所有するために，地下又は空間の上下の範囲を定めて，その部分を目的とする地上権のことです（民法269条の2第1項前段）。
　区分地上権も通常の地上権と同様に，他人の土地を排他的に使用する権利を内容とする用益物権の一種ですが，その効力の及ぶ範囲が，設定行為の定めるところにより，地下又は空間の上下の一定範囲に限られる点にその特色を有し，また，通常の地上権は，工作物のみならず竹木を所有するためにも設定することができますが（同法265条），区分地上権においては，工作物の所有を目的とする場合に限って設定することができるとされている点において，通常の地上権とは異なります。工作物の所有のためにのみ限定されたのは，区分地上権を認めるに至った理由が，空中ケーブルや地下駐車場等の空中又は地下工作物の設置というような土地の上下の一定範囲のみの利用という経済的必要性を背景としているからであると考えられます。
　さらに，区分地上権においては，その目的とされる範囲が限定されること

から，当事者の特約により，区分地上権の目的とされる範囲以外の土地の上下の部分使用についても一定の制限を加えることができ（同法269条の2第1項後段参照），この特約を登記したときは，第三者に対抗することができます（不登法78条5号参照）。また，地上権，永小作権，地役権，不動産質権，賃借権等の第三者の使用収益権等の目的となっている土地についても，これらの第三者の承諾があるときは，重ねて区分地上権を設定することができる点において，通常の地上権とは異なった性格を有しているといえますが，その基本的性質については，通常の地上権と異なるところはありません。

　ところで，同一の不動産について登記された数個の権利がある場合，権利相互間の順位（優劣）は，登記の前後によって定めることとされており（不登法4条1項），ここにいう登記の前後とは，登記記録中，同一の区（権利部の甲区又は乙区）にした登記相互間については順位番号により，別の区にした登記相互間については受付番号によるものとされています（不登規2条1項）。したがって，乙区に既に順位1番の抵当権等の設定登記がされている土地に対して，他の登記を直接，順位1番で登記する手続は，存在しません。

　また，抵当権その他の担保権と地上権等の用益権その他担保権以外の権利との間における順位を変更することができるかどうかについては，これを認める規定が存在しないこと，担保権の順位変更は，担保権相互間における優先弁済の順位を絶対的に入れ替えるという効果を生じるものであることから，当該順位変更は認められないと解されます。

　本問においては，順位2番で地上権を設定したとしても，既に登記されている順位1番の抵当権の実行手続に伴い，買受人のための所有権の移転登記がされたときは，後順位の地上権は，売却により消滅することになります（民事執行法（昭和54年法律第4号）59条2項）。しかしながら，これを防止するために，地上権を順位1番で登記したいと希望しても，上記のとおり，直接，当該地上権を順位1番で登記する手続は存在しません。また，順位1番の抵当権と順位を変更することもできませんから，結局，既に登記されている抵当権を一旦抹消した後に地上権の設定登記をし，改めて抵当権の設定登記をやり直す以外に方法はないものと考えられます。

　以上の結論は，当該地上権が区分地上権である場合も同様です。

【55】 相手方を特定した賃借権の譲渡特約の登記の可否

賃借権の設定登記において，相手方を特定した譲渡の特約を登記することができますか。

当該譲渡の特約は，登記することができないと考えられます。

【解　説】

　賃借人は，賃貸人の承諾を得なければ，その賃借権を譲り渡し，又は転貸することはできません（民法612条1項）。

　賃借権の登記において，賃借権の譲渡を許す旨の定め（以下「譲渡特約」といいます。）があるときは，その定めは登記事項となります（不登法81条3号）。いわゆる任意的登記事項です。そして，当該譲渡特約が登記されているときは，当該賃借権の移転登記を申請する場合，賃貸人が賃借権の譲渡を承諾したことを証する当該賃貸人が作成した情報を提供することを要しないとされています（不登令別表40の項添付情報欄ロ）。

　賃貸人がする譲渡を許す旨の特約は，民法上は，相手方を特定したものも有効と考えられます。しかし，当該特約は，賃借人が，その存続期間内において，いつでも誰にでも当該賃借権を譲渡することを許すものであり，したがって，相手方を特定しない包括的な譲渡に限って認められるものと解されます。包括的な譲渡に限るからこそ，当該譲渡特約があるときは，あらかじめこれを登記事項とすることによって，その譲渡に際して，改めて賃貸人の承諾を要しないとされたものと解されます。

　また，賃借権の設定契約において，「特約店に限り転貸することができる。」旨の定めは，登記することができないとする見解があります（注）。これは，不登法81条3号が譲渡・転貸を許す旨の定めを登記事項としているのは，当該賃借権が民法612条1項の制約から解放されて，自由に処分できるものである場合には，取引上重要な情報として登記により公示する必要があるとの認識に基づくものであり，いわば賃借権の属性として譲渡性を備え

176　第6　地上権・賃借権の登記　/　【55】

ているものを公示することに意義があるとの考えによるものです。そして，
その観点からすれば，賃借人と特殊な関係にある者に限定して転貸が認めら
れるという定めは，取引情報として，ほとんど価値のないものであり，これ
を登記によって公示する意義が乏しいといわざるを得ないとされています。
このことは，賃借権の転貸に限らず，譲渡の場合も同様であることはいうま
でもありません。

　以上のことから，本問における相手方を特定した譲渡特約は，登記するこ
とができないと考えられます。

（注）　権利登記実務Ⅵ　第3編・用益権に関する登記（下）103頁

第6　地上権・賃借権の登記　/　【56】　　177

【56】　存続期間を「建物表題登記の日から何年」とする賃借権の設定登記の可否

Q　事業用定期借地権の設定契約を公正証書で作成した後，当該借地権の目的土地上に建築中の建物が完成したことから，表題登記の申請を予定しています。

　この場合に，当該土地について，事業用定期借地権の存続期間を「建物表題登記の日から何年」とする賃借権の設定登記を申請することができますか。

A　当該賃借権の設定登記は，存続期間が，賃借権の設定日より後の日から開始することになるため，申請することができないと考えられます。

【解　説】

　専ら事業の用に供する建物の所有を目的とし，かつ，存続期間を30年以上50年未満，若しくは10年以上30年未満として設定する借地権を事業用定期借地権といい（借地借家法23条1項・2項），当該事業用定期借地権の設定契約は，公正証書によってしなければならないとされています（同条3項）。

　存続期間は，当事者が地上権や賃借権等を設定する際に定めることができるのであって，その定めがあるときは，これを登記事項とすることができるとされています（不登法78条3号，81条2号）。本問の建物は，借地権である土地の賃借権の設定契約を公正証書でした後に完成していることから，設定契約の締結時には，いまだ存続期間が定められていないことになります。また，当該建物の表題登記の日を存続期間の始期としていることから，当該存続期間は，賃借権の設定契約日より後の日を起算日としていることになります。したがって，「建物表題登記の日から何年」とする存続期間の定めを登記事項とすることはできないと解されます。

　本問の場合，事業用定期借地権としての賃借権の存続期間について，「建物表題登記の日から何年」とする契約を締結する自体は可能であると考えら

れますが，その場合の当該賃借権の登記は，始期付き又は停止条件付きの仮登記によるべきであり，本登記による賃借権の設定登記はすることができないと考えられます。

【57】 借地借家法施行前に設定された賃借権の登記事項に「目的　建物所有」を追加する変更登記の可否

　借地借家法施行前に設定された賃借権の登記がされている土地上に店舗を再築するに当たって，建物の再築による法定更新（旧借地法7条）を原因とする賃借権の変更登記を申請する場合に，併せて登記事項に「目的　建物所有」を追加する変更登記をすることはできますか。

A　借地借家法施行前に設定された賃借権の登記事項に「目的　建物所有」を追加する変更登記はできないと考えられます。

【解　説】

　借地借家法（平成3年法律第90号）が施行された平成4年8月1日以前に登記されている借地権（賃借権）について，その賃借権の目的である土地の上の建物の滅失後の建物の築造による賃借権の期間の延長に関しては，なお従前の例によるとされています（同法附則7条1項）。したがって，この場合の期間の延長に関しては，旧借地法（大正10年法律第49号）7条の法定更新の規定によることになります。また，借地借家法附則4条ただし書の規定により，廃止前の借地法の規定により生じた効力は妨げられないこととされているため，同法施行前に設定された賃借権について，同法施行後に設定の登記が申請された場合の登記の記載，及び同法附則7条1項の規定により，同法施行前に設定された賃借権に係る同法施行後における建物の再築による期間の延長に関する賃借権の変更登記の記載は，いずれも従来と同様であるとされています（注1）。すなわち，同法における「借地権」とは，「建物の所有を目的とする地上権又は土地の賃借権をいう」ものとされており（同法2条1号），通常の賃借権と区別するために，土地の賃借権の設定の目的が建物所有であるときは，「目的　建物所有」を登記事項とすることになります（不登法81条6号）。したがって，当該目的が登記事項となるのは，借地借家法施行後に設定された土地の賃借権に限られることになります。

180　第6　地上権・賃借権の登記　/　【57】

　また，同法施行前に登記されている賃借権の仮登記に基づき，同法施行後に設定された賃借権の本登記については，当該仮登記が不登法 105 条 2 号の仮登記である場合，建物所有の目的を登記事項とすることができるとされています（注2）。換言すれば，登記することができる権利について，既に実体的な変動が生じている場合の借地借家法施行前の土地の賃借権について，同施行後に「目的　建物所有」を登記事項とすることはできないことになります。

　以上のことから，本問の場合には，借地借家法施行前において登記事項とされていなかった「目的　建物所有」を追加する賃借権の変更登記はすることができないと考えられます。

（注1）　平成 4 年 7 月 7 日付け民三第 3930 号民事局長通達第 1 の 3(1)・(2)

（注2）　登研 537 号 199 頁

【58】 賃借権を目的とする質権を移転する場合の賃貸人の承諾の要否

 賃借権を目的とする質権を移転する場合，賃貸人の承諾を要しますか。

 賃貸人の承諾は要しないと考えられます。

【解　説】

　賃借人は，賃貸人の承諾を得なければ，その賃借権を譲り渡し，又は転貸することはできません（民法612条1項）。

　賃借権の登記において，賃借権の譲渡を許す旨の定め（以下「譲渡特約」といいます。）があるときは，その定めは登記事項となります（不登法81条3号）。いわゆる任意的登記事項です。そして，当該譲渡特約が登記されているときは，当該賃借権の移転登記を申請する場合，賃貸人が賃借権の譲渡を承諾したことを証する当該賃貸人が作成した情報を提供することを要しないとされています（不登令別表40の項添付情報欄ロ）。

　賃借権に質権を設定する行為は当該賃借権の処分に当たりますが，①質権を設定すること自体が債務者（賃借人）に対する間接強制になることがあり得ること，②賃貸人が事後に承諾をする可能性がないとはいえないこと，③当該賃借権が借地権であるときは，賃貸人の承諾に代わる裁判所の許可の制度が設けられていること（借地借家法（平成3年法律第90号）20条1項）等を理由として，賃貸人の承諾は要しないとの考え方もありますが（注1），賃借権を目的とする質権の設定登記の申請には賃貸人の承諾を証する情報の提供を要するとするのが，登記実務の取扱いです（注2）。

　しかしながら，賃貸人の承諾を要するのは，あくまでも賃借権の処分についてであり，当該賃借権を目的とする質権が設定された後，当該質権の処分について賃貸人の承諾を要するとの法文上の規定は，存在しません。また，質権の処分である以上，当該質権が賃借権を目的とするものであるとの理由のみをもって，民法612条を類推適用することも相当ではないと解されます。

さらに，弁済をするについて正当な利益を有する者（法定代位者・民法500条），又は債務者のために弁済をし，その弁済と同時に債権者の承諾を得た者（任意代位者・同法499条）は，不動産質権を取得することになります。そして，任意代位の場合には，同法467条の規定が準用されており，指名債権とされる質権の譲渡について債務者への通知又は承諾を要し（同条1項），当該通知又は承諾が確定日付のある証書によってされたときは，第三者（賃貸人）に対抗することができるとされています（同条2項）。

以上のとおり，質権の移転に当たっては，実体法上，債務者への通知又は承諾あるいは賃貸人への対抗手段（確定日附のある証書による通知又は承諾）を要するとされてはいるものの，賃貸人の承諾を要するとの規定は，存在しません。

なお，当該質権が実行された場合に売却されるのは，賃貸人の有する所有権ではなく賃借人の有する賃借権であることから，その時点においては賃貸人の承諾が必要となりますが（注3），その売却による賃借権の移転登記は，裁判所書記官の嘱託によってされることから（民事執行法（昭和54年法律第4号）82条1項1号），賃貸人の承諾を証する情報の提供は要しないと解されます。

以上のことから，本問の賃借権を目的とする質権を移転する場合，賃貸人の承諾は要しないものと考えられます。

（注1）　権利登記実務Ⅶ　第4編・担保権に関する登記（一）241頁
（注2）　昭和30年5月16日付け民事甲第929号民事局長通達
（注3）　香川保一編著「新訂　不動産登記書式精義中」（テイハン・1996）612頁の
　　　　（注1）

第7 抵当権の登記

(1) 設 定

【59】 電子記録債権法に基づく電子記録債権を被担保債権とする抵当権の設定登記における登記原因

Q 電子記録債権法15条の規定に基づく電子記録債権を被担保債権とする抵当権の設定登記における登記原因は，どのようにすべきでしょうか。

また，同法35条の規定に基づく特別求償権に係る登記原因については，どうでしょうか。

A 同法15条の規定に基づく電子記録債権を被担保債権とする抵当権の設定登記の登記原因は，「年月日電子記録債権年月日設定」とするのが相当であると考えられます。

また，同法35条の規定に基づく特別求償権に係る登記原因は，「年月日電子記録債権に基づく特別求償権年月日設定」とするのが相当であると考えられます。

なお，いずれの場合も，登記原因証明情報として，発生記録の証明及び物件の表示が記載された契約書等，若しくは発生記録に記録されるべき事項及び物件等の内容の全てが記載された報告形式の登記原因証明情報を提供する必要があると考えられます。

【解 説】

1 電子記録債権

電子記録債権とは，電子記録債権法（平成19年法律第102号）により創設さ

れた概念であり，具体的には，その発生又は譲渡について電子債権記録機関
による電子記録を要件とする金銭債権であって（同法2条1項），売買契約，
金銭消費貸借契約等の原因関係上の債権とは別個の存在とされる債権です。

電子記録債権は，電子記録という権利の内容の記録方法において手形債権
とは異なるものの，債務者が債権者に対して一定の金額を一定の期日に支払
うことを内容とするものであって，取引の安全を保護するために，善意取得
（同法19条），人的抗弁の切断（同法20条），支払免責（同法21条）等が認めら
れることなど，手形債権と極めて類似したものであるといえます。

2　電子記録債権を被担保債権とする根抵当権の設定登記の可否

電子記録債権は，その機能としても，紙媒体としての手形におけるリスク
やコストの軽減等をその創設の趣旨の一つとするものであって，手形的な活
用が想定されているものです。また，電子記録債権を根抵当権の被担保債権
とすることについて，根抵当権者と根抵当権設定者との間で合意があれば，
その意思を尊重して，これを認める必要性は十分にあるということができま
す。

そこで，電子記録債権と手形債権との類似性，更には当事者の意思，取引
の実情等を考慮すると，根抵当権設定者の保護や後順位担保権者等との利害
調整の見地から，電子記録債権は，根抵当権の担保すべき債権に含まれると
解することが可能であると考えられます。

以上のことから，被担保債権の範囲を「銀行取引　手形債権　小切手債
権　電子記録債権」とする根抵当権の設定の登記申請は，受理して差し支え
ないとされています（注）。

3　本問の検討

(1)　前段について

民法が規定する金銭消費貸借は，当事者の一方が相手方から金銭を受け取
ることによって成立する要物契約です（民法587条）。したがって，金銭の授
受があれば消費貸借が成立し，抵当権もまた成立することになります。

一方，電子記録債権は，上記のとおり，金銭消費貸借上の債権とは別個の

存在とされる債権ですが，その発生については，電子債権記録機関による電子記録を要件とする金銭債権であって，債務者が債権者に対して一定の金額を一定の期日に支払うことを内容とするものです。

したがって，電子記録債権を原因とする抵当権の設定についても，登記をすることは可能であると考えられます。そして，電子記録債権法35条に規定する特別求償権を除く電子記録債権については，発生記録をすることによって生ずるとされていることから，この場合の登記原因は「年月日電子記録債権発生記録年月日設定」とすべきとも考えられますが，電子記録債権の発生要件は，電子記録であることから（同法2条1項），登記原因中に「発生記録」の文言を入れる必要はなく，したがって，「年月日電子記録債権年月日設定」とするのが相当であると考えられます。

なお，その日付については，同法15条の規定に基づく発生記録をした日とすべきであると考えられます。

(2) 後段について

次に，発生記録によって生じた債務を主たる債務とする電子記録保証人が，出えん（弁済その他自己の財産をもって主たる債務として記録された債務を消滅させるべき行為。同法35条1項参照）をした場合において，その旨の支払等記録がされたときは，当該電子記録保証人は，主たる債務者等に対し，出えんにより共同の免責を得た額等の合計額について電子記録債権を取得するものとされており，これを特別求償権と称しています（同法35条）。

そこで，この場合の登記原因については，保証人の求償権を担保するために抵当権を設定する場合の登記原因に準じて，「年月日電子記録債権に基づく特別求償権年月日設定」とするのが相当であると考えられます。

なお，その日付については，前段と同様に，同法15条の規定に基づく発生記録をした日とすべきであると考えられます。

(3) 登記原因証明情報

当該抵当権の設定登記に提供すべき登記原因証明情報については，その発生記録に，一般の抵当権の設定の登記事項（不登法83条1項，88条1項）と同様の事項が記録されることから（電子記録債権法16条），これを提供すべきであると考えられますが，発生記録には，抵当権の目的となる不動産が記録さ

れないことから，併せて当該不動産が記載された契約書等の提供を要することになります。若しくは発生記録に記録されるべき事項，目的不動産等，抵当権の設定登記に必要な内容の全てが記載された報告形式の登記原因証明情報を提供することでも差し支えないと考えられます。

（注）　平成 24 年 4 月 27 日付け民二第 1106 号民事第二課長通知

【60】 売買代金返還債権を登記原因とする抵当権の設定登記の可否

Q 提供された報告的な登記原因証明情報の「登記の原因となる事実又は法律行為」について，次のように記載されている場合，登記原因及びその日付を「年月日売買契約の売買代金返還債権年月日設定」とする抵当権の設定登記を申請することができますか。

(1) 被担保債権

　年月日，抵当権者甲と抵当権設定者乙は，本件不動産について売買契約を締結し，年月日，甲は，乙に対して売買代金全額を支払い，乙は，これを受領した。

　　債権額（売買代金）　金何万円
　　利　　息　　　　　　無利息
　　債務者　　　　　　　何市何一丁目何番何号　乙

(2) 抵当権の設定

　年月日，甲と乙は，上記売買契約の合意解除時に備え，(1)記載の売買代金を被担保債権とする抵当権を本件不動産に設定する旨を合意した。

A 当該抵当権の設定登記は，申請することができると考えられます。

【解　説】

1　保証人の求償債権を担保するための抵当権の設定登記

　金銭消費貸借契約の保証人が，将来，保証債務を履行した場合に，主たる債務者に対して取得することになる求償権を担保するために，あらかじめ抵当権を設定することができるものとされており（注1），この場合の登記原因は，「年月日保証契約による求償権年月日設定」とするのが，登記実務の取扱いです。

　また，債権者が主たる債務者に対して有する一定額の確定債権を保証人が委託を受けて保証し，その委託契約において確定債権が返済される日まで債

務者が保証人に対して一定の保証料を支払う旨を定めている場合に，当該保証人が将来取得する可能性のある求償債権の担保については，その被担保債権が抵当権の設定時に具体的に発生していなくても，将来発生する特定の債権であることが明確にされていれば抵当権の設定は可能であるとされ，登記原因証明情報である債権者と保証人との間の保証委託契約書（又は報告的な登記原因証明情報）において，保証委託に関係する条項に加えて，主たる債務の内容，求償権の成立及び求償権の範囲が明記され，さらに加えて，当該求償債権を担保するために債務者の所有物件に抵当権を設定する旨の契約がされている場合，当該抵当権の設定登記の申請は，受理して差し支えないものとされており，その登記原因については，「年月日保証委託契約による求償債権の年月日設定」とするのが相当であるとされています（注2）。

2 本問の検討

上記のとおり，抵当権の被担保債権である「保証人の求償債権」については，その将来の債権の具体的な発生の可能性につき，抵当権の設定の登記原因となる債権契約（保証委託契約）中に，将来発生する可能性のある債権（求償権）が存在していることが明確にされていることを根拠として，これを担保するための抵当権の設定登記を認めていると解されます。

本問の場合，保証委託契約書に代わる報告的な登記原因証明情報の「登記の原因となる事実又は法律行為」中の(1)の記載から，登記原因である売買契約が主たる債務であることは明らかであると解されますが，(2)の記載からして，将来発生する債権が売買代金の返還債権であると明記されていると解することはできず，また，「売買契約書中に，将来，合意解除した時には売買代金の返還債権が発生するとの条項がある」旨の記載もありません。

したがって，「売買代金を被担保債権とする抵当権を本件不動産に設定する旨の合意した」と記載されている以上，その登記原因は「年月日売買代金の年月日設定」とすべきであるとも考えられます。

しかしながら，当事者の一方が解除権を行使したときは，各当事者は，原状回復義務を負う（民法545条1項）とされていることから，売買契約の合意解除によって，甲の乙に対する売買代金の返還請求権が発生することになり

ます。そこで，本問の登記原因証明情報には，「売買契約が締結され，売買代金が支払われたこと」，「売買契約の合意解除時に備えて，売買代金を被担保債権とする抵当権を設定する」旨の記載があることから，本問の抵当権は，将来，合意解除に基づき売買代金の返還請求権が発生する可能性があり，これを担保するために設定されるものであると解することができます。

以上のことから，本問の抵当権の設定登記は，申請することができると考えられます。

なお，本問のような場合には，誤解を招かないためにも，登記原因証明情報の(2)の「売買代金を被担保債権とする」との記載は，登記原因のとおり「売買代金返還債権を被担保債権とする」とするのが望ましいと考えられます。

（注1）　昭和25年1月30日付け民事甲第254号民事局長通達
（注2）　昭和48年11月1日付け民三第8118号民事局長通達

190　第7　抵当権の登記　/　⑴　設　定　/　【61】

**【61】　受託者である信託銀行が信託財産である不動産を担保として自行から
金銭の借入れを行う場合の抵当権の設定登記の可否と債務者の表示**

Q　　信託の受託者であるＡ信託銀行が，当該信託財産である不動産
を担保として自行から金銭の借入れを行う場合，当該不動産につ
いて抵当権の設定登記をすることができますか。できるとした場合，債
務者については，どのように表示すべきでしょうか。

A　　信託行為において，受託者が自己からの金銭の借入れ及び当該
借入れに係る信託財産に対する抵当権の設定を行うことを許容す
る定めがある場合には，当該抵当権の設定登記をすることができると考
えられます。その場合の債務者の表示は，「Ａ信託銀行（平成何年信託
目録第何号受託者）」とするのが相当であると考えられます。

【解　説】
　受託者は，信託財産に属する財産につき固有財産に属する財産のみをもっ
て履行する責任を負う債務に係る債権を被担保債権とする担保権を設定する
行為，その他第三者との間において信託財産のためにする行為であって受託
者又はその利害関係人と受益者との利益が相反することになる行為をしては
ならないとされています（信託法（平成18年法律第108号）31条1項4号）。
　そこで，本問の信託の受託者であるＡ信託銀行が，信託財産である不動産
を担保として，受託者としてのＡ信託銀行としてではなく，業として銀行業
務を行うＡ信託銀行として受益者のためにローン貸付を行う場合，すなわち，
Ａ信託銀行（受託者）を債務者兼設定者，Ａ信託銀行を抵当権者とする抵当
権の設定は，受託者であるＡ信託銀行がその固有財産である金銭を自己が受
託者となっている信託財産を担保として貸し付ける行為ですから，利益相反
行為に該当し，原則として，することができないことになります。
　しかしながら，信託行為に受託者（Ａ信託銀行）が自己（Ａ信託銀行）か
らの金銭の借入れ及び当該借入れに係る信託財産に対する抵当権の設定を行
うことを許容する定めがあるとき（同条2項1号），若しくは受託者（Ａ信託

第7　抵当権の登記　/　(1) 設　定　/　【61】　191

銀行）が当該行為について重要な事実を開示して受益者の承認を得たとき
（同条2項2号）には，上記のローン貸付を行うことができるとされています。
　　したがって，その場合には，受託者であるＡ信託銀行を債務者兼設定者と
し，かつ当該Ａ信託銀行を抵当権者とする抵当権の設定登記をすることがで
きることになります。ただし，この場合は，同一のＡ信託銀行が，登記権利
者，登記義務者及び債務者となることから，登記記録上，抵当権者及び債務
者を記録するに当たっては，抵当権者であるＡ信託銀行が債務者とは異なっ
た立場であることを明確にするため，債務者の表示は「Ａ信託銀行（平成何
年信託目録第何号受託者）」とするのが相当であると考えられます（注）。

（注）　登研743号147頁

【62】「無損害金」を抵当権の設定登記の登記事項とすることの可否

 「無損害金」を抵当権の設定登記の登記事項とすることができるでしょうか。

 できると考えられます。

【解 説】

　抵当権の設定登記においては，登記原因に利息に関する定め，損害金に関する定めがあるときは，これを登記事項とするものとされています（不登法88条1項1号）。したがって，金銭消費貸借契約において，元本について無利息とする旨の定めがあるときは，これを登記しなければ，債務者は無利息であることを第三者に対抗することができないことから，「無利息」の定めも登記事項とすることができるものと解されます。もっとも，民事債権について利息の定めを登記しないときは，利息を対抗することができませんから，無利息の定めを登記したことと同じ結果になり，民事債権の場合には，無利息の登記をしなくても，無利息であることを第三者に対抗することができます。したがって，無利息の定めは，商事債権を担保する場合に限られるといって差し支えないと考えられます。

　損害金についても，利息と同様に任意的登記事項であり，登記原因にその定めがあるときは，抵当権の設定登記の登記事項とされていますから（同項2号），「無損害金」を抵当権の設定登記の登記事項とすることができると考えられます。

(2) 変　更

【63】 賃貸借における敷金の返還請求権を保全するための抵当権が設定されている賃貸中の建物の所有権が移転した場合における当該抵当権の債務者の変更登記の登記原因

　賃貸借における敷金の返還請求権を保全するための抵当権（債務者乙）が設定されている賃貸中の建物の所有権が，売買により乙（旧賃貸人）から甲（新賃貸人）に移転した場合において，当該抵当権の債務者を乙から甲に変更する登記の登記原因は，どのようにすべきでしょうか。

A　「年月日賃貸人の地位の承継」とするのが相当と考えられます。

【解　説】

　抵当権の被担保債権は特定の債権であることを要しますが，必ずしも金銭債権に限られるものではなく，特定物の給付や種類物の一定量の給付を目的とする債権，すなわち一定の金額を目的としない債権（不登法83条1項1号）であっても差し支えありません。

　一定の金額を目的としない債権としては，物の引渡請求権や保証金等の返還請求権を被担保債権とすることも認められています。そこで，賃貸借契約において，賃貸借終了時又は賃借物明渡時に債務不履行がなければ全額を，又は債務不履行があれば延滞賃料及び損害金を控除した残額を返還するという約定の下に，賃貸借の担保として賃借人から賃貸人に対して引き渡される敷金の返還請求権を被担保債権とする抵当権の設定登記をすることができると解されます。

　本問は，上記の賃貸借における敷金返還債権を被担保債権とする抵当権（抵当権者は賃借人，債務者及び設定者は賃貸人乙）が設定されている賃貸中の建物の所有権が，売買により乙（旧賃貸人）から甲（新賃貸人）に移転

した場合において，当該抵当権の債務者を乙から甲に変更する登記の登記原因を問うものですが，賃貸中の建物の所有権が移転した場合，賃貸人の地位もそれに従い旧賃貸人乙から新賃貸人甲に移転することになるものと解され，旧賃貸人乙に差し入れられた敷金の返還義務も新賃貸人甲に承継されることになります。したがって，敷金返還請求権を保全するための抵当権の債務者を旧賃貸人乙から新賃貸人甲に変更する場合の登記原因は，「年月日賃貸人の地位の承継」とするのが相当であると考えられます。また，その日付は，「甲・乙間の売買契約成立の日」です。

なお，当該変更登記の登記原因証明情報には，①本件建物の所有権が，年月日売買により乙から甲に移転したこと，②所有権の移転に伴って，甲が，本件建物の賃貸借契約により旧賃貸人（旧所有者）乙が保管していた敷金を引き継ぐとともに，年月日（①の売買の日），本件建物の賃貸人の地位を承継した旨が記載されている必要があると考えられます。

【64】　先取特権と抵当権の順位変更の登記の可否

　先取特権の登記がされている不動産について，抵当権の設定登記をした後，先取特権と抵当権の間で順位変更の登記をすることができるでしょうか。また，当該抵当権の設定登記が仮登記の場合はどうでしょうか。

　当該抵当権の設定登記が本登記か仮登記かにかかわらず，当該順位変更の登記は，することができるものと考えられます。

【解　説】

　先取特権については，不登法89条1項の抵当権の順位変更に関する規定が準用されていません。また，先取特権の順位変更の登記についても明文の規定が設けられていません。しかし，先取特権は，法律上定められた一定の債権を有する者が，その債務者の財産につき，他の債権者に優先して自己の債権の弁済を受けることができる法定担保物権であることから（民法303条），その効力については，先取特権の性質に反しない限り，担保物権の代表である抵当権の規定を準用するものとされています（同法341条）。したがって，一般の先取特権及び不動産の先取特権については，その性質に反しない限り，抵当権の順位変更に関する民法374条の規定を準用して，順位変更の登記をすることができるものと考えられます。また，当該抵当権は，必ずしも本登記がされている必要はなく，仮登記（設定請求権の仮登記を含みます。）の抵当権であっても差し支えなく（注1），抵当権の設定登記と根抵当権設定の仮登記相互間あるいは（根）抵当権設定の仮登記相互間においても，順位変更の登記をすることができるとされています（注2）

　以上のことから，本問の順位変更の登記は，当該抵当権の設定登記が本登記か仮登記かにかかわらず，することができるものと考えられます。

（注1）　登研300号69頁
（注2）　登研324号73頁

(3) 抹　消

【65】 除権決定の主文に「権利は失権する」とのみ記載されている場合の抵当権の抹消登記の登記原因

登記義務者の所在が知れないため，除権決定を得て単独で抵当権の抹消登記を申請するに当たって，除権決定の主文に「別紙目録記載の権利は失権する」とのみ記載されている場合の登記原因は，どのようにすべきでしょうか。

A　「除権決定」とするのが相当と考えられます。

【解　説】

　登記権利者は，登記義務者の所在が知れないため登記義務者と共同して権利に関する登記の抹消を申請することができないときは，管轄裁判所に対して，届出をしないときは当該抵当権が失効する旨の公示催告の申立て（非訟事件手続法（平成23年法律第51号）99条）をすることができます（不登法70条1項）。

　公示催告によって当該公示催告に係る権利につき失効の効力を生じさせるための一連の公示催告手続は，通常，手形・小切手などの有価証券を盗難や紛失などにより喪失した場合等に利用される手続ですが，上記のとおり，不動産の権利に関する登記の登記義務者の所在が知れない場合に，当該権利の登記を抹消するためにも利用されています。

　そして，裁判所は，権利の届出の終期までに適法な権利の届出又は権利を争う旨の申述がないときは，当該公示催告の申立てに係る権利につき失権の効力を生ずる旨の裁判をしなければなりません。この裁判のことを「除権決定」といいます（非訟事件手続法106条）。

　この除権決定があったときは，当該登記権利者は，除権決定があったことを証する情報を提供して（不登令別表26の項添付情報欄ロ），単独で，当該権利

第7　抵当権の登記　／　(3)　抹　消　／　【65】　　197

の登記の抹消を申請することができます（不登法70条2項）。

　本問は，抵当権の抹消登記に提供された除権決定の主文に「別紙目録記載の権利は失権する」とのみ記載され，当該抵当権の具体的な消滅原因が記載されていないことから，当該抵当権の抹消登記の登記原因はどのようにすべきかについて，質問があったものです。

　ところで，判決による登記の原因及びその日付については，判決主文に示された登記原因，すなわち判決によって確認された登記の原因となる事実又は法律行為及びその日付とすることになります。したがって，本来，判決主文又はその理由中に登記原因が明示されていない判決等はあり得ないはずですが，現実にそのような判決がされた場合には，実質審査権のない登記官にとって，当該判決理由中から物権変動の原因事実を判断し特定することは困難です。

　そこで，判決に，売買又は贈与等の登記原因となるべき明確な記載がある場合には，当該権利変動の原因を登記原因とし，判決に明確な権利変動の原因の記載がない場合の登記原因は，「判決」であり，その日付は判決のあった日とするのが登記実務の取扱いです（注）。

　以上のことから，本問の場合，除権決定の主文に抵当権の具体的な消滅原因が記載されていないことから，当該抵当権の抹消登記の登記原因についても，判決による登記の場合に準じて，「除権決定」とするのが相当と考えられます。

（注）　昭和29年5月8日付け民事甲第938号民事局長回答

【66】 抵当権消滅の定めに基づく抵当権の抹消登記の登記原因

「何年何月何日より15年をもって抵当権は消滅する」旨の抵当権消滅の定めに基づいて，当該抵当権を抹消する場合の登記原因は，どのようにすべきでしょうか。

「年月日期限到来」とするのが相当と考えられます。

【解 説】

　本問の疑問点は，「平成何年何月何日より15年をもって抵当権は消滅する」旨の消滅の定めが，当該抵当権の存続期間を定めたものか，あるいは確定期限の終期を定めたものかという点にあると思われます。すなわち，当該抵当権の抹消登記の登記原因は，当該消滅の定めを前者であると解する場合は「年月日期間満了」とすべきであり，後者と解する場合は「年月日期限到来」とすべきであると考えられます。

　「期限」とは，法律行為の効力の発生・消滅又は債務の履行を将来到来することの確実な事実の発生まで延ばす法律行為の付款をいうものとされています。期限となる事実は将来発生することが確実な事実でなければなりませんが，期限のなかには，「来年何月何日」若しくは，「1年後」というように，到来する時期が確定しているもの（確定期限）と，「誰だれが死んだとき」というように，到来する時期が不明なもの（不確定期限）とがあります。

　次に，事実の到来によって債務者が債務の履行をしなければならない履行期を始期といい，事実の到来によって法律行為の効力が消滅する時期を終期といいます。そして，法律行為に始期を付したときは，その法律行為の履行は，期限が到来するまで，これを請求することができないとされており，また，法律行為に終期を付したときは，その法律行為の効力は，期限が到来した時に消滅するものとされています（民法135条）。すなわち，期限はその内容である事実が発生したときに到来しますが，例えば，「何月何日をもって賃貸借契約が終了する」旨の終期を付したときは，その法律行為の効力は，

第7 抵当権の登記 / (3) 抹 消 / 【66】 199

その期限が到来したときに消滅することになります。

一方,例えば,1時間,1週間,3月,1年など,その始期と終期の間の時間的間隔をもって「期間」を設定することもできます（同法139条,140条)。すなわち,「期間」とは,継続を要素とする概念であり,例えば,取得時効の法律効果は,その期間中の継続した占有に与えられるものであり,消滅時効の法律効果は,一定の状態における時間の経過に対して与えられるものです。また,買戻特約付きの売買の場合には,買戻期間の間であれば,いつでも買戻権を行使することができることになります。

以上のことから,本問の「何年何月何日より15年をもって抵当権は消滅する」旨の消滅の定めは,当該抵当権が15年間継続して設定されるものであることを定めているのではなく,15年後の当該日の到来をもって当該抵当権は消滅するという,確定期限を定めたものと解されます。そうであれば,当該抵当権の抹消登記の登記原因は,「年月日期間満了」ではなく,「年月日期限到来」とするのが相当と考えられます。

【67】 抵当権の移転仮登記の登記名義人が，当該抵当権の抹消登記を申請することの可否

Q 丙所有のA不動産に設定されている甲銀行を抵当権者とする抵当権について，債権譲渡を登記原因として乙信託銀行を権利者とする当該抵当権の移転仮登記がされている場合において，乙信託銀行は，甲銀行の抵当権の抹消登記を申請することができるでしょうか。

A 乙信託銀行は，当該抹消登記を申請することはできないと考えられます。

この場合は，まず，甲銀行を登記権利者，乙信託銀行を登記義務者とする抵当権の移転仮登記の抹消登記をし，次いで，設定者丙を登記権利者，甲銀行を登記義務者とする抵当権の抹消登記を申請すべきであると考えられます。

【解　説】
1　抵当権の設定登記及び抵当権の移転登記がされている場合の当該抵当権の抹消登記

本登記による抵当権の設定登記及び抵当権の移転登記（付記登記）がされている場合の当該抵当権の抹消登記については，①抵当権の移転の付記登記がされていることにより，移転後の抵当権者に権利が移転し，当初の抵当権者には何らの権利も残っていないことが登記記録上明らかであること，また，②例えば，抹消の原因が弁済である場合，実体上も，弁済受領者は移転後の抵当権者であり，その者に対して被担保債権の全部を弁済することにより，当該抵当権は，絶対的に消滅することから，抵当権の設定登記の抵当権者が関与することなく，移転後の抵当権者を登記義務者，設定者を登記権利者として共同で申請することになるとされています。すなわち，移転後の抵当権者を登記義務者にすることにより，抵当権の移転登記のみならず，抵当権の設定登記も併せて抹消することができることになります。そして，抹消原因が解除・解約・放棄等の場合であっても，消滅の効果が遡及するかどうかは

ともかく，いったん債権譲渡等により確定的に抵当権の移転を受けた以上，当該抵当権の抹消の登記義務者は，移転後の抵当権者ということになるものと考えられます（注1）。

2 抵当権の設定仮登記及び抵当権の移転仮登記がされている場合の当該抵当権の設定仮登記の抹消登記

次に，抵当権の設定仮登記（1号仮登記）及び当該抵当権の移転仮登記（1号仮登記）の付記登記がされている場合の当該抵当権の設定仮登記の抹消登記についても，①債務者又は設定者と移転後の仮登記名義人との間で弁済等が行われた場合は，当該抵当権は実体上絶対的に消滅するのであって，当初の仮登記抵当権も既に消滅していること，また，②当初の仮登記名義人は，移転後の仮登記名義人への当該仮登記抵当権の移転登記義務を負うことはあっても，債務者又は設定者がした移転後の仮登記名義人への弁済等を原因とする抵当権仮登記の抹消登記義務を負うとすることはできないことから，上記1の場合と同様の手続により，抹消することができるものと考えられます。したがって，甲名義の抵当権の設定仮登記がされ，次いで乙への抵当権の移転仮登記が付記登記でされている場合において，当該抵当権につき弁済，解除等の抹消原因が生じたときは，抵当権の移転仮登記の登記識別情報を提供し，乙は，単独で又は所有権の登記名義人と共同して，甲名義の抵当権の設定仮登記の抹消を申請することができるとされています（注2）。

3 本問の検討

本問は，本登記による抵当権の設定登記後に，抵当権移転の1号仮登記がされている場合であるところ，債務者又は設定者が仮登記名義人に対し弁済等を行ったとしても，上記1及び2の場合と同様に，当該本登記による抵当権が絶対的に消滅していると解することは相当でないと解されます。すなわち，仮登記は，単に順位保全の効力を有するのみであって，本登記のように対抗力や権利推定力はなく，したがって，仮登記された抵当権の移転仮登記を経由しても，登記の形式上は，完全な権利変動を公示しているとはいえないからです。しかしながら，上記2の場合については，その①及び②の理由

から，移転の前後がいずれも同じ仮登記であれば，仮登記が順位保全の効力しかないことをもって，移転の前後がいずれも本登記の場合と異なる手続をすべきであるとする必要はないことから，上記1の場合と同様の手続が認められたものであると解されます。

一方，本問の場合は，移転前の抵当権が本登記であることから，1号仮登記によって，当該抵当権が確定的に移転しているとしても，順位保全の効力しか有しない仮登記名義人を登記義務者として，対抗力や権利推定力を有する本登記の抵当権までをも抹消することができるということにはならないと解されます。

以上のことから，本問については，移転仮登記が1号仮登記であることから，実体上，債権及び抵当権が移転の仮登記名義人に帰属していたとしても，仮登記名義人は，その権利変動を第三者に対抗することはできず，本登記の抹消の申請人にはなり得ないと解されます。

したがって，この場合には，まず，甲銀行を登記権利者，乙信託銀行を登記義務者とする抵当権の移転仮登記の抹消登記をし，次いで，設定者丙を登記権利者，甲銀行を登記義務者とする抵当権の抹消登記を申請すべきであると考えられます。

なお，根抵当権の移転仮登記の目的となっている根抵当権の設定登記を錯誤により抹消する場合には，先に根抵当権の仮登記を抹消し，その後に根抵当権の設定登記を抹消する方法によらなくとも，仮登記権利者の承諾を証する情報を提供して（不登法68条，不登令別表26の項添付情報欄へ），根抵当権者と根抵当権設定者により直ちに根抵当権の設定登記を抹消することができる（注3）とされていることから，本問の場合も，移転後の仮登記名義人乙信託銀行の承諾を証する情報を提供して，抵当権者甲と設定者丙の共同により，当該抵当権の抹消登記を申請することができると考えられます。

（注1）　カウンター相談Ⅱ307頁

（注2）　登研604号151頁

（注3）　登研586号188頁

第8 根抵当権の登記

(1) 総　説

【68】 準共有根抵当権の設定登記又は一部譲渡による根抵当権の一部移転の登記と準共有者間の優先の定めの登記を一の申請情報によって申請することの可否

Q 準共有根抵当権の設定登記又は一部譲渡による根抵当権の一部移転の登記と準共有者間の優先の定めの登記を，一の申請情報によって申請することができるでしょうか。

A 当該登記を一つの申請情報によって申請することはできないと考えられます。

【解　説】

不登令別表56及び57に掲げられている申請情報及び添付情報の規定振りからは，準共有に係る根抵当権の設定登記又は根抵当権の一部譲渡による根抵当権の一部移転の登記と準共有者間の優先の定めの登記は，一の申請情報によって申請することが可能であると解することもできそうです。

しかしながら，一の申請情報によって，いわゆる一括申請が認められるのは，①同一の登記所の管轄区域内にある二以上の不動産について申請する登記の目的並びに登記原因及びその日付が同一であるとき（不登令4条ただし書），②不登規35条の規定による登記を申請する場合，及び③不登令5条に規定する登記の申請をする場合に限られています。

一方，本問の準共有根抵当権の設定登記又は一部譲渡による根抵当権の一部移転の登記と準共有者間の優先の定めの登記は，登記の目的並びに登記原

因及び申請当事者が異なることは明らかです。また，登記の形式からみれば，根抵当権の設定の登記が主登記でされるのに対し，優先の定めの登記は付記登記によってされることになります（不登規3条2号ニ）。

　以上のことから，準共有根抵当権の設定登記又は一部譲渡による根抵当権の一部移転の登記と準共有者間の優先の定めの登記は，上記の一括申請が認められる場合のいずれにも該当しないといわざるを得ません。したがって，これらの登記は，その目的及び登記原因に応じて，一の不動産ごとに申請情報を作成して提供しなければなりならず（不登令4条本文），当該登記を一つの申請情報によって申請することはできないと考えられます。

【69】 根抵当権の抹消登記を一の申請情報によって申請することの可否

Q 甲が所有する同一の登記所の管轄区域内にあるＡ，Ｂ，Ｃ及びＤの不動産に，順位１番でＸの共同根抵当権の設定登記が，また，Ａ及びＢ不動産に順位２番で同じくＸの共同根抵当権の設定登記がされています。順位１番及び順位２番の全ての根抵当権の抹消登記を，同一の原因日付をもって，一の申請情報によって申請することができますか。

A 当該抹消登記の申請は，することができるものと考えられます。

【解　説】
　申請情報は，原則として，登記の目的及び登記原因に応じ，一の不動産ごとに作成して提供しなければなりませんが（不登令４条本文），同一の登記所の管轄区域内にある二以上の不動産について申請する登記の目的並びに登記原因及びその日付が同一であるとき，法務省令である不登規35条の規定による登記を申請するときは，一の申請情報によって，いわゆる一括申請をすることができます（不登令４条ただし書）。
　本問の場合は，登記権利者及び登記義務者が同一であり，また，同一の原因日付をもって抹消登記を申請するということですから，Ａ及びＢ不動産の順位１番及び順位２番の根抵当権の抹消登記については，不登規35条９号に規定する「同一の不動産について申請する二以上の権利に関する登記（前号の登記を除く。）の登記の目的並びに登記原因及びその日付が同一であるとき。」に該当すると解されます。すなわち，Ａ及びＢという同一不動産については，順位１番の根抵当権の抹消と順位２番の根抵当権の抹消という権利に関する登記を申請するに当たって，その登記原因及びその日付が同一であり，一の申請情報によって登記を申請することができる場合に該当するものと解されます。また，Ａ，Ｂ，Ｃ及びＤの不動産の順位１番の根抵当権の抹消登記は，同条10号に規定する「同一の登記所の管轄区域内にある二以上の不動産について申請する登記が，同一の債権を担保する抵当権に関する

登記であって，登記の目的が同一であるとき。」に該当するものと解される
こと，すなわち，同一の登記所の管轄区域内にあるＡ，Ｂ，Ｃ及びＤ不動産
について申請する登記が，同一の債権を担保する根抵当権の抹消に関する登
記であって，登記の目的が同一であることから，一の申請情報によって登記
を申請することができる場合に該当するものと解されます。

　したがって，不登規35条9号及び10号の規定から，便宜，一の申請情報
によって全ての根抵当権の抹消登記を申請することができるものと解されま
す。そのように解したとしても，申請情報の内容及び登記記録が複雑になる
ことはなく，また，申請人の負担軽減にもなるものと考えられます。

(2) 設　定

【70】「年月日ローン契約の金銭消費貸借契約書に基づく債権」のみを根抵当権の被担保債権の範囲とすることの可否

　「年月日ローン契約の金銭消費貸借契約書に基づく債権」のみを被担保債権の範囲として，根抵当権の設定登記を申請することができるでしょうか。

A　当該根抵当権の設定登記は，申請することができないと考えられます。

【解　説】
1　根抵当権の被担保債権の範囲の定め方

　根抵当権の被担保債権の範囲については，①「債務者との特定の継続的取引契約によって生ずるもの」（民法398条の2第2項前段）であり，根抵当権者と債務者との間に締結された継続取引契約を表示することによって債権の範囲を限定する方法，②「債務者との一定の種類の取引によって生ずるもの」（同項後段）であり，根抵当権者と債務者との間で行われる一定の取引の種類を特定することによって債権の範囲を限定する方法，③「特定の原因に基づいて債務者との間に継続して生ずる債権」（同条3項前段）であり，取引以外の特定の原因によって継続的に生ずる債権による方法，④「手形上若しくは小切手上の請求権」（同条3項後段）であり，第三者を経由して，根抵当権者が取得するに至った債務者振出の手形，小切手上の請求権を被担保債権とする方法によって定めるものとされています。

　なお，上記の①の特定の継続的取引契約あるいは②の一定の種類の取引において発生する手形上，小切手上の債権は，④の請求権ではなく，それぞれ当該契約又は当該取引から生じた債権に含まれることになります。

2　本問の検討

　本問の「年月日ローン契約の金銭消費貸借契約書に基づく債権」は，上記
1の①から④のいずれにも属しない特定の債権であると解されます。

　根抵当権は，根抵当権者と債務者との設定行為で定めるところにより，一
定に範囲に属する不特定の債権を極度額の限度において担保する抵当権です
から（民法398条の2第1項），特定の債権のみを担保する場合には，抵当権の
設定によらなければなりません。しかし，特定の債権であっても，上記1の
①から④までの不特定の債権と併せて被担保債権とすることができます。

　以上のことから，特定債権である「年月日ローン契約の金銭消費貸借契約
書に基づく債権」のみを被担保債権の範囲とする根抵当権の設定登記を申請
することはできませんが，不特定債権と併せて，「債権の範囲　年月日ロー
ン契約の金銭消費貸借契約書に基づく債権　手形債権　小切手債権」とする
根抵当権の設定登記は，申請することができると解されます。また，当該債
権が，特定の継続的取引あるいは一定の種類の取引によって生ずるものであ
るならば，当該根抵当権の被担保債権の範囲を「年月日ローン取引契約」又
は「金銭消費貸借取引」として申請することができると考えられます。

【71】「銀行取引（ただし，何年何月何日金銭消費貸借に基づく債権を除く）」を根抵当権の被担保債権の範囲とすることの可否

Q　「銀行取引（ただし，何年何月何日金銭消費貸借に基づく債権を除く）」を被担保債権の範囲として，根抵当権の設定登記を申請することができるでしょうか。

A　当該根抵当権の設定登記は，申請することができないと考えられます。

【解　説】
1　「銀行取引」を根抵当権の被担保債権の範囲とすることの可否

「銀行取引」を根抵当権の被担保債権の範囲とすることについては，営業としてする銀行取引は商行為とされていること（商法502条8号），また，銀行法（昭和56年法律第59号）において銀行の業務が法定されていること（同法10条参照），更には，銀行が行う一定の取引を包括する典型的な取引の名称として，取引界における固定した概念であることから，根抵当権の被担保債権の範囲を限定的に画することができ（取引種類の限定性の原則），かつ，第三者が，当該取引の内容を客観的・明確に認識することができる（客観的明確性の原則）ものとして，一定の種類の取引とすることが認められています（注1）。

2　本問の検討

上記1の「銀行取引」から生ずる債権は，証書貸付，手形貸付，手形割引，当座貸越等の取引から直接生ずる債権のほか，保証委託取引，支払承諾取引及び保証取引による債権も含まれるとするのが，登記実務の取扱いです（注2）。

一方で，「年月日銀行取引契約に基き発生する手形債権のうち何某振出し及び裏書にかかる手形債権」若しくは「年月日継続的債務保証契約に基く将来の求償権のうち何某に関する求償債権」のように，一部の個別の債権を除

き，又は一部の債権を特定して根抵当権の被担保債権の範囲とした根抵当権の設定の登記申請は，受理することはできないとされています（注3）。

　以上の登記実務の取扱いに従えば，原則として，一部の個別の債権を除いた銀行取引を被担保債権の範囲とすることは認められないと解されます。

　したがって，「銀行取引（ただし，何年何月何日金銭消費貸借に基づく債権を除く）」を被担保債権の範囲とする根抵当権の設定登記は，申請することができないと考えられます。

　なお，特定目的会社が行う割当てにより発生する当該特定目的会社を債務者とする金銭債権である特定社債（資産の流動化に関する法律（平成10年法律第105号）2条7項）の引受け又は当該引受けに係る特定社債等の募集の取扱いは，銀行が営むことができる業務とされていることから（銀行法10条2項5号の2），「銀行取引（ただし，特定社債に係る債権を除く）」と定めることにより，被担保債権の範囲を客観的に明確にすることができると考えられます。したがって，「銀行取引（ただし，特定社債に係る債権を除く）」を被担保債権の範囲とする根抵当権の設定登記は，例外的に，申請することができると考えられます。

（注1）　昭和46年10月4日付け民事甲第3230号民事局長通達第2の1(2)
（注2）　昭和46年11月11日付け民事甲第3400号民事局長回答
（注3）　昭和47年8月7日付け民三第656号民事第三課長電報回答

第9　信託の登記

【72】　信託の登記について「年月日代物弁済」を原因とする受益者の変更登記の可否

信託の登記について,「年月日代物弁済」を原因とする受益者の変更登記は,申請することができますか。

当該受益者の変更登記は,申請することができると考えられます。

【解　説】
　信託における「受託者」とは,信託行為の定めに従い,信託財産に属する財産の管理又は処分及びその他の信託の目的の達成のために必要な行為をすべき義務を負う者をいい（信託法（平成18年法律第108号）2条5項）,「受益者」とは,受益権を有する者をいいます（同条6項）。そして,信託行為に基づいて,受託者が受益者に対して負う債務であって,信託財産に属する財産の引渡しその他の信託財産に係る給付をすべきものに係る受益債権,及びこれを確保するために信託法の規定に基づいて受託者その他の者に対し一定の行為を求めることができる権利が「受益権」です（同条7項）。要するに,受益者は,当該信託行為によって利益を受ける者であるといえます。
　受益権は相続の対象になりますが,受益者は,受益権の性質が譲渡を許さないとき（同法93条1項ただし書）,又は信託行為に別段の定めがない限り（同条2項）,その有する受益権を自由に譲り渡すことができます（同条1項本文）。なお,同条2項は,平成29年法律第45号により,「前項の規定にかかわらず,受益権の譲渡を禁止し,又は制限する旨の信託行為の定め（以下この項において「譲渡制限の定め」という。）は,その譲渡制限の定めがされたこ

とを知り，又は重大な過失によって知らなかった譲受人その他の第三者に対抗することができる」と改められ，改正後の規定は，令和2年4月1日から施行されることになっています。

この受益権の譲渡は売買によるのが一般的であると考えられますが，これに限られるものではないと解されます。

代物弁済とは，債務者が，債権者の承諾を得て，その負担した給付に代えて他の給付をすることであり，その給付は，弁済と同一の効力を有し（民法482条），代物弁済がされたときは，当該債務は，直ちに消滅することになります。

したがって，例えば，金銭消費貸借の債務者（旧受益者）が，その債務の支払いに代えて当該受益権を債権者（新受益者）に給付して，当該金銭債務を消滅させることも可能であると考えられます。

以上のことから，信託の登記について，「年月日代物弁済」を原因とする受益者の変更登記は，申請することができると考えられます。

なお，受益権の譲渡は，譲渡人が受託者に通知をし，又は受託者が承諾しなければ，受託者その他の第三者に対抗することができず（信託法94条1項），当該通知及び承諾は，確定日付のある証書によってしなければなりません（同条2項）。そのため，信託行為において，受益権の譲渡については受託者の承諾を要する旨の定めがされているのが，一般的であると考えられます。

第10　登記名義人の氏名等の変更又は更正の登記

【73】　敷地権である土地の登記名義人の商号が甲社から乙社に変更されている場合において，乙社名義で敷地権付き区分建物の所有権の保存登記をした後，乙社を設定者として，当該区分建物に抵当権の設定登記を申請する前提としての当該敷地権である土地の登記名義人の名称の変更登記の要否

Q　甲社は，自己の所有地に建築した敷地権付き区分建物について表題登記をした後，その商号を乙社に変更したため，乙社は，その変更を証する情報を提供して，自己のための所有権の保存登記をしました。今般，当該敷地権付き区分建物について，乙社を設定者として抵当権の設定登記を申請する場合，その前提として，敷地権である土地の登記名義人の商号を甲社から乙社とする名称の変更登記は申請する必要がないと考えますが，いかがでしょうか。

A　当該変更登記は，申請する必要があると考えられます。

【解　説】
1　本問の敷地権付き区分建物の登記の経緯
　本問の敷地権付き区分建物における登記の経緯は，次のとおりです。
　まず，土地の所有者である甲社は，当該土地に建築した区分建物の専有部分の全部を所有することになることから，原始取得者として，敷地権付き区分建物の表題登記をしました。その後，甲社は，当該区分建物の所有権の保存登記をするまでの間に，その商号を乙社に変更したため，その変更を証する情報を提供して，当該区分建物の全部について，所有権の保存登記をしま

214　第10　登記名義人の氏名等の変更又は更正の登記　/【73】

した。この所有権の保存登記は，不登法74条1項1号の表題部所有者の申請によるものです。

　ところで，表題登記の完了後，所有権の保存登記を申請するまでの間に，表題部所有者の氏名若しくは名称又は住所（以下「氏名等」といいます。）について変更があった場合，あるいは，表題登記の際に登記した氏名等について錯誤又は遺漏があった場合には，所有権の保存登記を申請する前提として，当該表題部所有者は，氏名等の変更登記又は更正登記を申請するのが，原則とされています（不登法31条）。この場合，変更後又は更正後の氏名等による所有権の保存登記の申請は，当該変更登記又は更正登記に続けて，すなわち連件で申請することができるものとされています（注1）。

　一方，所有権の保存登記には，その登記名義人となる者の住所を証する市町村長，登記官その他の公務員が職務上作成した情報（公務員が職務上作成した情報がない場合にあっては，これに代わるべき情報）を提供するものとされていることから（不登令別表28の項添付情報欄ニ），その変更又は錯誤若しくは遺漏（以下「変更等」といいます。）は，提供された住民票（除住民票を含みます。）又は戸籍謄本若しくは登記事項証明書等により明らかになると考えられます。そこで，表題部所有者の氏名等について変更等があった場合であっても，これを証する住民票等を提供することにより，便宜，直接，所有権の保存登記を申請することができるとするのが登記実務の取扱いです（注2）。なお，この取扱いは，不登法74条2項の規定により転得者が所有権の保存登記を申請する場合に，原始取得者の氏名等について変更等がある場合も同様であるとされています（注3）。

　本問の乙社も，この登記実務の取扱いに従い，その商号が甲社から乙社に変更した旨の記録がある登記事項証明書を変更を証する情報として提供して，所有権の保存登記をしたものと考えられます。

2　本問の検討

　敷地権付き区分建物について，その転得者から不登法74条2項の規定による所有権の保存登記がされた場合，当該登記は，敷地権である旨の登記（不登法46条）のされた土地の敷地利用権の移転の登記としての効力を有する

第10　登記名義人の氏名等の変更又は更正の登記　／【73】　215

ことになります（不登法73条1項）。そのため，当該所有権の保存登記については，不登法74条1項の規定による所有権の保存登記の例外として，登記原因及びその日付が登記事項とされています（不登法76条1項ただし書）。しかし，本問のように，敷地権付き区分建物の表題部所有者が所有権の保存登記（不登法74条1項1号）をした場合，その効力は，敷地権である土地には及ばないことになります。すなわち，不登法74条1項1号の規定による所有権の保存登記がされた敷地権付き区分建物についての登記手続は，非区分建物の場合と何ら異なることはないといえます。

　ところで，変更後の商号で所有権の保存登記をした非区分建物及びその敷地について，共同抵当権を設定する場合において，当該敷地の登記名義人の商号が変更前のままであるときは，当該抵当権の設定登記を申請する前提として，当該敷地について登記名義人の名称の変更登記を申請しなければなりません。

　一方で，本問の敷地権付き区分建物について抵当権の設定登記が申請された場合，当該抵当権の設定は，建物の登記記録の権利部乙区のみに記録され，当該登記の効力は，上記のとおり，敷地権である土地にも及ぶことになります。すなわち，当該抵当権の設定登記は，その敷地権である土地の登記記録には記録されません。しかし，上記のとおり，本問の敷地権付き区分建物についての登記手続は，非区分建物の場合と何ら異なることはありませんから，その敷地の登記名義人の氏名等について変更等がある場合，その変更等に係る登記を申請しなければならないことは，上記の非区分建物の場合と同様であると考えられます。

　以上のことから，本問の敷地権付き区分建物について，乙社を設定者として抵当権の設定登記を申請する場合には，その前提として，敷地権である土地の登記名義人について，名称の変更登記を申請する必要があると考えられます。

　なお，敷地権付き区分建物の所有者が住所を移転した後，敷地権の生じた日より前の日を登記原因日付として，当該敷地又は建物のみを目的とする所有権移転の仮登記，質権又は抵当権の設定登記を申請する場合も，その前提として，当該所有者の住所の変更登記を要するものとされています（注4）。

216　　第10　登記名義人の氏名等の変更又は更正の登記　/　【73】

（注1）　登研 360 号 94 頁

（注2）　登研 213 号 71 頁，352 号 103 頁

（注3）　昭和 58 年度法務局・地方法務局首席登記官会同における「区分建物の所有権保
　　　　　存の登記の特則関係」に関する照会回答問 73

（注4）　登研 454 号 132 頁

第 10　登記名義人の氏名等の変更又は更正の登記　/　【74】　　217

【74】　所有権の登記名義人の氏名等の変更登記の省略の可否

Q　　所有権の移転登記の抹消登記を申請する場合に，調停調書に記載された登記義務者の氏名及び住所が登記記録の登記名義人の表示と符合しないときは，氏名及び住所の変更を証する情報を提供しても，当該登記名義人の氏名及び住所の変更登記を省略できないとされています。

　　一方，前登記名義人が住所を移転したため，所有権の更正の登記申請に添付した前登記名義人の印鑑証明書に記載されている住所の表示が登記記録と符合しない場合，前登記名義人の住所の変更を証する情報を提供すれば足り，住所の変更登記をする必要はないとされています。

　　両者の取扱いが異なる理由は，何でしょうか。

A　　前者は現在の登記名義人に関する取扱いであるのに対し，後者は前の登記名義人に関する取扱いであることによるものと考えられます。

【解　説】

1　両者の取扱いについて

　本問の前者の取扱いは，調停調書により所有権の移転登記の抹消登記を申請するに際して，当該調書に記載された登記義務者の氏名及び住所（以下「氏名等」といいます。）が，登記記録の登記名義人の氏名等と相違する場合，氏名等の変更を証する情報を提供したとしても，氏名等の変更登記を省略することはできず，当該抹消登記の前提として，登記名義人の氏名等の変更登記を要するとするものです（注1）。

　一方，後者の取扱いは，甲から乙への所有権の移転登記がされた不動産について，錯誤により乙・丙の共有名義とする所有権の更正登記を申請する場合，その登記義務者は甲及び乙であるところ，甲が，乙への所有権の移転登記後に住所を移転したため，当該更正の登記申請に添付した甲の印鑑証明書の住所が登記記録と符合しない場合は，甲の住所の変更を証する情報を提供

すれば足り，当該更正登記の前提として，甲の住所の変更登記をする必要はないとするものです（注2）。

2　前者の取扱いについて

　抹消登記の申請に際して，登記名義人の氏名等に変更が生じている場合であっても，その変更を証する情報を提供すれば，当該登記名義人の氏名等の変更登記を省略して，直ちに抹消登記の申請をすることができるとされており，この取扱いは，抵当権の抹消登記（注3），所有権以外の権利の登記の抹消登記（注4），更には所有権移転又はその請求権保全の仮登記の抹消登記（注5）のいずれの場合にも認められています。これは，いずれは抹消される運命にある登記について，わざわざ当該変更登記を申請させる必要性に乏しく，いわば無駄骨の登記であるとの観点から，その省略が認められているとされています（注6）。ただし，所有権の移転登記の抹消登記については，変更登記を省略する取扱いを認める先例は，存在しません。

　一方，権利の移転登記，特に所有権に関する登記については，登記義務者である登記名義人の氏名等の変更登記の省略は認められていません。これは，不動産登記制度上，登記申請の真正を担保するために，印鑑証明書を添付させるなど厳格な手続規定が定められていることによるものであるとされており，この取扱いは，当該登記が判決による場合であっても維持されています。すなわち，①和解調書に基づき抵当権の抹消登記を申請する場合において，その和解調書に抵当権者の登記記録上の住所と現在の住所が併記されているときは，住所の変更を証する情報の提供を省略して差し支えないとされていますが（注7），一方で，②判決による所有権の移転登記を申請する場合において，登記義務者の住所が登記記録の表示と相違しているが，当該申請に提供された判決正本に登記記録上の住所が併記してあるときであっても，当該移転登記の前提として，住所の変更登記を省略することはできないとされ（注8），また，③和解調書に基づき，登記権利者が，単独で所有権の移転の登記申請をする場合において，当該調書の登記名義人の住所について，登記記録上の住所及びこれと異なる現在の住所とが併記されている場合であっても，当該移転登記の前提として，住所の変更登記を省略することはできない

とされています（注9）。

　以上のとおり，所有権に関する登記については，所有権の抹消登記及び所有権の移転登記のいずれについても，登記記録上の現在の登記名義人が登記義務者となる場合には，判決（調停）による登記であろうと，あるいは一般の共同申請による登記であろうと，これを区別することなく，必要があるときは，当該現在の登記名義人の氏名等の変更登記を要する取扱いとされているものと考えられます。

3　後者の取扱いについて

　後者の所有権の更正登記においは，所有権の前登記名義人である甲も登記義務者となるものとされています（注10）。

　この場合，乙単独の登記を乙と丙の共有にするという登記が，乙の単有部分の2分の1を抹消して，その抹消すべき部分を丙に移転するという趣旨の更正登記であると解すれば，現在の登記名義人は乙であり，それは，あたかも乙の単有の所有権の一部を丙に移転する登記と何ら変わるところはなく，また，形式的な登記義務者とは，登記をすることについて直接の不利益を受ける者（不登法2条13号）であるということからいえば，前の登記名義人である甲は，もはや所有権を乙に移転しているのであって，乙単独の登記を乙と丙の共有の登記に更正しても，甲には何ら関係はなく，したがって，登記義務者は乙のみであって，甲が登記申請人となる余地はないようにも思われます。

　しかしながら，甲は，乙と丙の共有として所有権を移転したのであって，乙一人に対して移転したものではありません。それを乙単有として登記したのですから，実体上，甲は丙に対して登記義務を負っているといえます。一方，丙は，乙に対してだけでなく，甲に対しても所有権の移転についての登記請求権を有していると解されます。したがって，登記権利者は丙，登記義務者は乙及び前の所有権登記名義人である甲ということになります。

　ただし，甲が，丙に対して登記義務を負っていることから，当該更正登記の登記義務者になるとしても，甲は既に所有権を乙に移転してしまっているのであって，登記記録上，あくまでも前の所有権の登記名義人にすぎず，現

在の登記名義人ではありません。したがって，登記実行の手続上，この場合
は，変更を証する情報を提供することで足り，現在の登記名義人でない者に
対する変更登記は要しないとされたものと考えられます。

4　本問の検討

　以上のことから，本問の取扱いが異なる理由は，前者は現在の登記名義人
に関する取扱いであるのに対し，後者は前の登記名義人に関する取扱いであ
ることによるものと考えられます。

（注1）　登研546号152頁
（注2）　登研388号79頁
（注3）　昭和31年9月20日付け民事甲第2202号民事局長通達
（注4）　昭和31年10月17日付け民事甲第2370号民事局長事務代理通達
（注5）　昭和32年6月28日付け民事甲第1249号民事局長回答
（注6）　不動産登記の要点Ⅱ63頁
（注7）　登研398号94頁
（注8）　登研429号120頁
（注9）　登研476号140頁
（注10）　昭和40年8月26日付け民事甲第2429号民事局長回答

第 10 　登記名義人の氏名等の変更又は更正の登記 　/ 【75】 　　221

【75】 　所有者である一定の在留資格等を有する外国人の住所の変更登記の添付情報

Q 　一定の在留資格等を有する外国人が所有者である場合に，当該外国人について住所の変更等の登記を申請する際に提供する住民票には，平成 24 年 7 月 9 日以降の住所のみしか記載されていません。そのため，登記記録上の住所から同日現在の住所までの間に転居している場合，当該住民票の写しのみでは転居の履歴を確認することができません。このような場合には，当該住民票の写し以外に，どのような情報を提供すればよいでしょうか。

A 　行政機関の保有する個人情報の保護に関する法律（平成 15 年法律第 58 号）の規定により法務省から開示された外国人登録原票等を提供すればよいと考えられます。

【解　説】

　「出入国管理及び難民認定法及び日本国との平和条約に基づき日本の国籍を離脱した者等の出入国管理に関する特例法の一部を改正する法律」（平成 21 年法律第 79 号。以下「入管法改正法」といいます。）が，平成 24 年 7 月 9 日から施行されたことに伴い，外国人登録法（昭和 27 年法律第 125 号）が廃止され，従来の外国人登録証明書及び外国人登録原票に代わるものとして，入管法改正法による改正後の「出入国管理及び難民認定法」（昭和 26 年政令第 319 号。以下「入管法」といいます。）19 条の 3 に規定する中長期在留者に対しては在留カードが，また，入管法改正法による改正後の「日本国との平和条約に基づき日本の国籍を離脱した者等の出入国管理に関する特例法」（平成 3 年法律第 71 号。以下「入管特例法」といいます。）に定める特別永住者に対しては特別永住者証明書が，それぞれ交付されることとされました（入管法 19 条の 3，入管特例法 7 条）。

　また，入管法改正法と同時に，「住民基本台帳法の一部を改正する法律」（平成 21 年法律第 77 号）が施行され，中長期在留者及び特別永住者を含む一定

の在留資格を有する外国人住民については，住民票が作成され，その写しが交付されることとされました（改正後の住民基本台帳法 30 条の 45）。

　これらの法改正に伴い，不動産登記の申請等において，添付情報となる外国人の氏名又は住所について変更等があったことを証する公務員が作成した情報の取扱いについては，申請人等が中長期在留者又は特別永住者である場合にあっては，住民票の写しを提供する必要があります。ただし，当該住民票には，平成 24 年 7 月 9 日以降の住所のみしか記載されていませんので，登記記録上の住所から同日現在の住所までの間に転居している場合，当該住民票の写しのみでは転居の履歴を確認することができません。そこで，このような場合には，当該住民票の写し以外に，行政機関の保有する個人情報の保護に関する法律（平成 15 年法律第 58 号）の規定により法務省から開示された外国人登録原票等を提供すればよいと考えられます。なお，外国人登録原票等が，期間の経過等により廃棄等されている場合には，登記識別情報（又は登記済証）等を，転居の履歴を証する情報の一部を提供することができない場合における申述を補完する情報として取り扱うことができるものと考えられます。また，当該申請人等が，住民票の写しに代えて，住民票コードを提供したときその他住所を証する情報の提供を要しないとされている場合（不登令 9 条，不登規 36 条 4 項・44 条 1 項）には，住民票の写しを提供する必要がないことは，いうまでもありません。

　申請人等が中長期在留者又は特別永住者以外の外国人である場合にあっては，当該外国人の本国の政府機関等が発行した当該本国における住所の証明書，日本における当該外国人の本国の在外公館が発行した日本の住所の記載がある在留証明書等の提供を要することは，これまでの登記実務の取扱いと同様です。

　なお，当該申請人等が保有する外国人登録証明書は，外国人登録法の廃止に伴い，その法律上の根拠を失い，入管法改正法の施行日である平成 24 年 7 月 9 日から 3 か月以内に法務大臣に対して返納しなければならない（入管法改正法附則 34 条）とされていることから，その提供があった場合でも，これをもって当該外国人の氏名又は住所を証する公務員が職務上作成した情報の提供があったものとして取り扱うことはできないものと考えられます。

第11 更正の登記
（第10の更正の登記を除く）

【76】 遺言書と異なる内容の遺産分割協議に基づく所有権の更正登記の可否

Q 被相続人甲の遺産であるA建物について、甲の自筆証書遺言により相続人乙に相続による所有権の移転登記をした後、甲の法定相続人乙・丙間における遺産分割協議に基づき、乙持分5分の3、丙持分5分の2とする所有権の更正登記を申請することができますか。

A 当該所有権の更正登記は、申請することができないと考えられます。

【解 説】

　特定の不動産を特定の相続人に「相続させる」旨の遺言がされた場合、当該不動産は、特段の事情のない限り、被相続人の死亡時、すなわち、遺言の効力発生時に、直ちに当該相続人により承継されるべきものと解され、その場合、当該不動産については、遺産分割の協議又は審判を経る余地はないこと、ただし、相続人全員の同意があれば、当該遺言と異なる内容の遺産分割も許されると解されており、「相続させる」旨の遺言により、相続開始時に特定の財産を取得した相続人が、その他の遺産の分割協議に際し、取得した財産を共同相続人間で贈与ないし交換することは可能であることについては、【問33】の解説1及び2で説明したとおりです。そして、【問33】については、公正証書遺言書及び遺産分割協議書を提供して、除外不動産についての相続による所有権の移転登記を申請することができるとの回答になりました。

　一方、本問は、自筆証書遺言により甲が相続した不動産そのものについて、当該遺言の内容と異なる遺産分割協議がされたものであり、登記実務においては、特定の不動産を特定の相続人に「相続させる」旨の遺言と異なる遺

分割協議書を提供して相続登記の申請をすることはできないとされています
(注)。

　乙への相続による所有権の移転登記は，特定の不動産を特定の相続人に
「相続させる」旨の甲の遺言どおりに行われたものです。したがって，甲の
遺言の内容と異なる乙持分を5分の3，丙持分を5分の2とする遺産分割協
議がされたときは，通常の共有者間における共有持分の一部売買又は贈与若
しくは共有物分割の合意が成立したものと解されることから，更正登記によ
るのではなく，新たに持分を取得する丙を登記権利者，持分が減少する乙を
登記義務者とする共同申請により，乙持分の一部移転の登記を申請すべきで
あると考えられます。

　以上のことから，本問の所有権の更正登記は，申請することができないと
考えられます。

(注)　登研546号152頁

第 11　更正の登記（第 10 の更正の登記を除く）　/　【77】　　225

【77】　所有権の登記後に設定された地役権の地役権者は，当該所有権の更正登記について利害関係を有する第三者に該当するか。

Q　　承役地の所有権の登記名義人甲を甲・乙とする更正登記をする場合，甲の所有権の登記後に当該承役地に設定された地役権の地役権者は，当該更正登記について利害関係を有する第三者に該当するでしょうか。

A　　当該地役権者は，利害関係を有する第三者に該当すると考えられます。したがって，当該所有権の更正登記には，当該地役権者の承諾を証する情報又は当該地役権者に対抗することができる裁判があったことを証する情報を提供する必要があり，当該地役権は，所有権の更正登記をしたときに職権により抹消されることになります。

【解　説】

1　更正登記における登記上の利害関係を有する第三者

　更正の登記とは，登記事項に錯誤又は遺漏があった場合に当該登記事項を訂正する登記であり（不登法 2 条 16 号），権利に関する登記の更正登記は，更正の前後を通じて，登記の同一性が失われない場合に限って認められるものと解されています。すなわち，権利に関する登記の更正登記は，実体上の権利関係と登記との間に部分的な不一致がある場合に認められることになります。

　また，権利の更正登記は，登記上の利害関係を有する第三者の承諾がある場合及び当該第三者がない場合に限り，付記登記によってすることができるとされています（不登法 66 条）。所有権の保存登記又は移転登記等の所有権に関する登記の更正登記は，実質的には，所有権の一部抹消としての性質を有することから，登記の抹消に関する不登法 68 条の規定も併せて適用され，常に付記登記によってすべきものであると解されています。このことは，所有権の更正に係る甲区の登記事項について，「所有権の更正の登記は，必ず付記登記である。」とされていることからも明らかです（不動産登記記録例集

238・239・243 の（注）参照）。したがって，登記上の利害関係を有する第三者がある場合には，当該第三者の承諾を証する情報又は当該第三者に対抗することができる裁判があったことを証する情報を提供して（不登令別表 25 の項添付情報欄ロ），更正登記を申請することになります。

なお，登記官の権利に関する登記の審査権限は，登記記録，申請情報及び添付情報に限られています（形式的審査権）。そのため，登記上の利害関係を有する第三者については，登記記録のみから形式的に判断せざるを得ないことから，登記の形式上からみて一般的に損害を被るおそれがある第三者であるとされています（注1）。

2 地役権の設定

地役権とは，設定行為で定めた目的に従い，他人の土地を自己の土地の便益に供する権利であり（民法 280 条），「他人の土地」とは，地役権者以外の者の土地であって，要役地の便益に供されるものをいい，これを「承役地」といいます（同法 285 条 1 項）。また，「自己の土地」とは，地役権者の土地であって，他人の土地から便益を受けるものをいい，これを「要役地」といいます（同法 281 条 1 項）。

通常，地役権は，要役地の所有者も，また，承役地の所有者も一人である場合がほとんどですが，共有である場合もあり得ます。そこで，土地が共有である場合において，ある共有者の持分についてのみ用益物権を設定することができるかどうかについては，他の共有者の同意がある場合であっても設定することはできないとされています（注2）。この先例は，採石権の設定の可否に関するものですが，同じ用益物権である地役権の設定についても同様に解されます。したがって，要役地が共有である場合には，要役地全体のために，共有者全員が申請人となって地役権の設定登記を申請することになります。このことは，承役地が共有である場合も同様です。

このような地役権の性質を地役権の不可分性といい，民法は，「土地の共有者の一人は，その持分につき，その土地のために又はその土地について存する地役権を消滅させることができない。」と規定しています（同法 282 条 1 項）。したがって，承役地の所有者が甲及び乙である場合に，要役地の所有

者（地役権者）との合意によって，乙の持分を目的とする部分の地役権を消滅させることはできません。このことは，地役権を設定する場合も同様です。すなわち，要役地の所有者は，承役地の共有者の一人の持分を目的とする地役権を設定することはできません。

3　本問の検討

　本問の更正登記がされた場合，当該承役地は，当初から甲・乙の共有であったことになりますから，甲の所有権の登記後にされた地役権の設定は，甲の持分のみを目的とする無効なものであったということになります。したがって，当該地役権の設定登記も無効な登記であり，抹消される運命にあるといえます。

　以上のことから，本問の更正登記がされた場合，地役権者は，登記の形式上からみて一般的に損害を被るおそれがありますから，登記上の利害関係を有する第三者に該当すると考えられます。

　したがって，当該所有権の更正登記には，上記1のとおり，当該地役権者の承諾を証する情報又は当該地役権者に対抗することができる裁判があったことを証する情報を提供する必要があり，当該地役権は，所有権の更正登記をしたときに職権により抹消されることになります。

（注1）　不動産登記の要点Ⅳ 93頁
（注2）　昭和37年3月26日付け民事甲第844号民事局長通達

第12　仮登記

【78】　登記原因証明情報に代えて「錯誤により持分の更正の仮登記をすることを承諾する」旨の記載がある登記義務者の承諾を証する情報を提供して所有権の更正の仮登記を申請することの可否

Q　甲及び乙の持分を各2分の1とする所有権の保存登記をした建物について，登記原因を錯誤として，甲持分を3分の2，乙持分を3分の1とする所有権の更正の仮登記を申請する場合に，「錯誤により持分の更正の仮登記をすることを承諾する」旨の記載がある登記義務者乙の承諾を証する情報を提供すれば，登記原因証明情報を提供する必要はないと考えますが，いかがでしょうか。

A　当該承諾を証する情報のほかに登記原因証明情報を提供しなければ，当該所有権の更正の仮登記は，申請することができないと考えられます。

【解　説】

1　仮登記の添付情報

　仮登記は，仮登記の登記義務者の承諾があるときは，当該仮登記の登記権利者が単独で申請することができます（不登法107条1項）。そのため，当該仮登記権利者が単独で仮登記を申請するときは，登記原因証明情報及び仮登記の登記義務者の承諾を証する当該登記義務者が作成した情報（不登令別表68の項添付情報欄イ・ロ）を提供する必要があります。

　登記原因証明情報は，必ずしも一つの書面である必要はなく，複数の書面を併せて作成されていても差し支えないとするのが登記実務の取扱いです。このことは，登記原因証明情報である契約書と仮登記義務者の承諾を証する

情報が同一書面で作成されている場合に，当該書面について原本還付をすることができるとされていることからも明らかです（注1）。

ところで，仮登記義務者の承諾を証する情報は，仮登記権利者が単独で当該仮登記を申請するために提供を要するものであるのに対して，登記原因証明情報は，一部の例外（不登令7条3項）を除き，権利に関する登記申請に必須の添付情報であることから，仮登記権利者の単独申請及び共同申請のいずれの場合であっても，必ず提供しなければならないものです。したがって，二つの情報が一つの書面で作成されている場合には，当該書面は，必ず登記原因証明情報としての適格性を有しているものでなければなりません（注2）。

2　本問の検討

錯誤による所有権の更正登記を申請する場合に提供する報告的な登記原因証明情報は，登記すべき物権変動の原因となる事実又は法律行為として，実体上の権利関係，当該所有権の登記の一部について誤りがあった事実及びこれに基づく物権変動が生じたことを，その内容とするものでなければなりません。したがって，本問の場合の登記原因証明情報における「登記の原因となる事実又は法律行為」は，次のような内容になるものと考えられます。

1　何年何月何日，甲及び乙は，新築により甲3分の2，乙3分の1の割合で本件建物の所有権を取得した。

2　甲持分を3分の2，乙持分を3分の1の共有名義とする建物の表題登記及び所有権の保存登記をすべきところ，申請人の過誤により，甲及び乙の持分を各2分の1とする建物の表題登記及び所有権の保存登記（何年何月何日何地方法務局何出張所受付第何号）がされた。

3　よって，本件建物について，錯誤により，甲持分を3分の2，乙持分を3分の1とする更正をする。

しかし，本問の登記義務者乙の承諾を証する情報中の「錯誤により持分の更正の仮登記をすることを承諾する」旨の記載のみでは，登記の原因となる事実又は法律行為及びこれに基づく物権変動が生じたことが明らかではありませんから，当該書面は，登記原因証明情報としての適格性を有していないといわざるを得ません。

第 12　仮登記　/　【78】　　231

　以上のことから，本問の場合は，当該承諾を証する情報のほかに，上記の
ような内容が記載された登記原因証明情報を提供しなければ，当該所有権の
更正の仮登記は，申請することができないと考えられます。

（注1）　カウンター相談Ⅲ7頁
（注2）　登研726号153頁

【79】 根抵当権移転の仮登記名義人が当該根抵当権の変更登記を申請することの可否

Q 　甲を根抵当権者とするＡ根抵当権の移転の仮登記名義人である乙は，Ａ根抵当権の変更（債権の範囲の変更）登記を申請することができるでしょうか。

A 　Ａ根抵当権の移転仮登記が不登法 105 条 1 号の仮登記であり，かつ，Ａ根抵当権の変更登記もまた仮登記であれば，申請することができると考えられます。

【解　説】

　仮登記名義人乙は，本登記の変更登記の申請人にはなり得ませんから，根抵当権の変更登記が本登記によるものである場合には，Ａ根抵当権の根抵当権者甲が，当該変更登記の申請人となるべきであると考えられます。

　ただし，Ａ根抵当権の移転仮登記が不登法 105 条 1 号の仮登記であれば，Ａ根抵当権は，実質的に甲から乙へ移転されているものと解することができます。その場合であっても，Ａ根抵当権の変更登記が本登記である場合には，上記のとおり，Ａ根抵当権の根抵当権者甲が申請人となるべきであることに変わりはありませんが，当該変更登記もまた仮登記であれば，仮登記名義人乙が申請人となることができるものと考えられます。

第 12 仮登記 / 【80】 233

【80】 数筆を合わせて敷金を定めた賃借権設定の仮登記申請の可否

Q 100番と101番の2筆の土地について賃借権設定の仮登記を申請する場合に，敷金を100番の土地については「101番の土地とともに金700万円」，101番の土地については「100番の土地とともに金700万円」として申請することができるでしょうか。

A 当該登記申請は，することができないものと考えられます。この場合の敷金は，100番及び101番の土地ごとに登記すべきであると考えられます。

【解 説】

1 賃借権の設定における賃料の定め

賃借権は債権ですから，登記をする旨の合意がない限り，賃借人は登記請求権を有しないと解されますが，当事者間の特約により賃借権の設定登記をしたときは，その後その不動産について物権を取得した者に対して，その効力を生ずる（民法605条）ものとされています。そのため，賃借権の目的となっている不動産について，新たに取引関係に入ろうとする当該不動産の買受人若しくは当該賃借権の譲受人等にとっては，当該賃借権の賃料は，重大な関心事であると考えられます。また，賃貸借契約は有償契約ですから，賃料の定めが必要であり（民法601条），賃借権の登記又は賃借物の転貸の登記をする場合には，賃料を申請情報の内容としなければなりません（不登法81条1号）。すなわち，賃料は，賃借権の設定登記の絶対的登記事項とされていることになります。そして，賃借権の目的となる土地は1筆である場合に限らず，数筆の土地について，一括して，同時に賃貸借が成立する場合もあります。この場合の賃料は，当事者間において，目的不動産1筆ごとに定められることもありますし，また，数筆をまとめて全体として決められることもありますが，いずれの定めも，民法上は有効であると解されます。

しかしながら，数筆の土地に賃借権を設定したとしても，賃借権は，各個の土地ごとに成立するものであり，数筆の土地を一体として，その上に成立

するものではありませんから，賃借権の設定登記は，各個の土地ごとにすべきであり，したがって，賃料も各個の土地ごとに登記するのが当然であるばかりか，賃借権の設定登記をすることによって，賃料についても対効力が付与されることになるのですから，第三者への公示方法としては，できる限り明確にすることが要求されているものと考えられます。

そのため，数筆の土地に賃借権を設定する場合であっても，申請情報における賃料は，各個の筆ごとに表示すべきであって，数筆の土地の賃料の合計額を登記することはできないものとされており（注1），したがって，賃料を「何番の土地，何番の土地，合計金何円」とする賃借権の設定登記の申請は，不登法25条5号の規定に基づき却下すべきとするのが，登記実務の取扱いです（注2）。

なお，数筆の土地に対する事業用借地権の設定契約が公正証書によってされている場合において，賃料等が，数筆の土地について一括して定められているときであっても，当該借地権の設定登記の申請情報の内容として，各個の筆ごとに賃料等を明記すれば，当該公正証書を変更することなく，借地権の設定登記を申請することができると考えられます（注3）。

2 賃借権の設定における敷金の定め

ところで，賃借権の登記又は賃借物の転貸の登記について敷金が登記事項（不登法81条4号）とされた理由は，担保物権及び民事執行制度の改善のための民法等の一部を改正する法律（平成15年法律第134号。平成16年4月1日施行）により，抵当権設定後の賃貸借につき登記がされ，かつ，これに優先する抵当権を有するすべての者（総先順位抵当権者）が，これに対効力を与えることに同意し，その同意につき登記（当該登記の目的は「何番賃借権の何番抵当権，何番抵当権，何番抵当権に優先する同意」）がされたときは，その賃借権は，抵当権者に対抗することができる（改正後の民法387条1項）とする制度が創設されたことに伴い，不動産競売における買受人が引き受けるべき賃借権の内容を明確にし，また，高額な敷金の差入れの仮装等による執行妨害を排除するためとされています（注4）。

賃料が絶対的登記事項であるのに対して，敷金は任意的登記事項ではあり

ますが，賃貸人の敷金返還義務は，目的不動産の所有権移転に伴い当然に新所有者に承継されると解されていますから，敷金の有無及び額は，目的不動産の新所有者にとって，一般に重要性が高いものとなっていると考えられます。

3　本問の検討

　以上のことから，敷金について，本問のような記録による登記を認めた場合には，100番の土地と101番の土地の所有権が，同時に又は時を異にして別人に移転されたような場合，買受人にとっては，各土地の敷金返還債務の金額が不明という結果になり，賃借人にとっては，登記することによって付与された敷金についての対効力が失われてしまうと同じ結果になるおそれも生じることになりかねません。

　したがって，敷金についても，賃料と同様に，各個の土地ごとに登記すべきであり，この結論は，当該賃借権の設定登記が仮登記の場合であっても同様であると考えられます。

（注1）　登研310号75頁

（注2）　昭和54年4月4日付け民事第三課長電信回答

（注3）　登研606号199頁

（注4）　平成15年12月25日付け民二第3817号民事局長通達第2の1

【81】 条件付抵当権の設定仮登記の抹消登記の登記原因を「弁済」とすることの可否

　登記原因を「年月日金銭消費貸借年月日設定（条件　登記原因である契約条項中第1条に該当する事由が生じたとき）」とする条件付抵当権の設定仮登記について、当該条件が成就していない場合であっても、「年月日弁済」を登記原因及びその日付とする当該仮登記の抹消登記を申請することができるでしょうか。

A　当該仮登記の抹消登記の登記原因及びその日付は、「年月日条件不成就」とするのが相当と考えられます。

【解　説】

　抵当権の被担保債権が消滅した場合、これに附従して当該抵当権も消滅します。しかしながら、本件の条件付抵当権の設定仮登記については、金銭消費貸借契約は成立していると解されても、抵当権は、条件が成就するまでは設定されないことになります。したがって、金銭消費貸借契約に基づく債権は、いまだ本件抵当権の被担保債権とはいえないことから、当該債権が弁済によって消滅したとしても、附従性によって当該抵当権までもが消滅するのではなく、条件が成就しなかったことにより、抵当権の設定が不能となったものであると解すべきです。したがって、本件仮登記について、「年月日弁済」を登記原因として抹消の登記を申請することはできず、抹消登記の登記原因は、「年月日条件不成就」とするのが相当であり、その日付は、当該条件が不成就となったことが明らかになった日とすべきであると考えられます。

第 12　仮登記　/　【82】　　237

【82】　所有権の移転仮登記と当該仮登記の移転仮登記の抹消登記に提供する登記識別情報

Q　　以下の登記がされている不動産について，順位２番及び３番の仮登記の抹消登記は，一の申請情報で申請することができますか。できるとした場合に提供すべき登記識別情報は，順位２番又は３番のいずれかで足りるでしょうか。若しくは両方の登記識別情報を提供する必要がありますか。

甲区１番	所有権保存			所有者甲
２番	所有権移転仮登記	原因	年月日売買	権利者乙
３番	２番仮登記所有権移転の仮登記	原因	年月日相続	権利者丙

A　　本問の順位２番及び３番の仮登記の抹消登記は，一の申請情報で申請することができると考えられます。また，その場合には，順位３番の登記の登記識別情報のみを提供すれば足りるものと考えられます。ただし，順位３番の移転の仮登記が売買を原因とするものである場合には，順位２番及び順位３番の各仮登記の抹消は，各別の申請によるべきであり，それぞれの登記の登記識別情報の提供を要することになります。

【解　説】

　本問の順位２番の所有権移転仮登記は，売買による所有権の移転という権利変動は既に生じているものの，登記識別情報又は第三者の許可，同意若しくは承諾を証する情報を提供することができないときにする，いわゆる１号仮登記です（不登法 105 条１号，不登規 178 条）。したがって，順位３番の所有権移転仮登記の移転は，主登記による仮登記をもってすることになります。

　ところで，順位３番の仮登記の登記原因が「売買」の場合は，順位３番の仮登記の抹消登記の登記権利者は乙，登記義務者は丙であり，また，順位２番の仮登記の抹消登記の登記権利者は甲，登記義務者は乙であることから，甲は，丙に対して直接の抹消請求権を有していないため，順位２番及び３番

の仮登記の抹消登記を，甲を登記権利者，乙及び丙を登記義務者として，一の申請情報で申請することはできません。

この場合には，まず，乙と丙の共同申請により順位3番の仮登記を抹消し，次いで，甲と乙の共同申請により順位2番の仮登記を抹消することになり，したがって，それぞれの登記識別情報の提供を要することになります。

本問の場合，順位3番の仮登記の登記原因は「相続」ですが，乙の死亡前に，甲乙間の売買契約が解除されていたときは，甲を登記権利者，乙の相続人全員を登記義務者とする共同申請により，直接，順位2番の仮登記の抹消登記を申請することができます。逆に，乙の死亡後に，甲と乙の相続人との間で売買契約が解除されたときは，順位2番の仮登記の抹消登記を申請する前提として，「相続」による当該仮登記の移転仮登記を申請しなければなりません。したがって，本問の場合は，後者のケースであるといえます。

しかし，順位3番の仮登記名義人丙は，順位2番仮登記権利者乙の権利を相続により取得した一般承継人であり，実体的には乙と丙は同一主体であることから，仮登記の抹消の登記権利者である甲は，丙に対して，直接，抹消登記を請求することができると解されます。

したがって，一の申請情報をもって順位2番及び順位3番の仮登記の抹消を申請することができると考えられます。

そして，この場合には，順位3番の仮登記は，上記のとおり，実体的には順位2番の仮登記と一体をなすものとみることができますから，当該仮登記の抹消登記には，順位3番の登記の登記識別情報のみを提供することで足りるものと考えられます。

第13 代位登記

【83】 代位者を権利能力なき社団名とする登記申請の可否

Q 差押債権者である権利能力なき社団が，差押登記の前提登記として，差押債務者である相続人に代位して，相続による所有権の移転登記を申請する場合，代位者を権利能力なき社団名とすることができるでしょうか。

A 代位者を権利能力なき社団名とする登記申請は，することはできないと考えられます。

【解　説】

　社団としての実体は有しているものの，法律上，法人格を有しないため，権利義務の主体となり得ない権利能力なき社団は，所有権等の登記名義人となることはできません。このことは，不登令20条2号において，「申請に係る登記をすることによって表題部所有者又は登記名義人となる者が権利能力を有しないとき。」は，当該登記の申請は，却下される（不登法25条13号）こととされていることからしても，権利能力なき社団が所有権等の登記名義人となることができないことは，明らかです。

　権利能力なき社団名義による登記が認められない理由としては，①不動産登記法上，申請人の氏名又は名称及び住所（不登令3条1号），申請人が法人であるときは，その代表者の氏名（同条2号）を申請情報の内容としなければならないとされていることから，自然人及び法人以外の者が登記名義人になることが予定されていないこと，②法人が登記名義人となる場合には，会社法人等番号若しくは法人の代表者の資格を証する情報を提供することを要しますが（不登令7条1項1号），権利能力なき社団については，直接これを監

督する行政機関がないことから，その実態及び代表者について公証する制度がなく，登記官の形式的審査では架空の名義人の登記を防止することができないこと，③一旦権利能力なき社団の登記を認めると，その後当該社団を登記義務者とする登記申請をする際に，当該社団の代表者の資格を証する情報の提供及び印鑑証明書を添付することができないために，その真正を担保することができないこと等が挙げられています（注1）。

　一方，抵当権の設定登記における債務者は，登記名義人ではなく，かつ，法人でない社団又は財団で代表者又は管理人の定めがあるものは，その名において訴え，又は訴えられることができるとされ，民事訴訟法上，当事者能力が認められている（民事訴訟法29条）ことから，権利能力なき社団を抵当権の設定登記の債務者とする登記の申請は，受理して差し支えないとされています（注2）。したがって，代位者も債務者と同様に登記名義人でないことから，権利能力なき社団を代位者とする登記申請を認めても差し支えないとも考えられます。

　しかしながら，債権者代位権は，債権者が自己の債権を保全するために，債務者に属する権利を行使する（民法423条1項）ものであり，登記記録上，債権者と代位者の氏名若しくは名称及び住所は，同一の表記がされることになります。すなわち，当該代位者は，その後にされる差押えの登記の登記名義人である差押債権者となるべき者であるということになります。したがって，当該代位者を上記の抵当権の設定登記における債務者と同様に解することはできません。以上のとおり，権利能力なき社団は，差押えの登記の登記名義人である差押債権者となることはできませんから（注3），その前提登記としてする差押債務者の相続による所有権の移転の登記申請の代位者となることもできないと考えられます（注4）。

　（注1）　昭和23年6月21日付け民事甲第1897号民事局長回答，昭和36年7月21日
　　　　　　付け民三第625号民事第三課長回答
　（注2）　昭和31年6月13日付け民事甲第1317号民事局長回答
　（注3）　登研429号121頁，464号116頁
　（注4）　認可地縁Q＆A 132頁

【84】 区分所有法7条に規定する先取特権に基づく代位登記の代位原因

Q 管理組合としての法人登記があるマンション管理組合が、区分所有法7条に規定する先取特権に基づく担保権実行の差押えの登記をした区分建物の専有部分について、当該専有部分の所有権の登記名義人に代位して、当該差押えに先行する所有権移転等の仮登記の抹消を求める訴えを提起し、勝訴判決を得た当該マンション管理組合が、当該抹消登記を債権者代位により申請する場合の代位原因は、どのようにすべきでしょうか。

A 当該代位登記の代位原因は、「年月日判決に基づく先取特権保全」とするのが相当であると考えられます。

【解 説】

区分所有者全員による建物並びにその敷地及び附属施設の管理を行う管理組合法人（区分所有法3条、47条1項・2項）は、その職務又は業務を行うにつき、区分所有者に対して有する債権の上に先取特権を有し（同法7条1項）、その効力については、共益費用の先取特権とみなされます（同条2項）。

債権者は、自己の債権を保全するため、債務者に属する権利を行使することができますが（民法423条）、同条その他の法令の規定により他人に代わって登記を申請するときは、申請人が代位者である旨、当該他人（被代位者）の氏名又は名称及び住所並びに代位原因を、申請情報の内容としなければなりません（不登令3条4号）。したがって、代位原因としては、債権者がその代位登記を債務者に代わって申請しなければ保全し得ない登記請求権又はその他の権利を保全するためである旨を記載することになります。

共益費用の先取特権は、各債権者の共同の利益のためにされた債務者の財産の保存、清算又は配当に関する費用について存在するとされるものですが（民法306条1号、307条）、本問の場合は、各債権者の共同利益のために支出した区分建物の管理費や修繕積立金等の費用について存在する先取特権に基づき、当該専有部分に担保権実行の差押えがされたものと考えられます。そこ

で，代位原因を「年月日（判決確定日）管理費，修繕積立金等請求権」とすることも考えられますが，当該マンション管理組合が，直接登記請求権を有するものではないため，当該専有部分の所有権の登記名義人に代位して，当該仮登記の抹消を求める訴えを提起したものです。

すなわち，本問における債権者が保全すべき権利は，区分所有法7条に規定する先取特権であることから，これを明確にするため，当該代位登記の代位原因は，「年月日判決に基づく先取特権保全」とするのが相当であると考えられます。

第 14　判決による登記

【85】「乙及び丙が有する持分について，甲に対し，共有物分割を原因とする所有権移転登記手続きをせよ。」との判決に基づき，乙及び丙から，甲の訴訟承継人となった丁に対して，直接，持分全部移転の登記を申請することの可否

Q　甲，乙及び丙の三人が共有するＡ不動産について，原告甲は，被告乙及び丙に対し，金銭対価の共有物分割による乙及び丙持分全部移転登記を行うことを請求する訴えを提起しました。

　口頭弁論終結後の本年2月8日，甲が死亡し，丁が公正証書遺言により包括遺贈を受け，甲の権利義務全てを承継したため，Ａ不動産の甲持分は，遺贈により丁名義となりました。

　2月22日，裁判所は，「被告乙及び丙は，原告甲から金1,000万円の支払いを受けるのと引換えに，Ａ不動産の乙及び丙が有する持分について，甲に対し，共有物分割を原因とする所有権移転登記手続きをせよ。」とする甲の主張を認める判決をしました。

　3月1日，丁が甲の訴訟承継人となり，当該判決は3月14日に確定し，翌日の15日に執行文が付与されました。

　この場合，当該判決に基づき，乙及び丙から，直接丁への持分全部移転の登記を申請することができるでしょうか。

　乙及び丙から直接丁への持分全部移転の登記は，申請することができないと考えられます。

　この場合，Ａ不動産については，甲の相続人の申請により，確定判決に基づき，「共有物分割」を登記原因とする乙及び丙から甲への持分全部移転登記を経由した上で，丁及び甲の相続人全員の共同申請により，

244　第14　判決による登記　/　【85】

「遺贈」を登記原因とする甲から丁への持分全部移転登記を申請すべき
であると考えられます。

【解　説】

1　本問の判決主文の内容について

　本問の判決の主文は、「被告乙及び丙は、……、A不動産の乙及び丙が有
する持分について、甲に対し、共有物分割を原因とする所有権移転登記手続
きをせよ。」という内容であることから、遺言により甲の権利義務が丁に承
継されているとしても、当該判決によって擬制される意思表示（民事執行法
174条参照）は、あくまでも乙及び丙から甲への所有権の移転登記の申請で
あって、乙及び丙から丁への持分全部移転の登記申請に転化するものではあ
りません。

　また、登記実務において、中間省略登記が認められるのは、判決による場
合に限られています。そのため、所有権が甲から乙、乙から丙、丙から丁へ
と順次売買により移転したが、所有権の登記名義人が甲である場合、「甲は
丁に対し別紙目録記載の不動産につき何年何月何日付売買を原因とする所有
権移転登記手続をせよ。」との確定判決の内容において甲、乙、及び丙全員
が中間省略の登記につき合意が成立していること、原因日付が丙から丁に移
転した日であることが認められるときは、丁からの所有権の移転登記の申請
は受理すべきであるとされています（注）。

　一方、本問の場合、丁が、甲の権利義務を包括的に承継したのは、甲が死
亡した「2月8日」であるにもかかわらず、乙及び丙から、直接丁への持分
全部移転の登記申請が認められるとすれば、その原因日付は、本問の判決が
確定した「3月14日」となることから、当該持分全部移転の登記は、中間
省略登記であるということになります。しかし、上記のとおり、本問の判決
の主文は、乙及び丙から甲への所有権の移転登記を命じているものであり、
直接丁への中間省略の登記を認めているものではありません。

2　受贈者が包括遺贈後に取得した権利の受遺者への帰属について

　遺贈は、その目的である権利が遺言者の死亡の時において相続財産に属し

なかったときは，その効果を生じませんが，その権利が相続財産に属するかどうかにかかわらず，これを遺贈の目的としたものと認めるときは，遺贈の効果が生じるものとされています（民法996条）。

そこで，本問の乙及び丙から共有物分割により取得した甲持分について，甲から丁への包括遺贈の効果が生じるかについては，包括受遺者は，相続人と同一の権利義務を有するとされていることから（同法990条），公正証書遺言の作成後に甲が取得したA不動産の持分についても，その効果は，丁に及ぶものと解して差し支えないと考えられます。

3　本問の検討

以上のことから，本問の乙及び丙から直接丁への持分全部移転の登記は，申請することができないと考えられます。

本問のA不動産については，甲の相続人の申請により，確定判決に基づき，「共有物分割」を登記原因とする乙及び丙から甲への持分全部移転登記を経由した上で，丁及び甲の相続人全員の共同申請により，「遺贈」を登記原因とする甲から丁への持分全部移転登記を申請すべきであると考えられます。

なお，甲の相続人が当該登記を申請しないときは，丁が，甲の相続人に代位して乙及び丙から甲への持分全部移転登記を申請することになると考えられます。また，甲から丁への持分全部移転登記については，甲の相続人に対する丁への甲持分全部移転登記を命ずる確定判決を得て，丁が単独で申請することになるものと考えられます。

（注）　昭和35年7月12日付け民事甲第1581号民事局長回答

246　第14　判決による登記　/　【86】

【86】　合筆及び分筆がされた土地の所有権の更正登記をする場合の判決主文

Q　　甲への相続による所有権の移転登記がされている土地Ａ及びＢについて，他の相続人である乙及び丙が，甲に対して，相続分を各３分の１とする遺産分割を申し立てました。裁判官は，この申立てを認容し，甲への相続による所有権の移転登記を相続人らの共有にするために，主文を「何年何月何日受付第何号をもってされた所有権の移転登記を，被相続人から相続人全員に対する甲持分３分の１，乙持分３分の１，丙持分３分の１の相続を原因とする所有権の移転登記に更正登記手続をせよ。」とする判決を出したいようなのですが，Ｂ土地はＡ土地に合筆され，その後，Ａ１及びＡ２に分筆されています。そのため，Ａ１土地については，甲への相続による順位２番の所有権の移転登記に続いて，順位３番で合併による所有権登記がされており，一方，Ａ２土地については，Ａ１土地の順位３番の「合併による所有権登記」のみが順位１番で転写されています。この場合，上記の判決をもって，Ａ１土地の順位３番及びＡ２土地の順位１番の「合併による所有権登記」について，更正登記をすることができるでしょうか。

A　　当該判決主文では，Ａ１土地の順位３番及びＡ２土地の順位１番の「合併による所有権登記」のいずれについても，更正登記をすることはできないと考えられます。この場合の判決の主文は，「Ａ１及びＡ２土地について，何年何月何日受付第何号をもってされた合併による所有権登記を甲持分３分の１，乙持分３分の１，丙持分３分の１とする更正登記手続をせよ。」とするのが相当であると考えられます。

【解　説】

　登記実務において，権利に関する登記の更正登記の対象となるのは，現に効力を有する登記に限られます。すなわち，不動産登記の公示制度からすれば，登記は，現状を公示すれば足りると解されますから，抹消した抵当権の登記若しくは前所有者の所有権の登記のように，既に登記の目的たる権利が

効力を有していない場合には，当該権利の登記について，更に更正をする必要は認められないと考えられます（注1）。

そのため，甲から所有権を無償で取得した乙が，「売買」を登記原因として所有権の移転登記をした後，丙への売買による所有権の移転登記を経由している場合において，甲から乙への所有権の移転登記の登記原因を「贈与」とする更正登記の申請は，受理されないとされており（注2），また，甲から乙への所有権の移転登記の登記原因の誤りが，登記官の過誤によるものである場合であっても，当該登記は現に効力を有しない登記であるので，登記官の職権による更正登記をすることは相当でないとされています（注3）。

次に，甲区順位2番で甲名義の所有権の登記があり，同じく順位3番で甲名義の合併による所有権の登記がある場合において，甲の住所移転による登記名義人の住所の変更登記は，順位3番のみについてすれば足りるとされており（注4），また，100番の土地について，甲が相続による所有権の移転登記をした後，100番1及び100番2に分筆した場合において，100番1及び100番2の各土地について，その所有者を甲及び乙に更正する所有権の更正登記は，分筆錯誤による表示更正の登記をすることなく，申請することができるとされています（注5）。

以上のことから，本問の場合の更正登記の対象となるのは，現に効力を有する登記であるA1土地の順位3番及びA2土地の順位1番の「合併による所有権登記」であるということになります。そうすると，「何年何月何日受付第何号をもってされた所有権の移転登記を，被相続人から相続人全員に対する甲持分3分の1，乙持分3分の1，丙持分3分の1の相続を原因とする所有権の移転登記に更正登記手続をせよ。」との判決主文による更正登記の対象となるのは，A1土地にされた甲への相続による順位2番の所有権の移転登記ということになります。

したがって，本問の判決主文では，A1土地の順位3番及びA2土地の順位1番の「合併による所有権登記」のいずれについても，更正登記をすることはできないと考えられます。

この場合の判決の主文は，「A1及びA2土地について，何年何月何日受付第何号をもってされた合併による所有権登記を甲持分3分の1，乙持分3

分の１，丙持分３分の１とする更正登記手続をせよ。」とするのが相当であると考えられます。

　（注１）　登研27号26頁
　（注２）　登研506号148頁
　（注３）　登研516号195頁
　（注４）　登研411号85頁
　（注５）　登研417号105頁

第15　処分の制限の登記

【87】　信託前に発生した債権の執行を保全する差押登記の嘱託情報の内容

Q　以下のような登記がされている不動産について，仮差押債権者乙を登記権利者，委託者甲を登記義務者とする強制競売開始決定に係る差押登記を嘱託することができるでしょうか。できるとした場合，嘱託情報における登記の目的並びに登記原因及びその日付は，どのようになるでしょうか。

甲区2番　所有権移転　　　所有者甲
　　3番　仮差押　　　　　債権者乙
　　4番　所有権移転　　　受託者丙
　　　　　信託　　　　　　信託目録第何号

A　当該差押えは，信託前に発生した債権の執行を保全する差押えであるため，嘱託することができると考えられます。この場合の登記の目的は「差押」，登記原因は「年月日甲に対する何地方裁判所強制競売開始決定」とするのが相当と考えられます。

【解　説】

　信託財産に属する財産に対しては，信託財産責任負担債務に基づく場合を除き，強制執行，仮差押え，仮処分若しくは担保権の実行若しくは競売又は国税滞納処分をすることはできないとされています（信託法（平成18年法律第108号）23条1項）。その例外とされる信託財産責任負担債務とは，受託者が信託財産に属する財産をもって履行する責任を負う債務をいいます（同法2条9項）。

　本問における乙の被保全債権である差押債権は，順位4番の信託前に登記

250   第15　処分の制限の登記　/　【87】

を完了した仮差押えによって生じた権利であることから，信託財産責任負担
債務である「信託財産に属する財産について信託前の原因によって生じた権
利」（同法21条1項2号）に該当するものと考えられます。

　したがって，本問の仮差押債権者乙を登記権利者とする強制競売開始決定
に係る差押の登記嘱託は，することができるものと考えられます。

　本問の差押えの対象は，信託財産に属する財産であり，順位2番の所有者
である甲を債務者とする差押えであることから，登記の目的は，単に「差
押」とし，その登記原因は「年月日甲に対する何地方裁判所強制競売開始決
定」とするのが相当と考えられます。

第 16　登録免許税　/　【88】　251

第16　登録免許税

【88】　単有名義の所有権の保存登記とこれを共有とする所有権の更正登記を
　　　連件で申請する場合の当該所有権の保存登記における租特法 72 条の 2
　　　の適用の有無

Q　　　甲が表題部所有者となっている非区分建物について，1件目で
　　　所有権の保存登記を申請し，2件目で所有者甲を共有者甲及び乙
とする所有権の更正登記を連件で申請する場合において，租特法 72 条
の 2 の軽減を受けるために提供する住宅用家屋証明書の申請人の記載が
甲及び乙となっているときは，1件目の所有権の保存登記の登録免許税
は，更正後の甲の持分のみについて租特法 72 条の 2 の適用があるもの
として算出すればよいでしょうか。

A　　　当該所有権の保存登記について租特法 72 条の 2 の軽減を受け
　　　るためには，甲を申請人とする住宅用家屋証明書を提供する必要
があると考えられます。

【解　説】

　個人が，住宅用家屋を新築し，又は建築後使用されたことのない住宅用家
屋を取得し，当該個人の居住の用に供した場合には，当該住宅用家屋の所有
権の保存登記の登録免許税は，当該住宅用家屋の新築又は取得後 1 年以内に
登記を受けるものに限り，減額されます（租特法 72 条の 2）。

　そして，同条の規定の適用を受けようとする者は，所有権の保存登記の申
請に，市町村長又は特別区の区長による証明書（住宅用家屋証明書）で，当
該家屋が新築されたものであること又は建築後使用されたことのないもので
あること及び当該家屋の新築又は取得の年月日の記載があるものを添付しな

ければならないとされています（租特規25条1項）。したがって，租特法72条の2の適用を受けることができる者は，当該建物を新築し又は取得した者，すなわち当該建物の表題部所有者に限られるということになります。

本問の建物の表題部所有者は，あくまでも甲ですから，所有者甲を共有者甲及び乙とする所有権の更正登記を連件で申請し，申請人の記載が甲及び乙となっている住宅用家屋証明書を提供したとしても，当該住宅用家屋証明書の申請人の記載と当該建物の表題部所有者が異なっている以上，登記官は，適正な住宅用家屋証明書の提供があったものと判断することはできません。

以上のことから，本問建物の所有権の保存登記を申請する場合に，租特法72条の2の適用を受けるためには，甲を申請人とする住宅用家屋証明書を提供する必要があると考えられます。

なお，登記実務においては，表題部所有者甲を甲，乙及び丙3名の共有とする所有者の更正登記をした建物について，甲のみが記載されている住宅用家屋証明書を提供して所有権の保存登記の申請があった場合に，租特法72条の2の適用を受けることができるのは甲のみであるとされています（注）。本問の事案は，これと逆のケースに該当します。したがって，まず，当該建物の表題部所有者甲を甲及び乙とする所有者の更正登記をし，次いで，甲及び乙を申請人とする住宅用家屋証明書を提供して所有権の保存登記を申請すれば，両名について，租特法72条の2の適用を受けることができることになります。

（注）　登研479号125頁

【89】 租特法72条の2の適用の可否

Q 新築後1年以内の居宅を主である建物，新築後1年以上を経過した車庫を附属建物とする表題登記がされている建物について，「建築後使用されたことのないもの」の住宅用家屋証明書を提供して所有権の保存登記を申請する場合，租特法72条の2の適用があるでしょうか。

A 主である建物のみについて，租特法72条の2の適用があるものと考えられます。

【解　説】

　主である居宅と一体となって住宅の効用を果たす別棟の車庫，物置等の建物の所有権の保存登記については，当該居宅の新築後1年以内に当該居宅と車庫等を1個の建物として所有権の保存登記をする場合に限り，租特法72条の2の適用があるとされています（注1）。すなわち，租特法72条の2に規定する「個人が新築した住宅用家屋」の範囲については，主である建物のほかに附属建物がある場合には，主である建物の新築年月日のみを基準とするのではなく，附属建物をも含めて一体として取り扱い，当該附属建物の新築年月日が1年以上経過しているときには，全体として新築住宅とは認められないとの考え方によるものと解されます。

　そこで，個人の居住の用のために新築した建物を主である建物とし，新築後1年以上を経過した未登記の建物を附属建物とする表題登記後，主である建物の新築後1年以内に当該個人が受ける所有権の保存登記に係る登録免許税については，主である建物についてのみ租特法72条の2の適用があるとされています（注2）。

　本問の事案は，提供された住宅用家屋証明書が，「新築された建物」についてのものではなく，「建築後使用されたことのない建物」についてのものであるところ，当該附属建物は新築後1年以上を経過していることから，上記の（注2）の先例の場合と同様に，主である建物のみについて，租特法72

254　第16　登録免許税　/　【89】

条の2の適用があるものと考えられます。

（注1）　登研434号72頁
（注2）　平成9年9月1日付け民三第1553号民事第三課長通知

【90】 転抵当の移転登記の登録免許税の額

 抵当権の設定登記に付記登記でされている転抵当の移転登記の登録免許税の額は，いくらでしょうか。

 不動産の個数1個につき1,000円であると考えられます。

【解　説】

　転抵当とは，抵当権者が，その抵当権を他の債権の担保とすることであり（民法376条1項），例えば，甲所有の不動産に1,000万円の債権を担保するための抵当権を有している乙が，当該抵当権を乙の丙に対する500万円の債務の担保とすることです。すなわち，原抵当権者乙の抵当権によって把握されている担保価値を，転抵当権者丙にさらに優先的に把握させるものであるといえることから，転抵当権は，乙の抵当権の上に再度丙の抵当権を設定するものと解されます。

　そこで，転抵当の設定登記における登録免許税については，乙の抵当権の設定登記の際にその債権額の1,000分の4の登録免許税が納付されていること，また，転抵当権の設定登記は，所有権以外の権利を目的とする権利に関する登記と解され，乙の抵当権の付記登記（不登規3条4号）によってされることから，不動産の個数1個につき1,000円とされています（登免税法別表第1の1の(14)）。

　本問の登記は，移転登記であることから，抵当権等の移転登記の場合と同様に，その登録免許税の税率は，債権金額の1,000分の1又は1,000分の2（登免税法別表第1の1の(6)）とすべきであるとも考えられますが，上記のとおり，転抵当の設定登記における登録免許税が不動産の個数1個につき1,000円であることから，抵当権等の移転の税率によった場合，転抵当の設定登記時より多くの登録免許税を納めなければならず，税の均衡を欠くことになります。また，転抵当の移転登記は，所有権以外の権利の移転登記として，付記登記でされた転抵当の付記登記（不登規3条5号）によってされることにな

ります。

　以上のことから，本問の転抵当の移転登記の登録免許税についても，その設定登記と同様に，不動産の個数1個につき1,000円であると考えられます。

第 16 登録免許税 / 【91】 257

【91】 委託者の死亡による委託者の相続人への信託財産引継を原因とする所有権の移転登記及び信託登記の抹消登記の登録免許税

Q 　委託者の相続開始により信託が終了する旨，及び信託の終了後に受託者が指定した委託者の相続人に信託財産を帰属させる旨の信託条項がある場合に，受託者を登記義務者，受託者が指定した委託者の相続人を登記権利者として，信託財産引継を登記原因とする所有権の移転登記及び信託登記の抹消登記を申請する場合の登録免許税は，いくらでしょうか。

A 　所有権の移転登記については不動産の価額に 1,000 分の 4 を乗じた額であり，信託登記の抹消登記については不動産の個数 1 個につき 1,000 円であると考えられます。

【解　説】

　信託の効力が生じた時，すなわち，信託の設定当初から引き続き委託者のみが信託財産の元本の受益者である場合において，信託財産の受託者から当該受益者への所有権の移転登記については，登録免許税を課さないとされています（登免税法 7 条 1 項 2 号）。

　しかし，本問の場合は，当初の委託者兼受益者は，既に死亡しているため，信託財産引継を登記原因とする所有権の移転登記は，受託者を登記義務者，当初の委託者兼受益者ではないその相続人を登記権利者とする共同申請によることとなるため，登免税法 7 条 1 項 2 号の規定は適用されないと考えられます。

　一方，信託の設定当初から引き続き委託者のみが信託財産の元本の受益者である場合において，信託財産の受託者から委託者の相続人への所有権の移転登記については，相続による所有権の移転登記とみなして，登免税法の規定を適用するものとされています（同条 2 項）。

　これは，信託の終了前に委託者が死亡した場合には，信託の終了（信託財産引継）により，受託者から直接委託者の相続人への所有権の移転登記がさ

れることになりますが，当該移転登記は，実質的には，委託者（被相続人）から委託者の相続人へ相続による所有権の移転登記をするのと同じことであるといえるからです。

したがって，信託財産引継を登記原因とする所有権の移転登記については，相続を登記原因とする所有権の移転登記と同様に，不動産の価額に1,000分の4を乗じた額が，登録免許税となると考えられます（登免税法別表第1の1の⑵イ）。また，信託登記の抹消登記については，不動産の個数1個につき1,000円（登免税法別表第1の1の⒂）となります。

第17　その他

【92】　司法書士法人の特定社員以外の代表権のある社員がオンラインによる登記申請をする場合の電子証明書

Q　社員と特定社員がいる司法書士法人について，特定社員以外の代表権のある社員がオンラインによる登記申請をすることができますか。できるとした場合，どのような電子証明書を提供すればよいでしょうか。また，申請情報の代理人欄の記載は，どのように表示すべきでしょうか。

A　当該代表者個人について司法書士認証サービスが発行する電子証明書，及び当該代表者が代理人である司法書士法人の代表者であることを証する当該司法書士法人の登記事項証明書を提供して，オンラインによる登記申請をすることができるものと考えられます。

　また，申請情報における代理人欄の記載は，「事務所の住所　司法書士法人何事務所　社員　何某」と表示すればよいと考えられます。

【解　説】

　社員と特定社員がいる司法書士法人については，特定社員以外は法人としての電子証明書は発行されませんが，全ての業務に係る代表権を有する社員が他にいる場合に，代表社員であっても電子認証登記所から電子証明書の発行を受けることができない者が，代理人である司法書士法人の代表者として申請するときは，当該代表者個人について，司法書士認証サービスが発行する電子証明書，及び当該代表者が代理人である司法書士法人の代表者であることを証する当該司法書士法人の登記事項証明書を提供して，オンラインによる登記申請をすることができるものと考えられます。

260　第 17　その他　/　【92】

　また，申請情報における代理人欄の記載は，「事務所の住所　司法書士法
人何事務所　社員　何某」と表示すればよいと考えられます。

【93】 船舶の共有者の一人が，その持分の全部を移転した場合の船舶管理人に関する登記

 船舶の共有者の一人が，その持分の全部を移転した場合，船舶管理人については，どのような登記をすることになりますか。

船舶の共有者の一人の持分全部移転の登記については，「何某持分全部移転及び船舶管理人変更」の登記を申請し，その場合の船舶管理人に関する登記については，船舶管理人選任の登記の付記登記により，登記の目的を「船舶管理人変更」，登記原因を「年月日変更」とする登記をすることになるものと考えられます。

【解　説】

　船舶が，始めから又は所有権の一部移転により共有となった場合，当該船舶共有者は，必ず船舶管理人を選任しなければなりません（商法697条1項）。そして，船舶管理人の選任及び船舶管理人の解任又は死亡等によるその代理権の消滅も，登記することを要するものとされています（同条3項）。

　船舶管理人に関しては，①船舶管理人の選任登記（船舶登記令（平成17年政令第11号）19条），②船舶管理人の氏名若しくは名称又は住所の変更登記又は更正登記（同令20条），③船舶管理人の変更登記（同令21条），及び④所有権の登記名義人が一人になった場合に登記官の職権によってする船舶管理人の登記の抹消登記（同令22条）をするものとされています。

　このうち，「船舶管理人の選任登記」は，初めて船舶管理人の登記をする場合，すなわち，初めから共有である船舶についての所有権の保存登記する場合，又は単有の既登記の船舶について所有権の一部移転等により共有となった場合に，商法697条1項の規定に基づき選任した船舶管理人の登記をするものです。

　登記した船舶管理人が解任又は死亡したことにより新たに船舶管理人を選任した場合はもちろん，船舶共有者には変動がなく船舶管理人のみを変更した場合，更には所有権の移転登記により船舶共有者の全部又は一部を異にす

るに至った場合も，従前の船舶管理人の代理権は消滅することから，必ず新共有者において，新たな船舶管理人を選任することを要します。したがって，共有持分の全部（又は一部）移転の登記と船舶管理人選任の登記は，一の申請情報によって申請することができると解されます。

　本問の場合は，船舶共有者の一人の持分全部移転により，当該船舶について新たな共有関係が生じることから，従前の船舶管理人の代理権は消滅し，したがって，新共有者は新たに船舶管理人を選任しその登記を申請しなければなりませんが，この場合は，初めて船舶管理人を選任した場合には該当しませんから，その登記手続は，「船舶管理人の選任登記」ではなく，「船舶管理人の変更登記」によることになります。したがって，船舶の共有者の一人の持分全部移転の登記については，「何某持分全部移転及び船舶管理人変更」の登記を申請することになります。

　そして，船舶管理人の変更登記は，付記登記によってするものとされていることから（船舶登記規則35条），船舶登記簿の船舶管理人に関する事項が登記される船舶管理人部（丙区）（同規則別記第1号参照）に登記されている当初の船舶管理人の選任登記の付記登記により，登記の目的を「船舶管理人変更」，登記原因を「年月日変更」とする登記をすることになるものと考えられます。

【94】 相続登記の促進方策に関する登記実務の取扱い

　近年問題となっている所有者不明土地については長期間にわたって相続登記がされていないこと等がその要因とされていますが，相続登記を促進するために，どのような方策が講じられているのでしょうか。

A　相続登記を促進するための方策として，相続登記に提供する添付情報の見直し等による手続の緩和，負担軽減が図られています。

【解　説】

　相続登記を促進することにより，所有者不明土地問題を解消するための一方策として，相続登記に提供する添付情報について，次のような見直し等を行うことにより，その手続の緩和，負担軽減が図られています。

1　従前，滅失等の事由により除籍等の一部を提供することができない場合に提供を要するとされていた「他に相続人はいない」旨の相続人全員の証明書（印鑑証明書付き）の提供がなくても，相続登記をすることができるとされています（注1）。

2　被相続人の登記記録上の住所が戸籍に記載された本籍と異なる場合に，戸籍の附票の写し等によって，被相続人の同一性を確認することができるときは，不在籍証明書及び不在住証明書等の提供を要しないとされています（注2）。

3　数次相続が生じている場合において，最終の相続の相続人の一人が単独で不動産を相続した旨の最終的な遺産分割協議の結果のみが記載された遺産分割協議書を提供して，最終相続人へ直接所有権の移転登記をすることができるとされています（注3）。

4　数次相続において，異順位の共同相続人の間で相続分を譲渡した上で，譲渡人以外の共同相続人間で遺産分割協議が行われ，単独で相続することとなった場合には，相続を登記原因として，被相続人から当該相続人への所有権の移転登記をすることができるとされています（注4）。

264　第17　その他 ／ 【94】

5　登記記録の表題部の所有者欄に氏名のみが記録されている土地につい
　て不在者財産管理人が選任され，当該不在者財産管理人と売買契約を締
　結した官公署から，当該表題部所有者を登記名義人とする所有権の保存
　登記と所有権の移転登記の嘱託があったときは，当該登記名義人の住所
　を証する情報の提供がなくても，便宜，当該嘱託登記をすることができ
　るとされており，この取扱いは，申請による場合も妥当するとされてい
　ます（注5）。

6　各種の相続手続の際に戸籍関係書類等一式を提出する手間を省力化し
　て，申請人の手続上の負担を軽減するために，法定相続情報証明制度が
　新設され，その利用範囲の拡大が図られています（注6）。

　なお，法定相続情報証明制度の利用範囲を拡大するため，（注6）の通達は，
その後，その一部が改正されています（「法定相続情報証明制度に関する事務の取
扱いの一部改正について」・平成30年3月29日付け民二第166号民事局長通達）。そこ
で，後掲の（注6）の通達は，一部改正の内容を反映させて掲載しました。

（注1）　**平成28年3月11日付け民二第219号民事局長通達**

　　　　除籍等が滅失等している場合の相続登記について

　　（通達）相続による所有権の移転の登記（以下「相続登記」という。）の
　　申請において，相続を証する市町村長が職務上作成した情報（不動産登記
　　令（平成16年政令第379号）別表の22の項添付情報欄）である除籍又は改製
　　原戸籍（以下「除籍等」という。）の一部が滅失等していることにより，
　　その謄本を提供することができないときは，戸籍及び残存する除籍等の謄
　　本のほか，滅失等により「除籍等の謄本を交付することができない」旨の
　　市町村長の証明書及び「他に相続人はない」旨の相続人全員による証明書
　　（印鑑証明書添付）の提供を要する取扱いとされています（昭和44年3月
　　3日付け民事甲第373号当職回答参照）。

　　　しかしながら，上記回答が発出されてから50年近くが経過し，「他に相
　　続人はない」旨の相続人全員による証明書を提供することが困難な事案が
　　増加していることなどに鑑み，本日以降は，戸籍及び残存する除籍等の謄
　　本に加え，除籍等（明治5年式戸籍（壬申戸籍）を除く。）の滅失等によ

り「除籍等の謄本を交付することができない」旨の市町村長の証明書が提供されていれば，相続登記をして差し支えないものとしますので，この旨貴管下登記官に周知方お取り計らい願います。

　なお，この通達に抵触する従前の取扱いは，この通達により変更したものと了知願います。

（注２）　**平成29年3月23日付け民二第175号民事第二課長通知**

　　　被相続人の同一性を証する情報として住民票の写し等が提供された場合における相続による所有権の移転の登記の可否について

　（通知） 標記について，別紙甲号のとおり福岡法務局民事行政部長から当職宛てに照会があり，別紙乙号のとおり回答しましたので，この旨貴管下登記官に周知方お取り計らい願います。

　（別紙甲号） 相続による所有権の移転の登記（以下「相続登記」という。）の申請において，所有権の登記名義人である被相続人の登記記録上の住所が戸籍の謄本に記載された本籍と異なる場合には，相続を証する市区町村長が職務上作成した情報（不動産登記令（平成16年政令第379号）別表の22の項添付情報欄）の一部として，被相続人の同一性を証する情報の提出が必要であるところ，当該情報として，住民票の写し（住民基本台帳法（昭和42年法律第81号）第7条第5号，第12条。ただし，本籍及び登記記録上の住所が記載されているものに限る。），戸籍の附票の写し（同法第17条，第20条。ただし，登記記録上の住所が記載されているものに限る。）又は所有権に関する被相続人名義の登記済証（改正前の不動産登記法（明治32年法律第24号）第60条第1項）の提供があれば，不在籍証明書及び不在住証明書など他の添付情報の提供を求めることなく被相続人の同一性を確認することができ，当該申請に係る登記をすることができると考えますが，いささか疑義がありますので照会します。

　（別紙乙号） 本月7日付け不登第51号をもって照会のありました標記の件については，貴見のとおり取り扱われて差し支えありません。

（注３）　**平成29年3月30日付け民二第237号民事第二課長通知**

数次相続が生じている場合において最終的な遺産分割協議の結果のみが記載された遺産分割協議書を添付してされた相続による所有権の移転の登記の可否について

（通知） 標記について，別紙甲号のとおり福岡法務局民事行政部長から当職宛てに照会があり，別紙乙号のとおり回答しましたので，この旨貴管下登記官に周知方お取り計らい願います。

（別紙甲号） Ａを所有権の登記名義人とする甲不動産について，別添の相続関係説明図記載のとおり遺産分割が未了のまま数次相続が発生したことを前提に，今般，Ｅの相続人の一人であるＧから，Ｇが甲不動産を相続したことを内容とする遺産分割協議書を登記原因証明情報の一つとして添付した上で，「年月日Ｂ相続，年月日Ｅ相続，年月日相続」を登記原因とするＧへの所有権の移転の登記の申請（以下「本件登記申請」という。）が１件の申請でされました。

単独相続が中間において数次行われた場合には，相続を原因とする所有権の移転登記を１件の申請で行うことができ，この単独相続には遺産分割により単独相続になった場合も含まれることについては先例（昭和30年12月16日付け民事甲第2670号民事局長通達。以下「昭和30年通達」という。）において示されているところですが，本件においては，第一次相続の相続人による遺産分割が未了のまま第二次相続及び第三次相続が発生し，その後の遺産分割協議が第一次相続及び第二次相続の各相続人の地位を承継した者並びに第三次相続の相続人によって行われたものであり，本遺産分割協議書には，Ａ名義の不動産をＧが単独で相続した旨の記載があるのみであることから，昭和30年通達の取扱いの対象となるかどうかが明らかではありません。

本遺産分割協議書の当該記載の趣旨は，第一次相続から第三次相続までの相続関係から合理的に推認すれば，まず，①第一次相続の相続人の地位を承継した者（ＦからＳまで）により亡Ｂに甲不動産を承継させる合意，次に，②亡Ｂを被相続人とする第二次相続の相続人（Ｊ，Ｋ及びＬ）及び相続人の地位を承継した者（Ｆ，Ｇ，Ｈ及びＩ）により亡Ｅに甲不動産を承継させる合意，そして，③亡Ｅを被相続人とする第三次相続の相続人

（F，G，H及びI）によりGに甲不動産を承継させる合意の各合意をいずれも包含するものと解されますので、登記原因欄の上記記載は相当であると考えられます。また、上記各相続における相続人又は相続人の地位を承継した者であるFからSまでの全員の署名押印があり、第一次相続から第三次相続までの遺産分割協議をするためにそれぞれ必要な者によって遺産分割が行われたと考えられます。そうすると、昭和30年通達に従って、本件登記申請に係る登記をすることができると考えますが、いささか疑義がありますので照会します。

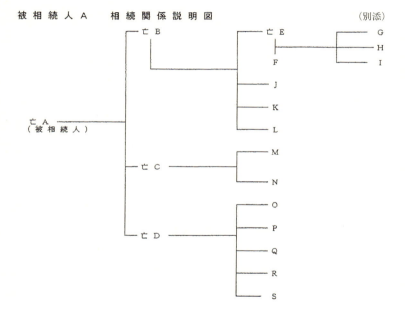

（**別紙乙号**）本月28日付け不登第64号をもって照会のありました標記の件については、貴見のとおり取り扱われて差し支えありません。

（注4） **平成30年3月16日付け民二第137号民事第二課長通知**
　　　　異順位の共同相続人の間で相続分の譲渡がされた後に遺産分割協議が行われた場合における所有権の移転の登記の可否について

268　第17　その他 ／ 【94】

（通知）標記について，別紙甲号のとおり名古屋法務局民事行政部長から当職宛てに照会があり，別紙乙号のとおり回答しましたので，この旨貴管下登記官に周知方お取り計らい願います。

（別紙甲号）甲不動産の所有権の登記名義人Aが死亡し，その相続人B，C及びDによる遺産分割協議が未了のまま，更にDが死亡し，その相続人がE及びFであった場合において，B及びCがE及びFに対してそれぞれの相続分を譲渡した上で，EF間において遺産分割協議をし，Eが単独で甲不動産を取得することとしたとして，Eから，登記原因を証する情報（不動産登記令（平成16年政令第379号）第7条第1項第5号ロただし書，別表22の項添付情報欄）として，当該相続分の譲渡に係る相続分譲渡証明書及び当該遺産分割協議に係る遺産分割協議書を提供して，「平成何年何月何日（Aの死亡の日）D相続，平成何年何月何日（Dの死亡の日）相続」を登記原因として，甲不動産についてAからEへの所有権の移転の登記の申請があったときは，遺産の分割は相続開始の時にさかのぼってその効力を生じ（民法（明治29年法律第89号）第909条），中間における相続が単独相続であったことになることから，他に却下事由が存在しない限り，当該申請に基づく登記をすることができると考えますが，いささか疑義がありますので照会します。

（別紙乙号）本月9日付け不登第52号をもって照会のありました標記の件については，貴見のとおり取り扱われて差し支えありません。

（注5）　**平成30年7月24日付け民二第279号民事第二課長通知**
　　　所有権の登記がない土地の登記記録の表題部の所有者欄に氏名のみが記録されている場合の所有権の保存の登記の可否について

（通知）標記について，別紙甲号のとおり新潟地方法務局長から当職宛てに照会があり，別紙乙号のとおり回答しましたので，この旨貴管下登記官に周知方お取り計らい願います。

（別紙甲号）所有権の登記がない土地の登記記録の表題部には，所有者の氏名又は名称及び住所等が記録され（不動産登記法（平成16年法律第123号）第27条第3号），その表題部所有者は，自己名義の所有権の保存の登

記を申請することができるところ（同法第74条第1項第1号），当該登記を申請する場合には，登記名義人となる者の住所を証する市町村長，登記官その他の公務員が職務上作成した情報（以下「住所を証する情報」という。）を提供すべきものとされています（不動産登記令（平成16年政令第379号）第7条第1項第6号，別表28の項添付情報欄ニ）。

登記簿と土地台帳・家屋台帳の一元化作業により旧土地台帳から移記され，その登記記録の表題部の所有者欄に氏名のみが記録されている土地（地目：原野。以下「本件土地」という。）について，表題部所有者に不在者財産管理人が選任され，当該不在者財産管理人と河川工事の起業者（国）との間で売買契約が成立した場合において，当該起業者から当該表題部所有者を登記名義人とする所有権の保存の登記の嘱託情報（所有権の登記名義人となる者の住所の記載はない。）と所有権の移転の登記の嘱託情報とを，その登記の前後を明らかにして同時に提供するとともに，その代位原因を証する情報（同令第7条第1項第3号）の一部として，不在者財産管理人の選任の審判書（本件土地の表題部所有者の氏名と不在者の氏名とが同一であるものに限る。）及び当該不在者財産管理人の権限外行為許可の審判書（物件目録に本件土地が記載されているものに限る。）が提供されたときは，所有権の保存の登記の嘱託情報に所有権の登記名義人の住所を証する情報の提供がなくとも，便宜，当該嘱託に基づく登記をすることができると考えますが，いささか疑義がありますので照会します。

また，本嘱託に基づく所有権の保存の登記について，提供された審判書における不在者の最後の住所が明確になっていないときは，不動産登記法第59条第4号の規定にかかわらず，所有権の登記名義人の住所を登記することを要しないものと考えますが，併せて照会します。

（別紙乙号） 本月3日付け新潟法不第120号をもって照会のありました標記の件については，いずれも貴見のとおり取り扱われて差し支えありません。

（注6）　**平成29年4月17日付け民二第292号民事局長通達**

不動産登記規則の一部を改正する省令の施行に伴う不動産登記事務等

270　第 17　その他　/　【94】

の取扱いについて

　（通達） 不動産登記規則の一部を改正する省令（平成 29 年法務省令第
20 号。以下「改正省令」という。）が，本年 5 月 29 日から施行されるこ
ととなりましたが，その事務の取扱いについては，下記の点に留意し，事
務処理に遺憾のないよう，貴管下登記官に周知方お取り計らい願います。

　なお，本通達中，「法」とあるのは不動産登記法（平成 16 年法律第 123
号）を，「令」とあるのは不動産登記令（平成 16 年政令第 379 号）を，「規
則」とあるのは改正省令による改正後の不動産登記規則（平成 17 年法務省
令第 18 号）を，「準則」とあるのは不動産登記事務取扱手続準則（平成 17
年 2 月 25 日付け法務省民二第 456 号当職通達）をいいます。

記

第 1　改正の趣旨

　相続登記が未了のまま放置されることは，いわゆる所有者不明土地問題や空き
家問題を生じさせる大きな要因の一つであるとされ，平成 28 年 6 月に閣議決定
された「経済財政運営と改革の基本方針 2016」において相続登記の促進に取り
組むとともに，同年 6 月に閣議決定された「日本再興戦略 2016」及び「ニッポ
ン一億総活躍プラン」において相続登記の促進のための制度を検討することとさ
れた。これを受け，相続人の相続手続における手続的な負担軽減と新たな制度を
利用する相続人に相続登記の直接的な促しの契機を創出することにより，今後生
じる相続に係る相続登記について，これが未了のまま放置されることを抑止し，
相続登記を促進するため，不動産登記規則を改正し，法定相続情報証明制度を創
設したものである。

第 2　改正省令の施行に伴う事務の取扱い

　1　法定相続情報一覧図つづり込み帳及びその保存期間

　（1）　登記所には，法定相続情報一覧図つづり込み帳を備えることとされた
　　　（規則第 18 条第 35 号）。また，法定相続情報一覧図つづり込み帳には，法
　　　定相続情報一覧図及びその保管の申出に関する書類をつづり込むこととさ
　　　れた（規則第 27 条の 6）。

　　　　法定相続情報一覧図を適正に保管するためには，法定相続情報一覧図つ
　　　づり込み帳を備える必要がある。この法定相続情報一覧図つづり込み帳に

つづり込む書類としては，法定相続情報一覧図のほか，申出書，申出書に記載されている申出人の氏名及び住所と同一の氏名及び住所が記載されている市町村長その他公務員が職務上作成した証明書（当該申出人が原本と相違ない旨を記載した謄本を含む。）及び代理人の権限を証する書面が該当する。

(2) 法定相続情報一覧図つづり込み帳の保存期間は，作成の年の翌年から5年間とされた（規則第28条の2第6号）。

そのため，保存期間を経過した場合には，他の帳簿と同様に廃棄をすることとなる。

2 不動産登記の申請等における添付情報の取扱い

登記名義人等の相続人が登記の申請をする場合において，法定相続情報一覧図の写し（以下「一覧図の写し」という。）を提供したときは，その一覧図の写しの提供をもって，相続があったことを証する市町村長その他の公務員が職務上作成した情報の提供に代えることができるとされた（規則第37条の3）。

この取扱いにより，登記の申請やその他の不動産登記法令上の手続において，一覧図の写しの提供を相続があったことを証する市町村長その他の公務員が職務上作成した情報の提供に代えることができることとなるところ，具体的な申請・手続は主に次のものが該当する。

(1) 一般承継人による表示に関する登記の申請（法第30条）

(2) 区分建物の表題登記の申請（法第47条第2項）

(3) 一般承継人による権利に関する登記の申請（法第62条）

(4) 相続による権利の移転の登記（法第63条第2項）

(5) 権利の変更等の登記（債務者の相続）（法第66条）

(6) 所有権の保存の登記（法第74条第1項第1号）

(7) 筆界特定の申請（法第131条第1項）

(8) 地図等の訂正（規則第16条第1項）

(9) 登記識別情報の失効の申出（規則第65条第1項）

(10) 登記識別情報に関する証明（規則第68条第1項）

(11) 土地所在図の訂正等（規則第88条第1項）

(12) 不正登記防止申出（準則第35条）

(13) 事前通知に係る相続人からの申出（準則第46条）

なお，申請人から添付した一覧図の写しの原本還付の請求があった場合は，規則第55条の規定により原本を還付することができる。この場合に，いわゆる相続関係説明図が提出されたときは，当該相続関係説明図を一覧図の写しの謄本として取り扱い，一覧図の写しについては還付することとして差し支えない。

おって，一覧図の写しは飽くまで相続があったことを証する市町村長その他の公務員が職務上作成した情報を代替するものであり，遺産分割協議書や相続放棄申述受理証明書等までをも代替するものではない。

また，規則第37条の3の規定により，相続があったことを証する市町村長その他の公務員が職務上作成した情報の提供に代えて一覧図の写しが提供された場合であって，規則第247条第4項の規定により当該写しに相続人の住所が記載されているときは，登記官は，当該写しをもって，当該相続人の住所を証する市町村長，登記官その他の公務員が職務上作成した情報としても取り扱って差し支えない。

3　法定相続情報一覧図

(1)　登記名義人等について相続が開始した場合において，その相続に起因する登記その他の手続のために必要があるときは，その相続人（規則第247条第3項第2号に掲げる書面の記載により確認することができる者に限る。以下本通達において同じ。）又は当該相続人の地位を相続により承継した者は，法定相続情報一覧図の保管及び一覧図の写しの交付を申し出ることができるとされた（規則第247条第1項）。

その他の手続とは，その手続の過程において相続人を確認するために規則第247条第3項第2号及び同項第4号に掲げる書面（以下「戸除籍謄抄本」という。）の提出が求められるものをいい，例えば筆界特定の申請や地図等の訂正の申出のみならず，金融機関における預貯金の払戻し手続等も想定している。

また，当該相続人の地位を相続により承継した者とは，いわゆる数次相続が生じている場合の相続人が該当する。

(2) 法定相続情報一覧図の保管及び一覧図の写しの交付の申出は，被相続人の本籍地若しくは最後の住所地，申出人の住所地又は被相続人を表題部所有者若しくは所有権の登記名義人とする不動産の所在地を管轄する登記所の登記官に対してすることができるとされた（規則第247条第1項）。

　これらの登記所は，申出人の利便性も考慮して申出先登記所の選択肢を示したものである。

　登記官は，専ら申出書に記載された情報や添付書面に基づき，これらの登記所のいずれかに該当することを確認することで足りる。

　なお，法定相続情報一覧図の保管及び一覧図の写しの交付の申出は，これらの登記所に出頭してするほか，送付の方法によってすることもできる。

(3) 法定相続情報一覧図には，被相続人に関しては，その氏名，生年月日，最後の住所及び死亡の年月日を，相続人に関しては，相続開始の時における同順位の相続人の氏名，生年月日及び被相続人との続柄を記載することとされた（規則第247条第1項第1号及び第2号）。

　また，法定相続情報一覧図には，作成の年月日を記載し，申出人が記名するとともに，法定相続情報一覧図を作成した申出人又はその代理人が署名し，又は記名押印することとされた（規則第247条第3項第1号）。

　法定相続情報一覧図の作成にあっては，次の事項を踏まえる必要がある。

ア　被相続人と相続人とを線で結ぶなどし，被相続人を起点として相続人との関係性が一見して明瞭な図による記載とする。ただし，被相続人及び相続人を単に列挙する記載としても差し支えない。

イ　被相続人の氏名には「被相続人」と併記する。

ウ　被相続人との続柄の表記については，戸籍に記載される続柄を記載することとする。

　したがって，被相続人の配偶者であれば「夫」や「妻」，子であれば「長男」，「長女」，「養子」などとする。ただし，続柄の記載は，飽くまで被相続人との続柄である必要があることから，戸籍に記載される続柄では表記することができない場合，例えば被相続人の兄弟姉妹が相続人である場合は「姉」や「弟」とし，代襲相続がある場合であって被相続人の孫が代襲相続人となる場合は「孫」とする。

なお，申出人の任意により，被相続人の配偶者が相続人である場合に
その続柄を「配偶者」としたり，同じく子である場合に「子」とするこ
とでも差し支えない。

エ　申出人が相続人として記載される場合，法定相続情報一覧図への申出
人の記名は，当該相続人の氏名に「申出人」と併記することに代えて差
し支えない。

オ　法定相続情報一覧図の作成をした申出人又は代理人の署名等には，住
所を併記する。なお，作成者が戸籍法（昭和22年法律第224号）第10条
の2第3項に掲げる者である場合は，住所については事務所所在地とし，
併せてその資格の名称をも記載する。

カ　相続人の住所を記載する場合は，当該相続人の氏名に当該住所を併記
する。

キ　推定相続人の廃除がある場合，その廃除された推定相続人の氏名，生
年月日及び被相続人との続柄の記載は要しない。

ク　代襲相続がある場合，代襲した相続人の氏名に「代襲者」と併記する。
この場合，被相続人と代襲者の間に被代襲者がいることを表すこととな
るが，その表記は例えば「被代襲者（何年何月何日死亡）」とすること
で足りる。

ケ　法定相続情報一覧図は，日本工業規格A列4番の丈夫な用紙をもって
作成し，記載に関しては明瞭に判読することができるものとする。

コ　相続手続での利便性を高める観点から，被相続人の最後の住所に並べ
て，最後の本籍も記載することを推奨する。

なお，後記5(2)のとおり，被相続人の最後の住所を証する書面の添付
を要しない場合には，被相続人の最後の住所の記載に代えて被相続人の
最後の本籍を記載する必要があることに留意する。

(4)　なお，法定相続情報一覧図には，相続開始の時における同順位の相続人
の氏名等が記載される。したがって，数次相続が生じている場合は，被相
続人一人につき一つの申出書及び法定相続情報一覧図が提供及び添付され
ることとなる。

4　法定相続情報一覧図の保管及び一覧図の写しの交付の申出

第 17　その他　／　【94】　275

(1)　法定相続情報一覧図の保管及び一覧図の写しの交付の申出は，規則第
247 条第 2 項各号に掲げる事項を記載した申出書を提供してしなければな
らないとされた（規則第 247 条第 2 項）。
　　　この申出書は，別記第 1 号様式又はこれに準ずる様式によるものとする。

(2)　申出書には，申出人の氏名，住所，連絡先及び被相続人との続柄を記載
することとされた（規則第 247 条第 2 項第 1 号）。

(3)　法定相続情報一覧図の保管及び一覧図の写しの交付の申出を代理人に
よってする場合は当該代理人の氏名又は名称，住所及び連絡先並びに代理
人が法人であるときはその代表者の氏名を記載することとされた。また，
申出人の法定代理人又はその委任による代理人にあってはその親族若しく
は戸籍法第 10 条の 2 第 3 項に掲げる者に限るとされた（規則第 247 条第 2
項第 2 号）。
　　　戸籍法第 10 条の 2 第 3 項に掲げる者とは，具体的には，弁護士，司法
書士，土地家屋調査士，税理士，社会保険労務士，弁理士，海事代理士及
び行政書士である（各士業法の規定を根拠に設立される法人を含む。）。

(4)　申出書には，利用目的及び交付を求める通数を記載することとされた
（規則第 247 条第 2 項第 3 号，第 4 号）。
　　　登記官は，申出書に記載された利用目的が相続手続に係るものであり，
その提出先が推認できることを確認するものとする。また，その利用目的
に鑑みて交付を求める通数が合理的な範囲内であることも確認するものと
する。

(5)　申出書には，被相続人を表題部所有者又は所有権の登記名義人とする不
動産があるときは，不動産所在事項又は不動産番号を記載することとされ
た（規則第 247 条第 2 項第 5 号）。
　　　被相続人を表題部所有者又は所有権の登記名義人とする不動産が複数あ
る場合には，そのうちの任意の一つを記載することで足りるが，被相続人
を表題部所有者又は所有権の登記名義人とする不動産の所在地を管轄する
登記所に申出をする場合には，当該登記所の管轄区域内の不動産所在事項
又は不動産番号を記載する必要がある。

(6)　申出書には，申出の年月日を記載することとされた（規則第 247 条第 2

項第6号)。

(7) 申出書には，送付の方法により一覧図の写しの交付及び規則第247条第6項の規定による書面の返却を求めるときは，その旨を記載することとされた（規則第247条第2項第7号）。

5　添付書面について

　　申出書には，申出人又はその代理人が記名押印するとともに，前記3に示す法定相続情報一覧図をはじめ，規則第247条第3項各号に掲げる書面を添付しなければならないとされた。

(1) 申出書には，被相続人（代襲相続がある場合には，被代襲者を含む。）の出生時から死亡時までの戸籍及び除かれた戸籍の謄本又は全部事項証明書を添付することとされた。また，規則第247条第1項第2号の相続人の戸籍の謄本，抄本又は記載事項証明書を添付することとされた（規則第247条第3項第2号，第4号）。

　　除籍又は改製原戸籍の一部が滅失等していることにより，その謄本が添付されない場合は，当該謄本に代えて，「除籍等の謄本を交付することができない」旨の市町村長の証明書を添付することで差し支えない。

　　これに対し，例えば被相続人が日本国籍を有しないなど戸除籍謄抄本の全部又は一部を添付することができない場合は，登記官は，法定相続情報一覧図の保管及び一覧図の写しの交付をすることができない。

(2) 申出書には，被相続人の最後の住所を証する書面を添付することとされた（規則第247条第3項第3号）。

　　被相続人の最後の住所を証する書面とは，被相続人に係る住民票の除票や戸籍の附票が当たる。

　　これらの書面が市町村において廃棄されているため発行されないときは，申出書への添付を要しない。この場合は，申出書及び法定相続情報一覧図には，被相続人の最後の住所の記載に代えて被相続人の最後の本籍を記載するものとする。

(3) 申出人が相続人の地位を相続により承継した者であるときは，これを証する書面を添付することとされた（規則第247条第3項第5号）。

　　この書面には，当該申出人の戸籍の謄抄本又は記載事項証明書が該当す

るが，規則第247条第3項第2号及び第4号の書面により申出人が相続人の地位を相続により承継したことを確認することができるときは，添付を要しない。

(4) 申出書には，申出書に記載されている申出人の氏名及び住所と同一の氏名及び住所が記載されている市町村長その他の公務員が職務上作成した証明書（当該申出人が原本と相違がない旨を記載した謄本を含む。）を添付することとされた（規則第247条第3項第6号）。

　当該証明書には，例えば住民票記載事項証明書や運転免許証の写し（申出人が原本と相違がない旨を記載したもの。なお，この場合には，申出人の署名又は記名押印を要する。）が該当するところ，登記官はこれらの書面によって申出人の本人確認を行うものとする。

(5) 代理人によって申出をするときは，代理人の権限を証する書面を添付することとされた（規則第247条第3項第7号）。

ア　法定代理人の場合，代理人の権限を証する書面は，法定代理人それぞれの類型に応じ，次に掲げるものが該当する。

(ア)　親権者又は未成年後見人
　　申出人たる未成年者に係る戸籍の謄抄本又は記載事項証明書

(イ)　成年後見人又は代理権付与の審判のある保佐人・補助人
　　申出人たる成年被後見人又は被保佐人・被補助人に係る後見登記等ファイルの登記事項証明書（被保佐人・被補助人については，代理権目録付きのもの）

(ウ)　不在者財産管理人・相続財産管理人
　　申出人たる各管理人の選任に係る審判書

イ　委任による代理人の場合，代理人の権限を証する書面は，委任状に加え，委任による代理人それぞれの類型に応じ，次に掲げるものが該当する。

(ア)　親族
　　申出人との親族関係が分かる戸籍の謄抄本又は記載事項証明書

(イ)　戸籍法第10条の2第3項に掲げられる者
　　資格者代理人団体所定の身分証明書の写し等

なお，代理人が各士業法の規定を根拠に設立される法人の場合は，
当該法人の登記事項証明書

ウ　代理人の権限を証する書面について，原本の添付に加えて，代理人が
原本と相違がない旨を記載し，署名又は記名押印をした謄本が添付され
た場合は，登記官は，それらの内容が同一であることを確認した上，原
本を返却するものとする。

6　法定相続情報一覧図への相続人の住所の記載について

法定相続情報一覧図に相続人の住所を記載したときは，申出書にその住所
を証する書面を添付しなければならないとされた（規則第247条第4項）。

相続人の住所は，法定相続情報一覧図の任意的記載事項である。したがっ
て，相続人の住所の記載がない場合は，相続人の住所を証する書面の添付は
要しない。

7　一覧図の写しの交付等

登記官は，申出人から提供された申出書の添付書面によって法定相続情報
の内容を確認し，その内容と法定相続情報一覧図に記載された法定相続情報
の内容とが合致していることを確認したときは，一覧図の写しを交付するこ
ととされた（規則第247条第5項前段）。

また，一覧図の写しには，申出に係る登記所に保管された一覧図の写しで
ある旨の認証文を付した上で，作成の年月日及び職氏名を記載し，職印を押
印することとされた（規則第247条第5項後段）。

(1)　法定相続情報の内容の確認について

登記官は，法定相続情報一覧図の保管及び一覧図の写しの交付の申出が
あったときは，速やかに，法定相続情報一覧図の内容を確認するものとす
る。

(2)　申出の内容に不備がある場合の取扱い

ア　添付された法定相続情報一覧図の記載に，その他の添付書面から確認
した法定相続情報の内容と合致していないなどの誤りや遺漏がある場合，
登記官は，申出人又は代理人にその内容を伝え，速やかに当該法定相続
情報一覧図の誤り等を訂正させ，清書された正しい法定相続情報一覧図
の添付を求めるものとする。提供された申出書に誤りがある場合につい

ても，同様とする。

イ　添付書面が不足している場合，登記官は，申出人又は代理人に不足している添付書面を伝え，一定の補完期間を設けてその添付を求めるものとする。

ウ　上記ア又はイに係る不備の補完がされない場合は，次のとおり取り扱うものとする。

(ア)　申出人又は代理人に対し，申出書及び添付書面を返戻する旨を通知するとともに，窓口において返戻を受ける場合はそのための出頭又は送付によって返戻を受ける場合は必要な費用の納付を求める。

(イ)　上記(ア)の求めに応じない場合は，申出があった日から起算して3か月を経過したのち，当該申出書及び添付書面を廃棄して差し支えない。

(3)　法定相続情報一覧図の保存について

登記官は，申出人から提供された申出書の添付書面によって確認した法定相続情報の内容と，法定相続情報一覧図に記載された法定相続情報の内容とが合致していることを確認したときは，一覧図の写しの作成のため，次の方法により法定相続情報一覧図を保存するものとする。

ア　法定相続情報番号の採番

登記官は，登記所ごとの法定相続情報番号を採番し，申出書の所定の欄に記入するものとする。

イ　法定相続情報一覧図の保存

(ア)　登記官は，添付された法定相続情報一覧図をスキャナを用いて読み取ることにより電磁的記録に記録して保存するものとする。

(イ)　上記アで採番した法定相続情報番号，申出年月日，被相続人の氏名，生年月日，最後の住所（最後の住所を証する書面を添付することができない場合は，最後の本籍）及び死亡の年月日を電磁的記録に記録するものとする。

(ウ)　上記(イ)に際し，被相続人の氏名に誤字俗字が用いられている場合は，これを正字等（原則として通用字体）に引き直して電磁的記録に記録する。

(4)　一覧図の写しの作成

280 第17 その他 ／ 【94】

ア 用紙

一覧図の写しは，偽造防止措置が施された専用紙を用いて作成する。

イ 認証文及びその他の付記事項

(ア) 一覧図の写しに付記する認証文は，次のとおりとする。

「これは，平成○年○月○日に申出のあった当局保管に係る法定相続情報一覧図の写しである。」

なお，上記(2)アにより正しい法定相続情報一覧図を補完させた場合は，その補完がされた日を申出があった日とみなすものとする。同様に，上記(2)イにより不足している添付書面を補完させた場合は，当該添付書面の発行がいつであるかにかかわらず，不足している添付書面が補完された日を申出があった日とみなすものとする。

(イ) 一覧図の写しに登記官が記載する職氏名は，次のとおりとする。

「何法務局（何地方法務局）何支局（何出張所）登記官 何某」

(ウ) 一覧図の写しには，次の注意事項を付記するものとする。

「本書面は，提出された戸除籍謄本等の記載に基づくものである。相続放棄に関しては，本書面に記載されない。また，相続手続以外に利用することはできない。」

(5) 一覧図の写しの交付及び添付書面の返却

登記官は，一覧図の写しを交付するときは，規則第247条第3項第2号から第5号まで及び同条第4項に規定する添付書面を返却することとされた（規則第247条第6項）。この一覧図の写しの交付及び添付書面の返却は，次により取り扱うものとする。

ア 登記所窓口における交付等の取扱い

窓口において一覧図の写しの交付及び添付書面の返却をするときは，その交付及び返却を受ける者に，申出書の申出人の表示欄又は代理人の表示欄に押印したものと同一の印を申出書の「受取」欄に押印させて，一覧図の写しの交付及び添付書面の返却をすることができる者であることを確認するものとする。

なお，一覧図の写しの交付及び添付書面の返却を受ける者が，印鑑を忘失等して押印することができない場合は，規則第247条第3項第6号

又は同項第7号の規定により申出書に添付した書面と同一のものの提示を受けることで代替して差し支えない。この場合は，申出書の「受取」欄に一覧図の写しの交付及び添付書面の返却を受ける者の署名を求めるものとする。

　イ　送付による交付等の取扱い

　　一覧図の写しの交付及び添付書面の返却は，送付の方法によりすることができるとされた（規則第248条）。この方法によるときは，申出書に記載された当該申出人又は代理人の住所に宛てて送付するものとする。この場合には，申出書の所定の欄に一覧図の写し及び添付書面を送付した旨を記載するものとする。

　ウ　一覧図の写し又は添付書面を申出人又は代理人が受け取らない場合は，申出があった日から起算して3か月を経過したのち，廃棄して差し支えない。

8　一覧図の写しの再交付

　規則第247条各項の規定（同条第3項第1号から第5号まで及び第4項を除く）は，法定相続情報一覧図の保管及び一覧図の写しの交付の申出をした者がその申出に係る登記所の登記官に対し一覧図の写しの再交付の申出をする場合について準用することとされた（規則第247条第7項）。

(1)　再交付申出書

　再交付申出書は，別記第2号様式又はこれに準ずる様式による申出書（以下「再交付申出書」という。）によってするものとする。

(2)　再交付申出書の添付書面

　再交付申出書には，次に掲げる書面の添付を要する（規則第247条第7項において準用する同条第3項第6号及び第7号）。

　ア　再交付申出書に記載されている申出人の氏名及び住所と同一の氏名及び住所が記載されている市町村長その他の公務員が職務上作成した証明書（当該申出人が原本と相違がない旨を記載し，署名又は記名押印をした謄本を含む。）

　　なお，当初の申出において提供された申出書に記載されている申出人の氏名又は住所と再交付申出書に記載された再交付申出人の氏名又は住

所とが異なる場合は，その変更経緯が明らかとなる書面の添付を要する。

　　イ　代理人によって申出をするときは，第2の5(5)に示す代理人の権限を証する書面

　(3)　再交付の申出をすることができる者の確認

　　　登記官は，一覧図の写しの再交付の申出があったときは，上記(2)の書面と当初の申出において提供された申出書に記載された申出人の表示とを確認し，その者が一覧図の写しの再交付の申出をすることができる者であることを確認するものとする。

9　法定相続情報に変更が生じたとして再度の申出があった場合

　　法定相続情報一覧図つづり込み帳の保存期間中に戸籍の記載に変更があり，当初の申出において確認した法定相続情報に変更が生じたため，その申出人が規則第247条各項の規定により再度法定相続情報一覧図の保管及び一覧図の写しの交付の申出をしたときは，登記官はこれに応じて差し支えない。この場合に，登記官は，それ以降当初の申出に係る一覧図の写しを交付してはならない。

　　なお，この場合の変更とは，例えば，被相続人の死亡後に子の認知があった場合，被相続人の死亡時に胎児であった者が生まれた場合，法定相続情報一覧図の保管及び一覧図の写しの交付の申出後に廃除があった場合などが該当する。

第17 その他 ／ 【94】　283

別記第1号様式

法定相続情報一覧図の保管及び交付の申出書

（補完年月日　平成　　年　　月　　日）

申 出 年 月 日	平成　　年　　月　　日	法定相続情報番号	－　　　－
被相続人の表示	氏　　　名 最後の住所 生 年 月 日　　　　　年　　　月　　　日 死亡年月日　　　　　年　　　月　　　日		
申 出 人 の 表 示	住所 氏名　　　　　　　　　　　　㊞ 連絡先　　　　　　－　　　　　－ 被相続人との続柄　（　　　　　　　　　　　）		
代 理 人 の 表 示	住所（事務所） 氏名　　　　　　　　　　　　㊞ 連絡先　　　　　　－　　　　　－ 申出人との関係　　□法定代理人　　□委任による代理人		
利 用 目 的	□不動産登記　□預貯金の払戻し □その他（　　　　　　　　　　　　　　　　　　　　　　　　　）		
必要な写しの通 数・交付方法	通　　（　□窓口で受取　□郵送　） ※郵送の場合，送付先は申出人（又は代理人）の表示欄にある住所（事務所）となる。		
被相続人名義の 不動産の有無	□有　　（有の場合，不動産所在事項又は不動産番号を以下に記載する。） □無		
申出先登記所の 種別	□被相続人の本籍地　　　　□被相続人の最後の住所地 □申出人の住所地　　　　　□被相続人名義の不動産の所在地		

　上記被相続人の法定相続情報一覧図を別添のとおり提出し，上記通数の一覧図の写しの交付を申出します。交付を受けた一覧図の写しについては，相続手続においてのみ使用し，その他の用途には使用しません。
　申出の日から3か月以内に一覧図の写し及び返却書類を受け取らない場合は，廃棄して差し支えありません。

　　　　　（地方）法務局　　　　　　　支局・出張所　　　　　　　　宛

※受領確認書類（不動産登記規則第247条第6項の規定により返却する書類に限る。）
戸籍（個人）全部事項証明書（　　通），除籍事項証明書（　　通）戸籍謄本（　　通）
除籍謄本（　　通），改製原戸籍謄本（　　通）戸籍の附票の写し（　　通）
戸籍の附票の除票の写し（　　通）住民票の写し（　　通），住民票の除票の写し（　　通）

受領	確認1	確認2	スキャナ・入力	交付		受取

別記第2号様式

法定相続情報一覧図の再交付の申出書

再交付申出年月日	平成　　年　　月　　日	法定相続情報番号	－　　　　－
被相続人の表示	氏　　名 最後の住所 生年月日　　　　年　　月　　日 死亡年月日　　　　年　　月　　日		
申出人の表示	住所 氏名　　　　　　　　　　　㊞ 連絡先　　　　　－ 被相続人との続柄　　（　　　　　　　　　）		
代理人の表示	住所（事務所） 氏名　　　　　　　　　　　㊞ 連絡先　　　　　－ 申出人との関係　　□法定代理人　　□委任による代理人		
利　用　目　的	□不動産登記　□預貯金の払戻し □その他（　　　　　　　　　　　　　　　　　　　　　）		
必要な写しの通数・交付方法	通　　（　□窓口で受取　□郵送　） ※郵送の場合，送付先は申出人（又は代理人）の表示欄にある住所（事務所）となる。		

　上記通数の法定相続情報一覧図の写しの再交付を申出します。交付を受けた一覧図の写しについては，相続手続においてのみ使用し，その他の用途には使用しません。3か月以内に一覧図の写しを受け取らない場合は，廃棄して差し支えありません。

　　　（地方）法務局　　　　　　支局・出張所　　　　　　　宛

受領	確認	交付

受取

事 項 索 引

【あ行】

遺産分割協議……………… 17, 105, 110, 223
　　――書…………………… 51, 69, 105
遺産分割調停手続………………… 109
意思能力………………………… 2, 133
遺贈…………………………… 149, 244
一元化作業………………………76
一括申請…………………… 203, 205
「一切の責任を持つ」旨の上申書 ………96
一定の種類の取引…………… 207, 209
一般財団法人…………………… 167
一般社団法人…………………… 167
移転仮登記……………………… 200
委任の終了……………………… 163

【か行】

外国人登録原票………………… 221
外国籍を有する者…………………98
会社分割…………………………89
会社法人等番号……………………21
買主の地位の譲渡……………… 139
価額弁済………………………… 138
確定証明書……………………… 102
確定判決………………………… 102
確認済証……………………………79
確認判決………………………… 102
合併による所有権登記…………… 246
家庭裁判所の検認……………… 104
家督相続………………………… 145
株主総会議事録……………………54
株主総会の決議………………… 166
仮処分…………………………… 169

仮登記…………………… 61, 195
　　――に基づく本登記………………64
換価処分………………………… 105
監督委員……………………………72
管理組合法人…………………… 241
期間……………………………… 199
基金の拠出……………………… 167
期限……………………………… 198
旧借地法………………………… 179
吸収分割……………………………89
　　――承継会社……………………89
給付判決………………………… 103
共益費用………………………… 241
強制競売開始決定……………… 249
競売…………………… 136, 139
　　――による売却……………… 157
業務権限証明書……………………46
業務執行権……………………… 125
共有物不分割の特約…………… 131
共有物分割……………………… 243
居住証明書…………………………98
居住用不動産………………… 4, 11, 16
銀行取引………………………… 209
金銭消費貸借契約……………………41
禁治産制度………………………… 2
区分建物………………… 81, 128, 213
区分地上権……………………… 173
区分登記……………………………82
形成判決………………………… 103
継続的取引……………………… 207
権限外行為……………………………76
検査済証……………………………79

原始取得者	81	事業用定期借地権	61, 177
限定承認	136	時効取得	60
現物出資	167	事前通知	46
権利能力なき社団	163, 239	実地調査	84
行為能力	2, 133	自筆証書遺言	91, 102, 223
交換	159	司法書士認証サービス	259
後見制度	2	司法書士法人	259
公示催告	196	宗教法人	24
公証人	98, 134	住宅用家屋証明書	251, 253
公正証書	61, 177	受益権	211
個人情報の保護	221	受益者	211
戸籍訂正	148	受託者	211, 257
戸籍の附票	98	順位変更	174, 195
固定資産評価証明書	59	順位保全の効力	201
混同	67	準共有根抵当権	203
		準禁治産制度	8

【さ行】

		承役地	226
在外公館	100	条件不成就	236
債権者代位	145	証書真否確認の訴え	51
債権譲渡	200	剰余金の配当	166
財産の拠出	167	除権決定	196
財産分与	37	除住民票	98
再生債務者	72	除籍謄本	95, 98
再生手続	72	処分の制限の登記	84
裁判所書記官	70	所有権証明情報	79, 84
在留カード	221	真正な登記名義の回復	56, 151, 157
詐害行為取消権	169	新設分割	89
先取特権	195	——設立会社	89
差押え	249	信託契約	42
死因贈与	149	信託行為	190, 211
資格者代理人	46	信託財産	190, 249
敷金	234	——責任負担債務	249
——返還債権	193	——引継	257
敷地権	128	新築年月日	84
——付き区分建物	213	真否確認の訴え	51

事項索引　287

数次相続……………………………… 110	調停調書…………………………… 109, 217
制限行為能力者…………………… 2, 133	調停手続からの排除…………………… 109
清算型遺言………………………… 119	賃借権の譲渡特約………………… 175, 181
成年後見監督人…………………… 1, 69	賃料………………………………… 233
成年後見人………………………… 1	抵当権……………………… 183, 187, 190
成年被後見人……………… 1, 69, 133	——消滅の定め……………… 198
絶家………………………………… 145	電子記録債権……………………… 183
全血の兄弟姉妹……………………93	電子証明書………………………… 259
選任審判書………………………… 3	電子認証登記所…………………… 259
船舶管理人………………………… 261	転抵当……………………………… 255
相続があったことを証する情報… 95, 100	転得者……………………………81
相続財産管理人……… 37, 75, 123, 136, 145	登記官の職権抹消……………………65
相続財産法人……………… 123, 143, 145	登記義務者の承諾を証する情報……… 229
「相続させる」旨の遺言	登記原因証明情報…… 32, 37, 41, 44, 56, 90,
………………… 106, 117, 119, 223	102, 109, 117, 140, 151, 183, 187, 229
相続人の曠欠手続………………… 145	登記識別情報………… 46, 119, 222, 237
相続人不存在……………………………37	登記上の利害関係を有する第三者
相続分の譲渡……………………… 110	………………… 65, 152, 169, 225
存続期間…………………… 128, 198	登記申請能力……………………… 2
	登記済証…………………………… 222
【た行】	投資事業有限責任組合………………… 125
代位原因…………………… 169, 241	特定債権…………………………… 208
代位者……………………………… 239	特定社員…………………………… 259
代位登記……………………………82	特定非営利活動法人………………… 168
第三者の承諾を証する情報……………64	特別永住者………………………… 221
第三者のためにする契約………… 32, 159	特別縁故者……………………………37
代物弁済………………… 32, 153, 212	特別求償権………………………… 183
代理権の不消滅……………………20	取締役会議事録……………………54
宅地建物取引士証……………………49	
建物所有…………………………… 179	**【な行】**
地役権……………………………… 226	任意売却…………………… 137, 139, 143
地上権……………………………… 173	認可地縁団体……………………… 165
中間検査合格証………………………79	根抵当権の分割譲渡……………………65
中長期在留者……………………… 221	農地法所定の許可………………… 53, 59
中間省略登記……………………… 244	——書……………………………56

【は行】

廃棄証明書······95
売買代金返還債権······187
破産管財人······72, 139, 143
破産財団······72, 139, 143
破産手続開始の決定······139
発生記録······183
半血の兄弟姉妹······93
被担保債権······207, 209
被保佐人······7, 133
被補助人······12, 133
表題登記······79, 81, 84, 177
表題部所有者······84
不在者財産管理人······75
不在住・不在籍証明······148
附属建物······253
物上担保付社債信託······41
不特定債権······208
分割契約書······89
返還請求権······193
法人格を有しない社団又は財団······126
法定相続分······93
法定担保物権······195
「他に相続人はない」旨の証明書······96
保佐監督人······7
保佐制度······8
保佐人······7
保証委託契約······188
保証債務······187
補助監督人······12
補助制度······13
補助人······12
本人確認情報······46, 49

【ま行】

未成年者······133
民法組合······125
無限責任組合員······125
無損害金······192
無利息······192
滅失回復の登記······87
免責的債務引受······44

【や行】

訳文······98
遺言執行者······105, 117, 119
遺言書確認請求訴訟······102
遺言の撤回······149
優先の定めの登記······203
要役地······226
養子縁組······93

【ら行】

利益相反行為······4, 10, 16, 17, 53, 69
臨時保佐人······7
臨時補助人······12
礼拝用建物等······24
礼拝用登記······24
連件申請······76

【わ行】

和解調書······157, 218

先 例 索 引

明治 31 年 12 月 5 日付け民刑第 1274
　　号民刑局長回答……………………… 148
明治 32 年 8 月 1 日民刑第 1361 号民刑
　　局長回答…………………………………… 2
明治 33 年 9 月 24 日付け民刑第 1390
　　号民刑局長回答……………………… 104
明治 44 年 5 月 2 日付け民事第 112 号
　　民事局長回答………………………… 148
明治 44 年 10 月 30 日付け民刑第 904
　　号民刑局長回答……………………… 112
昭和 19 年 10 月 19 日付け民事甲第
　　692 号民事局長回答 ………………… 112
昭和 23 年 6 月 21 日付け民事甲第
　　1897 号民事局長回答 ………… 126, 240
昭和 25 年 1 月 30 日付け民事甲第 254
　　号民事局長通達……………………… 189
昭和 28 年 6 月 29 日付け民事甲第
　　1103 号民事局長回答 ……………… 101
昭和 28 年 12 月 24 日付け民事甲第
　　2523 号民事局長回答 ………… 127, 165
昭和 29 年 5 月 8 日付け民事甲第 938
　　号民事局長回答……………………… 197
昭和 30 年 4 月 23 日付け民事甲第 742
　　号民事局長通達…………… 19, 52, 71
昭和 30 年 5 月 16 日付け民事甲第 929
　　号民事局長通達……………………… 182
昭和 31 年 1 月 31 日付け民事甲第 193
　　号民事局長電報回答………………… 148
昭和 31 年 6 月 13 日付け民事甲第
　　1317 号民事局長回答 ……………… 240
昭和 31 年 9 月 20 日付け民事甲第
　　2202 号民事局長通達 ……………… 220

昭和 31 年 10 月 17 日付け民事甲第
　　2370 号民事局長事務代理通達 …… 220
昭和 32 年 6 月 28 日付け民事甲第
　　1249 号民事局長回答 ……………… 220
昭和 33 年 1 月 22 日付け民事甲第 205
　　号民事局長心得回答………………… 101
昭和 35 年 3 月 31 日付け民事甲第 712
　　号民事局長通達…………………………68
昭和 35 年 5 月 18 日付け民事甲第
　　1132 号民事局長通達 ……………… 130
昭和 35 年 7 月 12 日付け民事甲第
　　1581 号民事局長回答 ……………… 245
昭和 36 年 6 月 16 日付け民事甲第
　　1425 号民事局長回答 ……………… 158
昭和 36 年 7 月 21 日付け民三第 625 号
　　民事第三課長回答…………………… 240
昭和 36 年 10 月 23 日付け民事甲第
　　2643 号民事局長通達 …………………85
昭和 36 年 10 月 27 日付け民事甲第
　　2722 号民事局長回答 ……………… 153
昭和 37 年 3 月 26 日付け民事甲第 844
　　号民事局長通達……………………… 227
昭和 38 年 5 月 6 日付け民事甲第 1285
　　号民事局長回答…………………………60
昭和 38 年 9 月 3 日付け民事甲第 2535
　　号民事局長通達…………………………63
昭和 39 年 2 月 17 日付け民三第 125 号
　　民事第三課長回答…………………… 153
昭和 39 年 4 月 6 日付け民事甲第 1287
　　号民事局長通達…………………………71
昭和 40 年 6 月 18 日付け民事甲第
　　1096 号民事局長回答 ……………… 101

昭和40年8月26日付け民事甲第
　2429号民事局長回答 ……………… 220
昭和40年9月24日付け民事甲第
　2824号民事局長回答 ………………58
昭和40年10月28日付け民事甲第
　2971号民事局長回答 ……………… 158
昭和40年12月9日付け民事甲第
　3435号民事局長通達 ………………58
昭和41年4月18日付け民事甲第
　1126号民事局長電報回答 ………… 165
昭和42年6月19日付け民事甲第
　1787号民事局長回答 ………………31
昭和44年3月3日付け民事甲第373
　号民事局長回答…………………………97
昭和44年12月25日付け民三第1270
　号民事第三課長電報回答…………… 148
昭和45年10月5日付け民事甲第
　4160号民事局長回答 ……………… 122
昭和46年10月4日付け民事甲第
　3230号民事局長通達 ……………… 210
昭和46年11月11日付け民事甲第
　3400号民事局長回答 ……………… 210
昭和46年12月11日付け民三第532
　号民事第三課長回答…………… 68, 171
昭和47年4月17日付け民事甲第
　1442号民事局長通達 ……………… 108
昭和47年8月7日付け民三第656号
　民事第三課長電報回答……………… 210
昭和48年11月1日付け民三第8118
　号民事局長通達………………………… 189
昭和50年1月10日付け民三第16号
　民事局長通達…………………………… 132
昭和52年8月22日付け民三第4239
　号民事第三課長依命通知………………60
昭和54年4月4日付け民事局第三課

長電信回答……………………………… 235
昭和55年11月20日付け民三第6726
　号民事第三課長回答……………………52
昭和58年3月2日付け民三第1311号
　民事第三課長回答………………………97
昭和58年6月6日付け民三第3316号
　民事第三課長回答…………………… 138
昭和59年10月15日付け民三第5195
　号民事第三課長回答………………… 113
平成3年4月12日付け民三第2398号
　民事局長通達……………………………40
平成3年9月9日付け民三第4736号
　民事局長通達……………………………68
平成4年7月7日付け民三第3930号
　民事局長通達………………………… 180
平成5年2月4日付け民三第1182号
　民事局長通達……………………………73
平成5年7月30日付け民三第5320号
　民事局長通達……………………………23
平成6年1月14日付け民三第366号
　民事第三課長通知………………………23
平成8年3月22日付け民三第598号
　民事第三課長通知…………………… 138
平成9年9月1日付け民三第1553号
　民事第三課長通知…………………… 254
平成11年6月22日付け民三第1259
　号民事第三課長回答……………………97
平成13年3月30日付け民二第867号
　民事局長通達……………………………90
平成15年12月25日付け民二第3817
　号民事局長通達……………………… 235
平成17年7月26日付け民二第1665
　号民事局長通達……………………… 126
平成18年3月29日付け民二第755号
　民事局長通達…………………… 90, 127

平成 19 年 1 月 12 日付け民二第 52 号
　民事第二課長通知………… 36, 142, 160
平成 22 年 12 月 1 日付け民二第 3015
　号民事第二課長通知……………… 165
平成 24 年 7 月 25 日付け民二第 1906
　号民事第二課長通知………………58
平成 27 年 10 月 23 日付け民二第 512
　号民事局長通達……………………23
平成 28 年 3 月 11 日付け民二第 219 号
　民事局長通達…………… 97, 264
平成 29 年 3 月 23 日付け民二第 175 号
　民事第二課長通知…………… 265
平成 29 年 3 月 30 日付け民二第 237 号
　民事第二課長通知…………… 265
平成 29 年 4 月 17 日付け民二第 292 号
　民事局長通達………………… 269
平成 30 年 3 月 16 日付け民二第 137 号
　民事第二課長通知………… 114, 267
平成 30 年 7 月 24 日付け民二第 279 号
　民事第二課長通知………… 78, 268
平成 30 年 10 月 16 日付け民二第 490
　号民事第二課長通知……………… 130

判 例 索 引

大審院判大正 15 年 6 月 23 日民集 5 巻 536 頁……………………………………… 104

大審院判昭和 5 年 6 月 28 日民集 9 巻 6 号 640 頁 ……………………………… 124

東京控訴院判昭和 7 年 11 月 8 日法新 3516 号 12 頁 ……………………………… 138

大審院判昭和 8 年 11 月 30 日民集 12 巻 2781 頁………………………………………73

東京控訴院判昭和 13 年 11 月 10 日評論全集 28 巻諸法 190 頁…………………… 148

東京高決昭和 28 年 9 月 4 日高等民集 6 巻 10 号 603 頁………………………… 116

最二小判昭和 47 年 6 月 2 日民集 26 巻 5 号 957 頁……………………………… 165

最二小判昭和 58 年 1 月 24 日民集 37 巻 1 号 21 頁……………………………… 150

最二小判昭和 58 年 3 月 18 日判時 1075 号 115 頁 ………………………… 92, 122

最二小判平成元年 11 月 24 日民集 43 巻 10 号 1220 頁 …………………………40

最二小判平成 3 年 4 月 19 日民集 45 巻 4 号 477 頁……………………… 108, 118, 122

東京地判平成 6 年 11 月 10 日金法 1439 号 99 頁……………………………… 108

最三小判平成 7 年 1 月 24 日判時 1523 号 81 頁 ……………………………… 122

最一小判平成 11 年 12 月 16 日民集 53 巻 9 号 1989 頁 ………………………… 118

東京地判平成 13 年 6 月 28 日判タ 1086 号 279 頁……………………………… 108

最三小判平成 13 年 7 月 10 日民集 55 巻 5 号 955 頁 …………………………… 116

最二小判平成 26 年 2 月 14 日民集 68 巻 2 号 113 頁 ………………………… 116

著 者 紹 介

後藤　浩平（ごとう　こうへい）
　　日本加除出版株式会社常任顧問
　　元　早稲田大学法学部非常勤講師（不動産登記法）
　　前　東京法務局城北出張所所長
　　元　甲府地方法務局主席登記官
　　鹿児島地方法務局採用

〈主な著作〉
先例から読み解く！　建物の表示に関する登記の実務（日本加除出版，
　　2018 年）
全訂第 2 版　一目でわかる登記嘱託書の作り方（日本加除出版，2018
　　年，補訂）
先例から読み解く！　土地の表示に関する登記の実務（日本加除出版，
　　2017 年，共著）
認可地縁団体・記名共有地をめぐる実務Ｑ＆Ａ　認可申請手続と不動産
　　登記手続（日本加除出版，2016 年）
不動産登記の実務相談事例集（日本加除出版，2014 年，共著）
〔新版〕精解設例 不動産登記添付情報（上）（下）（日本加除出版，（上）
　　2007 年，（下）2008 年，共著）

不動産登記の実務相談事例集　Ⅱ

2019 年 5 月 20 日　初版発行

著　者	後	藤	浩	平
発行者	和	田		裕

発行所　日 本 加 除 出 版 株 式 会 社

本　　　社　郵便番号 171 - 8516
　　　　　　東京都豊島区南長崎 3 丁目 16 番 6 号
　　　　　　　T E L　(03)3953 - 5757 (代表)
　　　　　　　　　　 (03)3952 - 5759 (編集)
　　　　　　　F A X　(03)3953 - 5772
　　　　　　　U R L　www.kajo.co.jp

営 業 部　郵便番号 171 - 8516
　　　　　　東京都豊島区南長崎 3 丁目 16 番 6 号
　　　　　　　T E L　(03)3953 - 5642
　　　　　　　F A X　(03)3953 - 2061

組版・印刷　㈱亨有堂印刷所　／　製本　牧製本印刷㈱

落丁本・乱丁本は本社でお取替えいたします。
★定価はカバー等に表示してあります。
©K. GOTO 2019
Printed in Japan
ISBN978-4-8178-4536-8

JCOPY 〈出版者著作権管理機構　委託出版物〉

　本書を無断で複写複製（電子化を含む）することは，著作権法上の例外を除き，禁じられています。複写される場合は，そのつど事前に出版者著作権管理機構（JCOPY）の許諾を得てください。
　また本書を代行業者等の第三者に依頼してスキャンやデジタル化することは，たとえ個人や家庭内での利用であっても一切認められておりません。

　〈JCOPY〉　H P：https://www.jcopy.or.jp，　e-mail：info@jcopy.or.jp
　　　　　　　電話：03-5244-5088，FAX：03-5244-5089

登記官の視点から答える全131問！
登記実務家や登記官を悩ませる複雑・困難な事案を厳選！

不動産登記の実務
相 談 事 例 集

後藤浩平・竹村啓人・渡邉亘 著

2014年2月刊 A5判 376頁 本体3,500円＋税 978-4-8178-4141-4
商品番号：40541 略号：不相

- ●申請手続から所有権、地上権等の用益権、抵当権等の担保権、仮登記、代位登記、判決による登記など、権利に関する登記に係る設問を網羅的に収録。

- ●現場において、法令や先例を検討してもなお疑義の生じる事案を中心に、一問一答で解説。

- ●「この申請は受理されるか？」「添付情報として何を提供すればいいか？」といった実務の疑問に答える一冊。

日本加除出版
〒171-8516 東京都豊島区南長崎 3 丁目16番 6 号
TEL（03）3953-5642 FAX（03）3953-2061（営業部）
www.kajo.co.jp